U0611325

作者简介

王　重　山东潍坊人，博士，中国教育科学研究院助理研究员。曾主持全国教育科学规划青年课题"大学生就业难问题研究"、北京市教育规划重点课题"首都教育多样化制度设计与实验研究"，参与教育部人文社科基金项目"资本成本、价值创造与我国国企EVA考核研究"、教育部委托课题重大项目"教育现代化、教育满意度、教育公平等课题研究"等多项专题研究。

北京市教育科学"十二五"规划重点课题"首都教育多样化发展的制度设计与实验研究"（课题编号：AAA1404）阶段性成果

王 重◎著

多样化人才理论培养研究

人民日报学术文库

人民日报出版社

图书在版编目（CIP）数据

多样化人才理论培养研究／王重著.—北京：
人民日报出版社，2017.1
ISBN 978－7－5115－4474－2

Ⅰ.①多… Ⅱ.①王… Ⅲ.①人才培养—研究
Ⅳ.①C961

中国版本图书馆 CIP 数据核字（2017）第 024419 号

书　　名：多样化人才理论培养研究
著　　者：王　重

出 版 人：董　伟
责任编辑：万方正
封面设计：中联学林

出版发行：人民日报出版社

社　　址：北京金台西路 2 号
邮政编码：100733
发行热线：（010）65369527　65369846　65369509　65369510
邮购热线：（010）65369530　65363527
编辑热线：（010）65369522
网　　址：www.peopledailypress.com
经　　销：新华书店
印　　刷：北京欣睿虹彩印刷有限公司

开　　本：710mm×1000mm　1/16
字　　数：244 千字
印　　张：15.5
印　　次：2017 年 3 月第 1 版　　2017 年 3 月第 1 次印刷

书　　号：ISBN 978－7－5115－4474－2
定　　价：68.00 元

目　录
CONTENTS

绪 论

　　人才培养是教育的永恒主题。"培养什么样的人，怎么培养人"，这是教育必须回答的核心问题。对于此问题，不管是理论探索，抑或是社会实践，积累了丰富的经验，出现了"绅士教育""教育心理化""人格教育""爱的教育""教育即生活""生活即教育""人性之教育"等优秀的教育理论成果。

　　洛克、卢梭、裴斯泰洛齐、福禄培尔、乌申斯基、蒙台梭利、杜威、苏霍姆林斯基、帕克赫斯特、布鲁纳等先贤的教育思想犹如璀璨星光，他们对"培养什么样的人，怎么培养人"的论述已经非常全面，当代或未来很长一段时间，很难提出新的超越先贤们的人才培养理论。

　　既然先贤对人才培养有充分的论述，笔者亦难以提出有创新性的理论观点，为何还多费笔墨书写此本著作？我们不否认先贤教育理念，也要正确面对现行教育理念中存在的问题。一是通读先贤的教育主张，其中有很多不尽如人意的地方，而且先贤的很多教育理念无法直接用于当代教育实践。先贤的教育理论植根于其所处的历史时代，具有历史局限性，随着社会的不断进步，尽管其理论精髓依旧闪光，但是也有部分理论已经不合时宜，需要我们对先贤们的教育理论进行归纳、整理和深化，取其精华，去其糟粕。二是要对先贤的教育理论进行中国化。在近代西学东渐的过程中，我国学者不断吸收西方教育理论的优秀成果，并在多年的实践中形成具有本土特色的教育理论，但是从当代社会对教育的评价来看，我国教育理论与实践仍有不完善的地方，取先贤教育理论精华补中国教育理论短板，是完善我国教育理论的必由之路。三是我国需要在人才培养实践方面进行探索。2010 年国务院公布《国家中长期教育改革和发展规划纲要 2010—2020》（后文简称《教育规划纲要》）明确提出，我国教育方针的人才培养目标为"培养德智体美全面发展的社会主义建设者和接班人"。但是在现实教育实践中，还没有形成公认的令人信服的人才培养理论成果，人才培养理论具有很大的探索空间。

通过笔者对撰写此书目的的论述，本书的核心内容呼之欲出，即探索人才培养之理论。第一部分是教育多样化的时代背景、概念内涵和界定，主要回答什么是多样化人才培养、教育在多样化人才培养中发挥的作用是什么，阐述人才培养方式的演变历史，国内外学者对多样化人才培养的有关论述。第二部分是分析人才培养理论和实践的演变历程，如教育大众化的时代特征，教师、学校和教材起源与演变、人才培养的方式、名校培养人才的理念等。第三部分注重对人性的探讨。教育是对人的教育，教育的对象是人。明晓人性是施教的基础，欲施教，必先明人性。通过批判和继承先贤对人性的论述，取其精华，去其糟粕，在此基础上重新阐述了人性理论。第四部分是探究培养多样化人才目标方向，应用社会分工理论、人的多样化理论，分析社会人才类型和标准。第五部分是人才培养的理论叙述，教育以人为本，施教是为了培养多样化的人才，因材施教是实现多样化人才培养的最高目标，人人成才是教育目标，因此，教育必须遵循人的成长规律，契合人的机体成长原理和心理成熟理论。第六部分是为实现因材施教和人人成才目标而实施的变革。教育体制要适应人们对教育的需求，适应多样化人才培养方式，这必然引发政府、学校和教育评价第三方机构的权力划分，变革现有教育体制。

本书叙述方式侧重于探究和反思，力避晦涩的理论语言，用最朴实的语言说明最本质的道理。为方便读者的理解，书中会使用大量的实例，以求找到多样化人才培养的路径，实现因材施教、人人成才的教育目标。

第一章

多样化人才培养的时代背景和理论内涵

社会存在决定社会意识，经济基础决定上层建筑。[①] 一切思想成果，如制度、法律、道德、哲学等都会伴随经济社会的进步而不断进步；实践是检验一切真理的唯一标准，解放思想、实事求是、与时俱进，是一切社会活动的思想指导。教育学是一门具有实践特色的社会科学，教育理论也伴随人们认知的进步而不断进化。巨大的物质财富为促进教育发展和丰富教育资源提供强大的经济基础，同时也将教育推上了变革的道路。

第一节　多样化人才培养的时代背景

尊师重教是我国的优良传统。新中国成立 60 多年以来，教育强国成为贯穿中国特色社会主义建设的主旋律。党和国家高度重视教育工作，始终把教育摆在优先发展的地位，先后实施了科教兴国战略和人才强国战略，充分发挥教育在经济社会发展中的基础性、先导性、全局性作用[②]。

一、我国已经建成完备的教育体系

1949 年新中国成立时，普通小学在校生 2439.1 万人，普通中等学校在校生 126.8 万人，普通高校在校生 11.7 万人。在全国大陆 5.5 亿人口中有 4 亿多都

---

① 马克思．《政治经济学批判》序言．马克思恩格斯选集（第2卷），人民出版社，1972.
② 袁贵仁．中国教育．北京师范大学出版社，2013：2.

是文盲，文盲率高达80%。扫盲和普及基础教育成为教育的重点工作。1994年教育部颁布的《关于在90年代基本普及九年义务教育和基本扫除青壮年文盲的实施意见》提出，到20世纪末基本普及九年义务教育和基本扫除青壮年文盲（以下简称"两基"）。2000年我国教育实现基本普及九年义务教育、基本扫除青壮年文盲的"两基"目标。2010年全国实现高质量的全面基本普及九年义务教育，普及九年义务教育人口覆盖率达到98%以上；共扫除文盲2.53亿，成人文盲率由1949年的80%以上降到了5%以下。

1. 我国教育总体发展水平进入世界中上行列

新中国成立60多年来，我国已经形成学前教育、义务教育、高中阶段教育、高等教育比较完善的教育体系，教育规模不断扩大，教育质量不断提高。

2010年以来，我国先后实施了两期"学前教育三年行动计划"。2014年全国共有幼儿园20.99万所，在园幼儿（包括附设班）4050.71万人，幼儿园园长和教师共208.03万人，学前教育毛入园率达到70.5%，学前教育毛入园率达到中高收入国家平均水平。

义务教育已经实现全面普及，正在向均衡发展迈进。在实现"两基"目标之后，义务教育发展跨上新台阶，2012年国务院发布《关于深入推进义务教育均衡发展的意见》，在实现全面普及九年义务教育基础上开始实施义务教育均衡发展督导评估，重点解决校际差距、城乡差距、区域差距，保障所有义务教育适龄儿童公平地接受义务教育。2014年全国义务教育阶段在校生达到1.38亿人，义务教育巩固率达到92.6%，义务教育普及率超过高收入国家平均水平。

高中阶段教育普及水平加速。高中阶段教育分为普通高中教育和中等职业教育两部分。2014年高中阶段在校生4170.65万人。全国普通高中1.33万所，在校生2400.47万人，教职工250.94万人。中等职业学校1.19万所，在校生1755.28万人，教职工113.21万人。高中阶段毛入学率达到86.5%，超过中高收入国家平均水平。

高等教育进入大众化教育阶段。2014年高等教育在学总规模3559万人，其中在学研究生184.77万人，本专科在校生2547.70万人。高等教育毛入学率已达37.5%。我国主要劳动年龄人口受过高等教育的比例达到15.83%，与发达国家还有一定差距。

2. 我国已经建立比较完备的教育制度体系

我国现行的教育体系由学前教育、初等教育、中等教育和高等教育四级教育构成，国家对各级教育的类型和学制进行规定①。

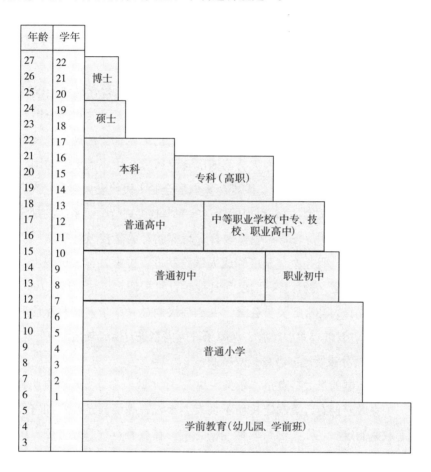

学前教育是指对学龄前儿童实施的教育，类型有幼儿园、托儿所、附设幼儿班，受教育人群为3～5岁儿童。初等教育即小学教育，受教育人群为6～11岁儿童，修业年限为5～6年。中等教育分为初中阶段和高中阶段两个层级，初中阶段分为普通初中和职业初中两个类型，高中阶段分为普通高中、职业高中、

---

① 袁贵仁. 中国教育. 北京师范大学出版社，2013：11.

中等专业学校、技工学校等四个类型，受教育人群为 12～17 岁青少年。高等教育是在完成中等教育的基础上进行的专业教育，是培养高级专门人才的社会活动。高等教育有普通高等教育、成人高等教育、高等教育自学考试 3 种类型，分为专科教育、本科教育、研究生教育。在全日制教育的修业年限中，专科教育为 2～3 年，木科教育为 4 年，硕士研究生教育为 2～3 年，博士研究生教育为 3 年以上。

除了规定学制，党和国家还通过立法来保障公民的受教育权利。1954 年第一届全国人大第一次会议通过的第一部宪法提出，中华人民共和国公民有受教育权利。1982 年第五届全国人大第五次会议通过的第四部宪法规定普及基础教育。1986 年第六届全国人民代表大会第四次会议通过《中华人民共和国义务教育法》，提出实行九年义务教育。1995 年第八届全国人民代表大会第三次会议通过《中华人民共和国教育法》，对中国教育的基本制度进行全面系统的规定。即国家实行学前教育、初等教育、中等教育、高等教育的学校教育制度，实行九年制义务教育制度、职业教育制度和成人教育制度、国家教育考试制度、学业证书制度、学位制度、教育督导制度和其他教育机构教育评估制度。1996 年第八届全国人民代表大会常务委员会第十九次会议通过《中华人民共和国职业教育法》，对职业教育的体系、实施、保障条件等内容进行明确规定。

3. 各类学校分级管理的教育行政体制

我国行政体制的最大特点是"条条块块"，中央政府和地方政府有明确的管理权限。中央政府拥有政策制定权而不拥有办事权，基层县级政府拥有办事权而不拥有政策制定权。受我国行政体制的影响，在教育行政管理方面，国务院和地方政府根据分级管理、分工负责的原则，领导和管理教育工作。分级管理，是指中等及中等以下教育在国务院领导下，由地方政府管理；高等教育由国务院和省级政府协同管理。分工负责，是指在同一级政府中各部门如财政、人事、发展改革等部门根据不同的分工对教育的发展负责。

高等教育实行中央和省级两级管理，以省级政府管理为主的教育行政体制。中央政府统一领导和管理国家教育事业，制定发展规划、方针政策和基本标准，优化学科专业、类型、层次结构和区域布局，整体部署教育改革试验，统筹区域协调发展。① 地方政府负责落实国家方针政策，开发教育改革试验，根据职责分工负责区域内教育改革、发展和稳定。②

职业教育实行在国务院领导下，分级管理、地方为主、政府统筹、社会参与的行政管理体制。《中华人民共和国职业教育法》规定，国务院教育行政部门负责职业教育工作的统筹规划、综合协调、宏观管理。国务院教育行政部门、劳动行政部门和其他有关部门在国务院规定的职责范围内，分别负责有关的职业教育工作。县级以上地方各级人民政府应当加强对本行政区域内职业教育工作的领导、统筹协调和督导评估。

中等及中等以下教育实行"以县为主"的行政管理体制。中央政府负责制定基础教育的制度、课程标准、教育教学内容、办学条件标准、师资标准等。地方政府负责基础教育的师资管理、教育经费投入、教育发展规划、教育质量评估等。

4. 教育事业取得显著成就

我国是社会主义国家，一切国家政策本质是解放生产力和发展生产力，政策目的是满足人民群众日益增长的物质文化需求。这个矛盾在教育领域的表现是教育发展水平落后于人民群众对教育的期盼，教育机会和教育质量不能满足人民群众的需要。

促进教育公平是社会主义应有之义，教育公平的最终目标是"人人都能获得自己想要的教育"。我国宪法规定，公民享有平等接受教育的权利。大力发展教育，提供充足的教育机会和优质的教育资源，满足人民群众的教育需求，符合人民群众最根本的利益。

多年来，在党中央、国务院的领导下，在社会各方的共同努力下，2014 年学前三年毛入园率达 67.5%，高中阶段毛入学率达到 86.5%，我国目前新增劳动力绝大部分接受过高中以上教育；高等教育毛入学率达到 37.5%，我国已经进入教育大众化阶段。

---

① 中共中央国务院. 国家中长期教育改革和发展规划纲要（2010—2020 年）. 人民出版社，46.

② 中共中央国务院. 国家中长期教育改革和发展规划纲要（2010—2020 年）. 人民出版社，47.

促进公平是教育事业发展的第一要务。国家为个人提供了丰富的教育资源和教育机会，"有学上"不再是教育的主要问题，教育的主要问题是"上好学"。目前教育公平问题的表现形式是城乡、校际、地域之间的教育发展存在巨大差距。我国一直采取多种举措改善教育公平，政府出台的各种改善教育公平的政策紧盯家庭经济困难学生和残疾儿童两类人群，紧盯边远地区、贫困地区、民族地区和中西部地区四类地区。国家打造了家庭经济困难学生资助体系，不断改善教育落后地区的办学条件，专门实施贫困地区定向招生专项计划、支援中西部地区招生协作计划和特岗教师计划，健全农村留守儿童关爱体系，实施《特殊教育提升计划（2014—2016年）》。这一系列政策确实有效地改善了学生受教育的机会，保障了学生受教育的权利。

随着国家不断加大对教育的支持力度，教育事业发展成就显著。我国已经全面普及了九年义务教育，高等教育也进入大众化阶段，《国家"十三五"规划建议》也提出全面普及高中阶段教育、优质教育资源不断丰富、终身学习的教育立交桥基本成型等目标。尽管教育资源总量有了巨大提升，但与人民群众的教育需求欲望相比还有差距。个人对教育的需求是"我随时可以进入心仪的学校"，这就要求同一阶段每所学校的教育质量水平相差不大，政府在区域内均衡配置优质教育资源，最终实现教育均衡化发展的目标。

除了教育公平水平不断提高之外，我国教育质量也在不断提升，服务经济社会发展的能力显著提高。职业院校每年输送近1000万技术技能人才，开展培训达上亿人次。三十多年来，普通本科高校累计输送近2000万专业人才，牵头承担了一大批国家重大科学研究和重大工程项目，产出了一大批重大科研和科技转化成果。① 但与教育公平的成就相比，教育质量提升速度就稍显缓慢。从结果上来看，教育质量的最终目标是"人人成材"，而当前的教育人才培养模式更加注重培养学生的学术素养，培养高端职业技术人才的能力不足。

促进教育公平和提高教育质量一直是我国教育的两个工作重点，在《教育规划纲要》中也被确定为教育工作方针。从世界范围来看，追求教育公平和提高教育质量也是各国教育工作的努力方向。在未来很长的一段时间内，促进教

---

① 郝平. 加快新型教育智库建设 推进教育事业科学发展. 教育研究，2015，01：4-9.

育公平和提高教育质量依旧是我国教育改革和发展的目标。

二、教育要为实现"两个一百年"战略目标提供智力支持

《教育规划纲要》的颁布实施，标志着中国吹响了迈向人力资源强国的号角，中国教育面临难得的机遇和挑战。当今世界正处于大发展、大变革、大调整阶段，国际形势继续发生深刻复杂变化，世界多极化、经济全球化深入发展，文化多样化、社会信息化持续推进①，而中国正处于实现"两个一百年"战略的关键阶段，处在全面深化改革、加强经济转型的攻坚时期。

2011 年我国人均 GDP 超过 5000 美元，正式进入中上收入国家行列。实现"两个一百年"战略目标必然要求我国从中等收入国家行列跨入高收入国家行列，即跨越"中等收入陷阱"。

"中等收入陷阱"是世界银行总结拉美、东南亚一些国家经济发展经验时提出的概念，是指当一个国家的人均收入达到中等水平后，由于不能顺利实现经济发展方式的转变，导致经济增长动力不足，最终出现经济停滞的一种状态，以警示人均 GDP 突破低收入陷阱以后，长期不能进入发达国家行列的一些中等收入国家。② 自 1950 年以来新出现的 52 个中等收入国家中，35 个已落入"中等收入陷阱"，其中 30 个落入"中低收入陷阱"，5 个落入"中高收入陷阱"③。

从表面上看未能跨越"中等收入陷阱"国家是经济增长陷入停滞，而产生此现象还有更深层次的原因。一是产业升级失败，未能找到新的经济增长点。生产要素是经济增长之母，经济增长依靠劳动力、资本、技术、管理、制度等生产要素拉动。陷入"中等收入陷阱"经济体原有的低附加值产业能将其拉入中等收入国家行列，却难以将其拉入高收入国家行列。如马来西亚等国家，其经济增长主要依靠初级工业品和传统资源性产品出口，这些产业难以继续增加外贸收入和提高居民的收入水平。如印度尼西亚长期大量出口木材，使本国的热带森林资源受到严重破坏，资源枯竭危机日趋严重，而新的替代性出口产品

---

① 中共十七届六中全会在京举行　中央政治局主持会议中央委员会总书记胡锦涛作重要讲话. 党建, 2011, 11: 3-6.

② 高杰, 何平, 张锐. "中等收入陷阱"诸观点述评. 北京日报, 2012-05-28 (18).

③ 金立群. 中国如何跨越"中等收入陷阱". 人民日报, 2015-08-11 (07).

却难以形成规模。二是社会阶层固化，国家缺少活力。一些国家政权为利益集团所把持，片面追求个人、家族或集团的财富积累，反对社会制度改良，在国民间造成了巨大的社会贫富差距；有的国家政府很少进行社会治理，将国家机器视为权力寻租的工具，导致社会腐败严重。① 三是研发能力和人力资本不具有国际竞争优势。一些国家的经济在进入中等收入阶段后，低技术含量产品生产的低成本优势逐步丧失，在低端市场难以与低收入国家竞争，但在中高端市场则由于研发能力和人力资本条件制约，难以与高收入国家抗衡，在这种上下挤压的环境中，逐步失去了经济增长的动力，最终导致经济发展停滞。国家陷入"中等收入陷阱"的根本原因是缺乏自主创新的激励机制和国家对人力资本方面的及时投入，在达到中等收入国家水平后未能培育出新的竞争优势，如泰国在上世纪70年代后经济曾经突飞猛进，成为跨国公司的家电等产品生产基地，但是由于未能继续在技术创新方面实现本土化，缺乏本国主导的高新技术产品生产，逐步在国际市场竞争中失去优势和发展后劲，目前在吸引外资方面已经落后于邻近的越南等新兴国家，加上政治动荡等原因，经济增长速度明显下降。② 四是国家缺少强有力的政府，难以应对出现的债务危机。从拉美国家看，政府奉行西方新自由主义经济政策，单纯依靠市场来调控经济，在国家出现债务危机、通货膨胀、国际收支不平衡等问题时缺少有力的应对措施，经济容易出现大幅度的波动。如20世纪80年代的拉美债务危机，1994年墨西哥金融危机、1999年巴西货币危机、2002年阿根廷经济危机，都对经济持续增长造成严重冲击。

从跨越"中等收入陷阱"的国家来看，根据世界银行的统计数据，截至2015年底，人口数量在1000万以上的国家中成功跨越中等收入陷阱的共有22个，其中日本和韩国经验最具有代表意义。林重庚和斯宾塞（2011）的研究，跨越中等收入陷阱必须具备五个条件。一是政府对经济增长的坚定承诺、治理能力和行政管理；二是市场在资源配置中起到基础作用；三是宏观政策稳定，

---

① 杨丽．收入分配与中等收入陷阱的关系研究．南开大学，2013.
② 郭正模．"中等收入陷阱"：成因、理论解释与借鉴意义．社会科学研究，2012，06：
21-24.

适度通货膨胀，可持续的公共财政；四是高储蓄率、高投资率；五是引入知识，开发全球市场。也有学者认为"中等收入陷阱"是一个伪命题，其不适用于所有曾经陷入"中等收入陷阱"的国家，此理论只是用来解释未能进入高收入行列的中等收入国家，因此，跨越"中等收入陷阱"国家的经济发展经验更具有参考价值。① 国际上公认"跨越中等收入陷阱"的经验是提升人力资本水平，实现经济增长方式的转型。经济学家埃森格林联合两位亚洲经济学者共同发表的研究报告《中等收入陷阱的新证据》中指出，东亚之所以能跨越中等收入陷阱，关键是重视教育，奠定了雄厚的人力资源优势。② 实现经济增长方式的转型关键是教育提供足够的人才，涉及教育资源和人才培养两个方面的内容：一是实现全民教育目标，巩固普及义务教育成果，确保所有国民接受教育的权力；二是实现人才培育模式的转型，培育具有思辨、创新、交流能力的人才。

2014 年中国消耗全球 21.5% 的能源仅产出全球 12.3% 的 GDP，高耗能低收益是中国经济增长的最大特点。随着"人口红利"的逐渐消失，当前中国经济进入"新常态"，由高速增长转为中高速增长，经济结构优化升级，从要素驱动、投资驱动转向创新驱动。③ 经济转型不是最近才提出的新观点，早在 1995 年 9 月党的十四届五中全会提出："经济增长方式要从粗放型经济向集约型经济转变"。经历二十多年的时间，中国经济依旧未能实现转型飞跃。

实现中华民族的伟大复兴和"两个一百年"的目标，全面建成小康社会，实现经济转型，关键靠人才，教育是基础。从另一方面来说，经济未转型成功的原因是教育未转型成功。自 1955 年教育学习苏联模式之后，直到现在我国未能解决人民群众日益增长的教育需求与优质教育资源不够丰富之间的矛盾，我国教育体系与群众教育需求存在不匹配问题，如"填鸭式"教学方式与多样化人才培养、高端技术人才缺乏、独立思考能力缺失等。

在经济转型期，教育要服务经济发展和满足人民日益增长的新需求。一是

---

① 姜迪武. 转型期我国扩大中等收入者阶层的理论与实证研究. 西南财经大学，2011.

② 李立国，黄海军. 跨越中等收入陷阱 高等教育作用更重大. 光明日报，2015 - 12 - 08.

③ 顾钱江，张正富，王秀琼. 习近平首次系统阐述"新常态". 领导之友，2015，01：10 - 11.

抓好教育供给侧结构性改革，解决教育发展不平衡、结构不尽合理的问题，解决城乡、区域、校际资源配置不均衡问题，解决贫困代际传递问题。二是把提高教育质量作为教育工作的核心任务，作为整个教育系统的核心任务，不仅提高基础教育的质量，还要提高高等教育的质量。教育不仅是知识的传导，更是精神的培养，立德树人就是培养能够践行社会主义核心价值观、具有中华传统文化底蕴与中国特色社会主义共同理想、参与国际竞争的社会主义建设者和接班人。三是大力推进改革创新。改革已经成为当代教育工作的主题，教育改革不仅是对教学模式的改革，而且是整个教育体系的改革：改革教育理念，回归以人为本的教育，培养具有社会理性的人；改革课程体系，既重视技术能力培养，也重视人文素养；改革教学模式，既传授基本的社会科学文化知识，也培养学生的思辨能力。

三、教育要培养具有国际竞争力的人才

世界经济的一体化和全球化的进程不断加速，各国之间的相互交往、相互协作也更加频繁。随着我国综合国力的不断提升，国际地位和在国际事务中扮演的角色也越发重要，这迫切需要大批精通国际事务具有国际竞争力的高素质人才。

1. 全球经济一体化客观需要大批高素质的国际化人才

全球经济一体化是我们所处时代的显著特征，其具体表现是世界各国经济之间彼此相互开放、相互联系、相互依赖。各国之间相互协调建立经济、财政、金融、贸易等协定，消除国别之间经济贸易壁垒，① 实现世界范围内互利互惠、协调发展和资源优化配置。

全球经济一体化为我国带来了先进的科学技术、思想理念、资金支持等机遇，同时也带来了产业竞争、经济危机扩散、人才竞争等挑战。从经济发展水平来看，尽管我国经济保持了近 30 年的高速增长，但与美国、欧洲国家、日韩等发达国家相比，在基础设施建设、科技创新、人才储备方面还存在明显的差

---

① 余敏友，唐旗. 论 WTO 构建能源贸易规则及其对我国能源安全的影响. 世界贸易组织动态与研究，2010，02：5 – 29.

距，环境保护与节能减排的水平显著落后；人口红利面临拐点，劳动力成本上升。①

目前世界各国之间的竞争表现为科技和人才的竞争，本质表现是人才的竞争。当前我国经济增长进入新常态，我国能否实现经济增长方式转型，能否实现"跨越式"发展，能否在世界各国之间的竞争中突围，不但需要国家层面的制度改革，更需要人才结构和质量的优化升级。

在全球经济一体化背景下我国需要大批参与国际事务和具备国际视野的高素质人才，要求其能够站在全球或更广阔的角度上看待国际合作事务。经济全球化客观要求中国参与国际事务。② 熟悉国际合作的惯例对其参与国际事务的基础要求，具备国际视野也是必备条件，这是国际经济合作对人才的新要求。

2. 实现"一带一路"的战略构想需要大批国际化人才

随着全球经济一体化进程的不断深入发展和经济飞速增长，我国的国际地位和国际影响力不断提升，参与国际事务的机会越来越多。十八大以来，国家主席习近平提出"一带一路"的战略构想，与"一带一路"沿线国家在基础设施、经贸、产业、能源、金融、人文、生态环境等领域积极开展合作。《中共中央关于制定国民经济和社会发展第十三个五年规划的建议》提出，要推进"一带一路"建设，广泛开展教育、科技、文化、旅游、卫生、环保等领域合作，造福当地民众，为"一带一路"工作指明了方向。"一带一路"沿途包括 65 个国家，国内企业要走到国外开展项目投资建设，与当地合作完成建设，这就需要大批具有较强的专业知识、较高的企业管理水平、通晓外语和国际事务的国际化人才。

"一带一路"战略是一个宏大的系统工程，合作领域涉及多个国家多个行业，需要大批国际化人才的广泛参与。③ 实现"一带一路"战略构想的关键是人才，最紧缺的也是人才。2015 年国家发展改革委、外交部、商务部联合发布了《推动共建丝绸之路经济带和 21 世纪海上丝绸之路的愿景与行动》，提出

---

① 唐志红. 经济全球化下一国产业结构优化. 四川大学，2005.
② 林健. 面向世界培养卓越工程师. 高等工程教育研究，2012，02：1-15.
③ 申现杰，肖金成. 国际区域经济合作新形势与我国"一带一路"合作战略. 宏观经济研究，2014，11：30-38.

"宽领域、多层次、国际化、复合型"人才需求，按照当地的习俗和惯例处理事务。

开展"一带一路"战略任务需要通晓外语和文化的国际化人才。"一带一路"沿线国家多达 65 个，各国的历史传统、风俗习惯、语言文字、宗教信仰等不尽相同。了解当地的民风民俗、通晓当地语言是开展各种活动的前提。因此，国际化人才必须熟悉"一带一路"国家文化以融入当地历史法律，能够熟练运用外语与当地居民交流。

开展"一带一路"各领域的深度合作需要通晓其所在领域专业知识的国际化人才。"一带一路"以政策沟通、设施联通、贸易畅通、资金融通、民心相通为主要内容，涉及交通、能源、新材料、生态、财会、法律等多个领域，国际化人才必须具备其所在领域的专业知识、国际惯例和当地政策。

3. 教育要培养一大批高素质的具有国际竞争力的国际化人才

面对经济增长方式转型和"一带一路"战略提出对高素质国际化人才的需求。教育作为人才的提供方，承担为国家经济转型和对外开放提供高素质的具有国际竞争力的人才的责任。

培养国际化人才是全球经济一体化的内在要求，这需要变革教育的人才培养模式，由当前的国内人才培养模式转变为国际人才培养模式。培养能够适应经济全球化的、有国际意识、国际交往能力和国际竞争能力的高素质、高水平的国际型人才。

全球化意识是国际化人才培养的根基。国家化人才面向世界、面向国际，合作共赢是国际合作的基本法则。[①] 学校不仅要培养学生在处理事务时的相互合作意识，还要加强学生在国际合作中的相互理解的意识，培养能够适应国际事务的国际化人才。

国际交往能力是国际化人才培养的重点。学校要将外国的法律、社会风俗和宗教信仰纳入课堂，传授外国的政治、历史、地理、风土人情等国际交往的主要内容，为学生进行国际教育储备知识。

---

① 李成明，张磊，王晓阳. 对国际化人才培养过程中若干问题的思考. 中国高等教育，2013，06：18－20，36.

加强国际交流与合作是国际化人才培养的有效方式。"走出去"和"请进来"是教育开放的两种方式。加强学校国际交流与合作是培养国际化人才的有效途径，通过与国外学校之间展开互访、互换和课程共建等深度交流，学校可借鉴国外先进的教育技术和经验，在教育改革中取长补短，形成学校的国际化氛围。

第二节　多样化人才培养的理论内涵

我国教育存在各方面的问题，有人才培养方面的，也有体制机制方面的。从表现形式来看，教育不能满足经济转型对人才的需求，不能满足人民群众的需求。改变教育发展遭遇的瓶颈唯有改革创新，而变革人才培养模式便是其中之一。

一、多样化人才培养概念释义

人才培养就是教育。多样化人才培养是教育的实践活动，是教育活动的目标，即教育是为了培养多样化的人才。因此，多样化人才培养由"教育"和"多样化人才"两个核心词构成。

在中国话语体系中，"教"的字源之义为传授，"育"的字源之义为生养。《说文解字》对"教"和"育"进行了定义："教，上所施，下所效也；育，养子使作善也。"从字面意思来看，教是一方示范、另一方模仿的活动，育是培养具有向善之心的人的活动。到了晚清"教育"才成为一个名词。清朝的中央政府为了满足社会对大批实用型人才的需求，废除绵延上千年的科举制度，建立新式的学堂，宣布近代意义上的教育诞生，此时教育的含义是培养人才。伴随"西学东渐"的不断深化，教育的含义也在不断地演化，当前教育具有保育、传授、训练、选拔的含义。

在西方的话语体系中，在希腊语中的教育是 pedagogue，意为"教仆"，是一门照管儿童的学问①；拉丁文中的教育是 educate，意为"引出"或"导出"，意思就是通过一定的手段，把某种本来潜在于身体和心灵内部的东西引发出来，英语沿用希腊语的含义；在德语中教育是 Bildung，是从训育与牵引这两个词转化而来，日语中的教育沿用德国的教育含义②。

　　教育有广义和狭义之分。广义的教育泛指一切有目的地影响人的身心发展的社会实践活动。狭义的教育是指专门组织的教育活动，它不仅包括全日制的学校教育，而且也包括半日制的、业余的学校教育、函授教育、刊授教育、广播学校和电视学校的教育等。它是根据一定社会的现实和未来的需要，遵循学生身心发展的规律，有目的、有计划、有组织、系统地引导受教育者获得知识技能，陶冶思想品德、发展智力和体力的一种活动，以便把受教育者培养成为适应一定社会（或一定阶级）的需要和促进社会发展的人。③ 综合有关教育的定义，在本书中教育是指一般性的教育，是指激发学生个人学习兴趣和传授知识的学校教育活动。

　　多样化的释义来源于哲学中的多样性，是在生命多样性基础上个人发展的差异化，在物质世界中各种事物和现象都是物质及其存在形式的不同表现，它们具有不同的形态和属性，显示出不同质的差别。但多样化不同于多样性，多样性是指物质的本质属性，多样化是指事物变化多样。

　　从已有的文献来看，多样化人才有两种含义。第一种含义是指人才的层次分类，多样化人才是指高端人才、一般人才和基层人才。第二种含义是指行业分类，多样化人才是指科学技术人才、企业管理人才、行政管理人才、社会服务人才、专业技术人才等。

　　综上所述，多样化人才培养还不是一个成熟的概念，而是一个正在发展中的概念，社会各界对多样化人才培养并未形成统一的认识。在本书中，多样化

---

①　黄向阳．教育知识学科称谓的演变：从"教学论"到"教理学"．华东师范大学学报（教育科学版），1996，04：17－26.
②　侯怀银，张小丽．论"教育学"概念在中国的早期形成．教育研究，2013，11：11－21.
③　李忠军．关于思想政治教育本质的几点探讨．东北师大学报（哲学社会科学版），2012，05：227－231

人才培养只有一个含义，是在特定教育目标下为每个学习者提供适合自身的教育，即实现"因材施教、人人成才"的教育目标。

二、多样化人才培养的理论内涵

人才培养是教育的永恒主题，一切教育活动都围绕人才培养这一主题。人才培养与多样化人才之间是内涵与外延的关系。人才培养包括目标和实现方式两个层面的含义。多样化人才是实现人才培养的目标，教育是实现多样化人才培养目标而进行的实践活动。

1. 教育要培养社会主义建设者和接班人

人才培养目标具有鲜明的时代性，并随着社会的进步而不断更新。我国一直在探索"怎样培养人和培养什么样的人"的命题，并且不断完善这个命题。

新中国成立之初，毛泽东提出了"又红又专"的人才标准。1957 年毛泽东在最高国务会议的讲话上提出"我们的教育方针，是使受教育者在德育、智育、体育几方面都得到发展，成为有社会主义觉悟的有文化的劳动者"。同年毛泽东在《关于正确处理人民内部矛盾的问题》讲话中提出，广大知识分子和青年学生"除了学习专业之外，在思想上要有所进步，政治上也要有所进步，这就需要学习马克思主义，学习时事政治。没有正确的政治观点，就等于没有灵魂"。[1]"又红又专"的人才既具有无产阶级的世界观，又掌握专业知识和专门技术。

"文革"结束之后，教育开始"拨乱反正"，中央恢复高考，开始为教育和教师正名。邓小平提出"四有新人"的人才观，"要努力使我们的青少年成为有理想、有道德、有知识、有体力的人，使他们立志为人民作贡献，为祖国作贡献，为人类作贡献，从小养成守纪律、讲礼貌、维护公共利益的良好习惯。"[2]邓小平的人才观是中国特色社会主义教育理论的新发展，揭示了我国现阶段教育的本质和发展规律，解决了教育事业发展的指导方针、方向和培养目标等一系列重大理论和实践问题。

---

① 谭晓玉. 毛泽东教育思想研究十七年. 教育研究, 1996, 10: 13 - 23.
② 中共中央文献研究室. 邓小平论教育. 人民教育出版社, 1995: 26.

进入 21 世纪，胡锦涛提出"要坚持育人为本、德育为先，把立德树人作为教育的根本任务"。立德树人是新时代的新要求，是新时代的育人标准。"德"的含义是指世界观、人生观、价值观、荣辱观，立德是指培养学生成为有正确世界观、人生观、价值观、荣辱观的公民。立德树人是指学生既具有优良的品德，又要有服务社会、为社会创造价值的专业知识。

2010 年国务院颁布的《教育规划纲要》提出人人成才的人才培养理念，"树立多样化人才观念，尊重个人选择，鼓励个性发展，不拘一格培养人才。""人人成才的人才培养理念"是在实现"两基"任务的背景下提出的，在实现"两基"之后，基本实现教育普及的任务，每个人都有机会接受教育。在这个前提下提高教育质量、让每个学生都成才成为教育发展的重点工作。

"人人成才"的教育理念呼唤多样化人才的培养模式。多样化人才培养模式不是无边无界、空洞不可触摸，其知识体系有边界和规范，是因人制定教育模式。实现人人成才的目标必须满足学生不同的教育需要，提供个性化的教育服务。一是授课方式的个性化，学生个体存在差异性，每个学生的学习动机、学习能力不同，需要根据学生的特殊需要设置特殊的教学方式。二是建立多样化人才评价方式。在改革开放之后，我国对学生的评价一直采用单一笔试考试方式，以笔试代替教育评价，以记忆的知识量作为考查学生方式，笔试分数成为评价学校、教师、学生的唯一标准。这直接导致出现"高分低能""拔尖人才缺失"等问题。多样化教育方式必然以多样化评价方式为导向，尊重学生的个体差异，对学生实施有针对性的教育方式。

2. 多样化人才培养与素质教育一脉相承

多样化人才培养是我国教育事业发展的重点工作，其目标与素质教育一脉相承，是新时期教育发展任务。20 世纪 80 年代末 90 年代初我国展开有关应试教育的大讨论。当时的应试教育引发了一系列的社会问题，"分，分，分，学生的命根；考，考，考，老师的法宝。"学生、学校、家长都为分数而战，教育教学一切活动围绕升学考试，学校只重视与升学考试相关的科目，弱化一切与升学考试无关科目。① 学生体质数据连年下降，创新能力不足，学业负担不断加重。

面对应试教育催生的一系列问题，国家开始反思应试教育的弊端。1993 年 2 月，中共中央、国务院制定发布的《中国教育改革和发展纲要》中指出："中小学要从'应试教育'转向全面提高国民素质的轨道，面向全体学生，全面提高学生的思想道德、文化科学、劳动技能和身体心理素质，促进学生生动活泼地发展，办出各自的特色。"

素质教育是对我国教育育人方向的一次澄清，重申"四有"新人的培养目标。素质教育有明确的教育原则：坚持学习科学文化与加强思想修养的统一，坚持学习书本知识与投身社会实践的统一，坚持实现自身价值与服务祖国人民的统一，坚持树立远大理想与进行艰苦奋斗的统一。素质教育明确了教育目标：要坚持面向全体学生，为学生的全面发展创造相应的条件，依法保障适龄儿童和青少年学习的基本权利，尊重学生身心发展特点和教育规律，使学生生动活泼、积极主动地得到发展。素质教育有明确的教育活动组织形式：在教育活动中德育、智育、体育、美育等有机地统一。

目前很多学者对素质教育表示异议，认为素质教育的本质和内涵存在问题，认为素质教育没有形成严格的理论框架。其实，素质教育最大的问题是没有形成社会公认的育人模式。而多样化人才是对素质教育的一次回应，是素质教育的延伸和发展。多样化人才培养以国家人才培养目标为导向，为了培养德智体美劳全面发展。多样化人才培养以因材施教为目标，实施个性化教育模式，此教育模式以学生自身心理特点和生理特点制定学习计划，计划因人而异。教育多样化教学组织引入劳动实践、品德教育、体育教育、美学教育，促进学生的全面发展。

3. 教育多样化重在培养学生的核心素养

20 世纪末学生的核心素养成为全球范围内教育理论、教育政策、教育实践的关注重点。2003 年国际经济合作与发展组织（OECD）在《核心素养促进成

---

① 宋彦萍. 应试教育弊病的调查和对策研究. 云南财贸学院学报，2001，S1：143 – 145，161.

功的生活和健全的社会》中提出了核心素养的概念，从"人与工具""人与自己"和"人与社会"三个维度论述核心素养。紧接着联合国教科文组织（UNESCO）、欧盟（EU）等国际组织，美国、英国、法国、德国、芬兰、日本、新加坡等发达国家，都先后开发了学生核心素养框架。不管 OECD、UNESCO、EU 等权威国际组织，还是美英法德等发达国家，其对核心素养的定义并无实质上的差异。

核心素养的英文是"Key Competencies"，直译的意思是指关键能力。权威国际组织和世界主要发达国家对人的能力的论述，核心素养是指人适应社会、改造社会应该具备的能力，在社会中取得成功应该具备的能力。核心素养概括起来包括三个方面：一是社会交往的能力，掌握语言、控制情绪、学会倾听；二是学习的能力，接受新鲜事物、学习新知识、提高自身素质；三是实践能力，拥有专业知识、善于发现问题和解决问题。[①]

2016 年教育部出台了《中国学生发展核心素养（征求意见稿）》，对学生发展的核心素养进行界定。学生发展核心素养，是指学生应具备的、能够适应终身发展和社会发展需要的必备品格和关键能力，综合表现为 9 大素养，具体为社会责任、国家认同、国际理解；人文底蕴、科学精神、审美情趣；身心健康、学会学习、实践创新。学生发展核心素养是对学生全面发展的一次细化，既有世界观和价值观方面的要求，也有个人能力的概括，强调社会责任、实践能力和创新能力。

学生发展核心素养是对学生德智体美全面发展的总体要求，是对社会主义核心价值观的有关内容细化，是对我国人才培养目标的一次分解，是素质教育的再次延伸。教育多样化作为我国当代人才培养目标的具体体现，必须与学生发展核心素养相一致。

因材施教是教育多样化的外在表现，培养学生发展核心素养是教育多样化的内核。核心素养是关键性的素养，是指关键性的能力，是少数的能力，是在世界范围内能够参与 21 世纪国际竞争的人才所应具备的能力。

---

① 褚宏启，张咏梅，田一. 我国学生的核心素养及其培育. 中小学管理，2015，09：4 - 7.

实现"中国梦"和中华民族的伟大复兴,要求把我国由人力资源大国变为人力资源强国。核心素养不仅细化素养教育,而且明确合格的社会主义建设者和接班人需要具备的关键能力,是培养具有国际竞争力人才的需要。因此,教育培养的学生要具备强烈爱国心、社会责任感和国际认同感,具备美学鉴赏能力和人文情怀,具备科学技术素养,具备健康的体魄,具备学习能力、实践能力。

三、教育是人的教育

人是万物之灵长,人有感情,能够思考,能够使用工具改造世界,结成各种社会组织。苏霍姆林斯基写道,"教育,这首先是人学"。教育的对象是人,一切教育活动都要以人为本。

1. 教育要体现人的自然本性和社会属性

教育的出发点是人,终点也是人。教育是一种培养人的活动,目的是培养能够促进国家发展和社会进步的人才。一切教育活动都必须以人的基本属性为基础。

人的属性有两种,一种是自然属性,一种是社会属性。人的自然属性是指天生的、先天造就的属性,具体是指人的生理特征、精神特征和生存需要。生理特征是指人体内部构造特征;精神特征是指是人天生具有的思考能力和情感能力;生存需要是指取食、运动、繁衍等生物属性。人的社会属性是后天,是人出生之后才形成的。马克思说:"人的本质不是单个人所固有的抽象物,在其现实性上,它是一切社会关系的总和。"① 在现实中人一切行为不可避免地要与周围其他的人发生各种各样的关系,如劳动关系、性爱关系、亲属关系、朋友关系、工作关系等等。这些复杂的社会关系共同构成了人的社会属性。

美国思想家爱默生提出:"人生唯一有价值的,是有活力的灵魂。"教育"以人为本"是指教育活动要尊重人、重视人、以人为先。② 教育以人为本,价

---

① 中共中央马克思恩格斯列宁斯大林著作编译局.马克思恩格斯选集(第1卷).人民出版社,1995:60.

② 王澍,柳海民.论尊重与"尊重的教育".东北师大学报(哲学社会科学版),2009,03:1-7.

值体现为创造健全的人和适应社会的人，组织教育活动以人的自然属性和社会属性为基础，充分开发人的自身潜力、教授丰富的知识、培养适应社会的能力三个目的并重，满足人生存和发展的需要。

人的自然属性和社会属性在教育过程中是对立统一的。自然属性是人的生命基础，是一切教育活动的基础，培养人的社会属性要以人的自然属性为基础。社会属性对人的自然属性起到反作用力，个人社会属性适应社会时就会促进其自然属性的发展，反之就会阻碍其自然属性的发展。

为学生传授知识和训练学生社会实践能力是教育的两项基本任务。我国有一种错误的观念：即掌握书本知识多的人能力就强，个人的能力与其书本知识量成正比。如果教育只是重视传授知识而轻视社会属性培养，实质上弱化了个人适应社会的能力，会出现"高分低能"的问题。如果教育只重视社会实践能力培养而轻视知识传授，那么就会出现人类文明的停滞。因此，对学生传授知识和培养适应社会的能力对个人的成长和发展同等重要，两者缺一不可。

个人的成长和发展是一个认知的过程，是"内化于心、外化于行"的一个过程。"内化于心、外化于行"分为两个阶段，"内化于心"是第一阶段，是指内心牢记知识；"外化于行"是第二阶段，是指应用掌握的知识进行社会实践。为学生传授知识是意识的体现，需要以最快捷的方式、最科学的方法将知识传授于学生，此时学生一般还不具备利用知识的能力，需要通过实践去验证知识的有用性，只有通过实践才将知识转化为人的能力。

教育是依托人的自然属性对人的社会关系的塑造。人的自然属性是先天的、不可更改的，这是教育的基础。人的社会关系是动态的，在人的成长过程中具有可塑造性。教育的活动只能塑造人的社会关系，改变人的自身能力，促进人自然属性进化，促进社会的进步和发展。

2. 教育要促进人的全面发展

人的全面发展是一个古老的哲学命题。古希腊哲学家亚里士多德主张"和谐教育"。夸美纽斯在其名著《大教学论》一书中，提出了泛智教育的理想，希望所有的人都受到完善的教育，使之得到多方面的发展，成为和谐发展的人。法国启蒙思想家卢梭认为，教育的目的和本质是促进人的自然天性，即自由、理性和善良的全面发展。瑞士教育家裴斯泰洛齐倡导教育应以善良意志、理性、自由及人的一切潜在能力的和谐发展为宗旨。人的全面发展理论是马克思主义的经典理论，"一切人自由而全面的发展"是马克思主义的最高命题，是指人的体力和智力、能力和志趣、道德精神和审美情趣多方面的发展。同时马克思给出了个人的全面发展的限制条件，即个人的发展情况取决于其所处的社会物质条件。

在教育战线人的全面发展理论同样受到我国经济社会条件的制约。现阶段教育促进个人全面发展的含义并非马克思所说的"一切人自由而全面的发展"，而是在我国教育现状下的学生全面发展。

《教育规划纲要》明确学生全面发展的概念，"培养德智体美全面发展的社会主义建设者和接班人。""德育"是培养学生正确的人生观、价值观，培养学生具有良好的道德品质和正确的政治观念，培养学生形成正确的思想方法的教育。"智育"是授予学生系统的科学文化知识、技能，发展其智力和与学习有关的非智力因素的教育。"体育"是授予学生健康的知识、技能，发展其体力，增强其体质，培养其意志力的教育。"美育"是培养学生的审美观，发展其鉴赏美、创造美的能力，培养他们的高尚情操和文明素质的教育。

在德智体美劳五育中，德育处于第一位。德体现个人的价值观、行为准则和处事原则，体现了人的社会属性。德性能够规范个人的行为，协调人们之间关系的功效与能力，并在人际交往中对社会和谐发挥作用。

教育促进学生全面发展，首先培养学生的道德观念。道德是一种意识、认同感。道德培养是一种个人内心认同和升华的过程，道德内化于心，成为个人的本能意识。教育促使学生道德意识养成，关键是行为示范，在教育活动中成员的行为准则对学生的影响最直接、最有效，帮助个人养成道德意识。

教育促进学生全面发展，主要是提升学生的综合素质，提高学生的身体素质、心理素养、知识储量和鉴别能力，培养具有优良的道德品质、较高的文化修养、拥有健康体魄的人。

教育促进学生全面发展，突出学生的个性差异。"个性是指一个人在思想、性格、品质、意志、情感、态度等方面不同于其他人的特质。"① 实现学生的全面发展必须尊重学生的个性。每个学生都有独一无二的性格，教育就是唤醒学生的独特性格，就是促进学生在自身独特模式下的全面发展。

第三节　人才培养面临的挑战

人才是科技进步和经济社会发展最重要的资源。教育是培养各类人才的根本途径，在整个社会体系中起到基础性、先导性、全局性的作用。教育服务经济社会，就是为社会各个行业培养人才，为社会进步和经济转型提供足够的人才。

一、传统的人才培养理念对多样化人才培养的钳制

新中国成立以来，中国的教育理论研究取得了巨大成绩。从人才培养的目标来看，党的教育方针是经得起时间考验的，很好地解决了"培养什么样的人"的问题，确定了人才培养目标；但是从教育实践来看，育人模式与人民群众的需求还有相当大的差距，还没有解决"怎样培养人"的问题。

1. 个人全面发展是非常超前的人才培养理念

目前我国人才培养目标是培养德智体美全面发展的社会主义建设者和接班人，目标的核心是"全面发展"。正如上文所述，人的全面发展理论有深刻的哲学内涵。柏拉图在《理想国》中提出，通过德、智、体、美诸因素使受教育者养成"身心既美且善"的人。亚里士多德继承和发展了柏拉图的教育理念，认为教育的最终目的是理性的发展，促进个人身体、德行和智慧得以和谐地发展。夸美纽斯总结前人教育经验，提出"人在身心各方面都存在着和谐发展的因素，教育就是要使这种因素真正得以发展，教育的目的，就是物、一切造物的主宰和造物主的形象和爱物，要从知识、道德、身体和艺术等方面去全面发展人，

---

① 金惠萍. 思考：对新时期大学生个性发展与全面发展的思考. 教育教学论坛，2011，(32)：108-109.

从而实现个体与社会的和谐"。瑞士教育家裴斯泰洛齐倡导教育应以善良意志、理性、自由及人的一切潜在能力的和谐发展为宗旨，提出"教育的目的就在于全面和谐地发展人的一切潜在能力。教育者必须深入研究和认识儿童的自然发展，并努力使教育与其自然发展相一致，才能达到预期的教育目的。"马克思也对全面发展的人进行了定义，此时的全面发展是指人的劳动能力的多方面发展，结果是"用适应于不断变动的劳动需求而可以随意支配的人员""把不同社会职能当作互相交替的活动方式的全面发展的个人"，个人的职业可以在不同工种之间随时相互转换，脑力劳动和体力劳动可以随时相互转换。

新中国成立以来，我国一直重视教育工作，把教育始终摆在优先发展的地位，对社会主义教育进行深入的探索，也形成了中国特色的教育理论。除了上文提到毛泽东关于"有社会主义觉悟的有文化的劳动者"的理论，1958 年 8 月他又在审阅时任中共中央宣传部部长、中央文教小组组长陆定一呈送的《教育必须与生产劳动相结合》一文时，就青年学生的全面发展问题特别加写了两段文字："儿童时期需要发展身体，这种发展要是健全的。儿童时期需要发展共产主义的情操、风格和集体英雄主义的气概，就是我们时代的德育。""我们所主张的全面发展，是要使学生得到比较完全的和比较广博的知识，发展健全的身体，发展共产主义的道德。"

1977 年 7 月，党的十届三中全会恢复了邓小平的党内外一切职务，他自告奋勇地提出分管教育和科技工作。邓小平实施教育战线的"拨乱反正"，"一定要在党内造成一种空气：尊重知识、尊重人才"①，确立了尊重知识、尊重人才的正确方向。1980 年邓小平给《中国少年报》和《辅导员》杂志的题词，初步形成"四有"新人的教育理论："要努力使我们的青少年成为有理想、有道德、有知识、有体力的人，使他立志为人民作贡献，从小养成守纪律、讲礼貌、维护公共利益的良好习惯。"② 社会主义教育要培养德智体美全面发展的社会主义"四有"新人，并顺利实施科教兴国和人才强国战略。

"人的全面发展"理论是人才培养的最高目标，纵观中外历史有关人才培养

---

① 邓小平文选（1975—1982）．人民出版社，1983：38.
② 邓小平文选（1975—1982）．人民出版社，1983：328.

的实践，个人实现全面发展的案例非常稀少。经历新中国成立以来六十多年的发展，我国的教育理论取得了巨大成就，特别是关于人才培养的理论，是非常超前的。德智体美全面发展的人，通俗地讲，就是道德好、智能高、身体棒强、审美强的人；而在现实中，学校选拔人才时采用分类选拔方式，要么是重视艺术的艺考生，要么是重视智育的普通考生，考试选拔出的人才是专业性的，而不是全面性的。同样学校人才培养目标是工程师、科学家、教师、医生，培养的人才也是专业性的。因此，党的教育方针是超前的，具有前瞻性的，对教育实践具有指导意义，但是目前还不具备实现个人全面发展的方案和条件。

2. 过分注重书本知识的"题海战术"

教育能够改变一个人的社会地位。社会底层的成员希望通过教育、通过考试成为社会上层，教育承担着他们向上流动的梦想，这给教育增加了功利性色彩。学生学习、教师教学和家长愿望汇集到一起，就是在考试中获得高分，其他方面的学习可以缓缓再学。

教育在成为社会阶层向上流动的工具之后，高考选拔方式就成为教育教学的指挥棒。基础教育教学改革围绕"高考获取高分"一个中心，最典型的代表便是"题海战术"。"题海战术"是指，学生花费大量的时间进行大量练习，通过对知识点和题目类型的反复练习，达到巩固知识点、提高做题速度的目的。"题海战术"最大的优点是容易提高理科成绩，但对提高语文成绩的用处不大；通过对理科知识点的反复训练，逐渐积累应对考试的经验，提高做题的效率和准确率。

追究"题海战术"的根源，需要从我国的课堂教学方法谈起。20 世纪 50 年代我国教育全盘学"苏联"，几乎每名师范生人手一册凯洛夫的《教育学》。凯洛夫认为："教师本身是决定教学底培养效果之最重要的、有决定作用的因素。"虽然他也主张"学习是学生自觉地与积极地掌握知识的过程"，但是他又认为，"教学底内容、方法、组织之实施，除了经过教师，别无他法。"① 20 世纪 60 年代中苏断交后，我国开始全面批判苏联修正主义，教育界也是开始批判凯洛夫的教育理论，认为凯洛夫的教育是彻头彻尾的冒牌的马克思主义教学论。

---

① （苏）凯洛夫. 教育学（上册）. 沈颖等译. 人民教育出版社，1953：58 – 60.

"文革"结束后，我国教育重新回到正轨，凯洛夫的教育理论重新掌握了学校教育的话语权，在教学方法上，恢复了凯洛夫主编的《教育学》中的五段教学法，强调以教师为中心、课堂为中心、教材为中心。中国"苏联化"的教育，全盘吸收苏联教育的基本观念、教育制度、教学模式以至教学方法，并在此基础上有所发展。如中小学实行统一的教学计划、统一的教学大纲、统一的教材，高校分为综合大学（只设文、理两类学科）及专门学院（设立工、农、医、师范、财经、政法、艺术、语言、体育等学科）两种类型等。

"题海战术"充分体现凯洛夫"五步教学法"的理念。凯洛夫的"五步教学法"，也被称为"五环节教学法"，[1] 这种教学模式是在捷克教育家夸美纽斯和德国教育家赫尔巴特的理论基础上形成的，即：组织教学、复习旧课、讲授新课、巩固知识、布置作业，强调"感知—理解—巩固—运用"的教学模式。"题海战术"强化了"五步教学法"的布置作业和复习旧课环节，一轮一轮的重复讲解和重复练习，加深学生对知识的理解程度。学校教育最大的问题，并不是"题海战术"，而是应试教育。尽管学校也教授与升学考试无关的科目，但是学生不会认真学习这些课程，教师在课堂上讲，学生在底下做考试科目的作业，与高考无关的科目的教学成为一种表面形式。社会中也流行一种观念，即非升学考试的科目无足轻重，只有升学考试的科目是最重要的，不值得花费大量的时间学习非考试科目。

"题海战术"只是一种提高考试成绩的方式，本身无可非议。但是学校只注重考试分数，轻视德育、体育、美育，不关注学生的接受能力，滥用"题海战术"就出现了灾难性的后果。再观察应用"题海战术"的课程，只有升学考试的科目才使用"题海战术"，教师不会对其他非考试的科目使用"题海战术"。学校在分配教学时间时非考试的科目也会分得很少的课时。[2] 升学考试的科目占用大量的学习时间，这些时间又被用于"题海战术"，学生在学校做大量试卷，回家也做大量的练习，学生的大量时间都被用于升学考试的科目的学习。

---

① 钟启泉. 凯洛夫教育学批判——兼评"凯洛夫教育学情结". 全球教育展望，2009，01：3–17.

② 张镝，马艳慧. 数学的题海战术未必出"真知". 中国教育学刊，2015，12：100.

中小学学生是未成年人，他们的生命不能只有学习，为了个人未来，他们还需要大量的时间用于培养个人情趣爱好、社会交往。"题海战术"并没有错，当"题海战术"占据学生的全部时间时，影响学生身心健康成长时，便会遭到社会的指责。

2. 课程体系和人才培养目标不相匹配

学校的教育内容体现为课程。课程在教育中的定位是"教什么"，即学校教育的内容。课程以教材为载体，教材的知识点就是课程教学的内容，也是学生学习的内容。课程内容是人类发展中的规律性的经验，课程编排要符合学生的身心发展规律和知识的逻辑体系。

各级各类教育的课程相互衔接，形成一个完整的体系，有利于学生的学习和教师的教学，并且避免同一内容重复学习或课程内容相互脱节的现象。在我国学校人才培养体系中，各级各类教育之间的课程并不完全衔接，分段式的课程设置影响了全面人才的培养。义务教育阶段，国家课程有统一标准，主要课程有14门：语文、数学、科学、物理、化学、生物、地理、历史、历史与社会、外语（英语、日语、俄语）、音乐、美术、艺术。在高中阶段教育课程出现了第一次分化，普通高中教育的课程基本延续义务教育课程形式，主要课程：语文、数学、英语、物理、化学、历史、地理、生物、技术、信息技术、体育与健康、音乐、美术、艺术。而中职教育的课程标准不同普通高中："德育课，语文、数学、外语（英语等）、计算机应用基础课，体育与健康课，艺术（或音乐、美术）课为必修课，学生在毕业时的知识储备水平应达到国家规定的基本要求。物理、化学等其他自然科学和人文科学类课程，可作为公共基础课程列为必修课或选修课，也可以多种形式融入专业课程之中。不同专业还应根据需要，开设关于安全教育、节能减排、环境保护、人口资源、现代科学技术、管理以及人文素养等方面的选修课程或专题讲座（活动）。公共基础课程必修课的教学大纲由国家统一制定。"① 高等教育已经没有国家课程标准的概念，而是应用学科的概念，我国高等学校本科教育专业设置按"学科门类""学科大类（一级学科）""专业"（二级学科）三个层次来设置。1985 年中共中央颁布了

---

① 教育部办公厅关于制订中等职业学校专业教学标准的意见（教职成厅［2012］5 号）.

《关于教育体制改革的决定》，提出"扩大高等学校的办学自主权"，形成了教育部公布学科目录和负责专业审批、高校负责人才培养的高等教育人才培养格局。

我国教育的人才培养目标是"培养德智体美全面发展的社会主义建设者和接班人"，这与各级各类教育的分目标并不一致，另外，各级各类教育之间的人才培养目标也存在不衔接问题。在高中阶段教育，中等职业教育和普通高中教育出现了人才培养目标的第一次分化，中职教育的人才培养目标"培养与我国社会主义现代化建设要求相适应，德、智、体、美全面发展，具有综合职业能力，在生产、服务一线工作的高素质劳动者和技能型人才"。普通高中教育人才培养目标是"在九年义务教育基础上进一步提高国民素质、面向大众的基础教育，普通高中教育应为学生的终身发展奠定基础"。高等职业教育人才培养目标是"培养技能型的高级专门人才"。高等本科教育的人才培养目标是"培养较扎实地掌握本门学科的基础理论，专门知识和基本技能，并具有从事科学研究工作或担负专门技术工作初步能力的高级人才"。

各级各类教育的人才培养目标缺少系统性和连贯性。尽管各级各类教育之间存在一定程度的衔接，但是还达不到整个教育体系浑然一体的要求。各级各类教育的育人目标不同，培养出的学生存在巨大差异。学生远远达不到自由转换职业的水平，学生也没有实现德智体美的全面发展。

二、人才选拔方式与考试制度改革

考试招生制度是国家的基本教育制度，也是国家选拔人才的重要方式。我国教育考试制度分为三类，一是入学选拔考试制度，如高中阶段招生考试、普通高等学校统一招生考试、研究生入学考试等；二是学业水平考试，如初中学业水平考试、高中学业水平考试等；三是能力水平考试，如外语水平考试、汉语水平考试等。在三类考试中，普通高等学校统一招生考试最具有代表性。普通高等学校统一招生考试简称高考，最受人们关注。

1. 新中国高考制度的演化历程和争议

作为基础教育迈入高等教育的桥梁，作为人们向上改变自身社会层级的重要方式，我国的高考制度一直处于摸索和完善的过程中。1952 年，我国开始实施全国统一高等学校招生制度。1966 年中共中央、国务院发出《关于高等学校招生工作推迟半年进行的通知》，决定 1966 年高等学校招收新生的工作推迟半年进行。由于"文革"的影响，1966 年到 1969 年，高等学校停止招生。1970年，部分高校才以"群众推荐、领导批准和学校复审"的方式，从有实践经验的工农兵及下乡知青中招生。1977 年国务院批转了教育部《关于 1977 年高等学校招生工作的意见》，高考正式恢复，从此成为选拔人才进入高等学校的主要方式。

伴随高考制度"设立、取消、恢复"，高考考试科目和考试组织方式也不断变化。1952 年全国第一次举行统一高考，每个科目的考试时间为 1 小时 40 分钟，每个单位时间考两科，国文、数学、化学、中外史地、物理、政治常识、生物、外国语（俄、英），每个考生必须参加所有 8 个科目的考试。除了必考的 8 个科目外，还安排加试笔试和术科。报考文法财经等院校或系，政、国、外、史 4 科分数之和占 60%，数、理、化、生 4 科分数占 40%；理工农医等院校或系采计分数的科目比例则正好相反。此时的高考实行全国统一命题，制定统一的参考答案和评分标准，各大行政区招生委员会组织考试、评卷，统一招生考试的方式一直延续至 1966 年。1977 年高考重新恢复以后，考试分为文理两科，文科：政治、语文、数学、史地。理科：政治、语文、数学、理化。1985 年中共中央发布的《关于教育体制改革的决定》，我国开始改革高考体制。高考实行国家计划招生、用人单位委托招生、招收少数自费生等三种招生办法，高考考试科目开始推行"3＋2"考试方案（上海试行"3＋1"方案），分为文史、理工两大类，所有的考生都必须考语文、数学、英语三科，理工类加考物理、化学，文史类加考政治、历史。高考分数试行标准分录取制度，即通过卷面分数（原始分）转换成标准分数（名次分数）。北京大学等 43 所高等学校进行招收保送生的试点。1999 年教育部颁布了《关于进一步深化普通高等学校招生考试制度改革的意见》，教育部开始推行"3＋X"科目考试方案。2000 年后，北京、上海、安徽、内蒙古等省份进行了春季招生改革试点，开始探索一年两次高考。2001 年，江苏的东南大学等 3 所国家重点高校率先实行了"自主招生"的试点工作。2014 年中央政治局审议通过了《关于深化考试招生制度改革的实施意见》，拉开了新一轮高考改革的序幕。

无论是高考科目的改革，还是高考招生方式的改革，历次高考改革都围绕人才选拔这一主题，国家想通过高考改革选拔出素质高、能力强的人才。在1966年实施第一次高考改革之前，我国中央政府已经意识到考试制度的弊端，毛泽东曾对其进行生动的描述："教育方法落后，学校用一种划一的机械的教授法和管理法去戕贼人性，人的资格各不相同，高低才能，悟能迥别，学校则完全不管这些，只晓得用一种同样的东西去灌给你吃，使学生立于被动，消磨个性，灭掉性灵，腐儒的随俗沉浮，高才的相与裹足。"① 在明确应试教育的弊端之后，国家希望通过高考改革撬动整个教育体系的人才培养方式，并在新中国成立后六十多年的时间内进行了四次大的改革。尽管我国应试教育的风气依旧非常浓厚，高考改革也没有实现选拔创新型人才的目标，但是每次高考改革都会对整个教育体系产生巨大的冲击，都是对人才培养方式的一次探索。通过坚持不懈的探索，总结历次高考改革的经验和不足，高考最终定能实现选拔创新型人才的目标。

2. 新一轮的高考综合改革还要接受实践检验

为了突破"一考定终身和创新型人才培养"难题，国家重新启动了高考改革。2014年国务院发布《关于深化考试招生制度改革的实施意见》，教育部先后发布《关于普通高中学业水平考试的实施意见》《关于加强和改进普通高中学生综合素质评价的意见》，中央在上海市和浙江省开始高考综合改革的试点。目前已有25个省份公布了各自的高考方案。

《关于深化考试招生制度改革的实施意见》提出了18项措施，其中涉及高考的措施共有16项，上海和浙江的高考综合改革也未突破国家公布的16项措施的范畴。从各地公布的高考改革方案来看，多数措施都是针对"一考定终身和创新型人才培养"问题，另有个别措施是为了促进教育公平。另外，从公布的高考改革方案来看，高考改革的措施存在"头痛医头，脚痛医脚"的问题，未能抓住人才选拔的根本矛盾，还不能破解"创新型人才培养和选拔"的难题。本文以上海市和浙江省高考改革举措为例，分析高考改革中利弊得失。

---

① 尹红芳.青年毛泽东的教育思想——对话湖南第一师范学院"青年毛泽东纪念馆"馆长艾建玲.湖南教育（中），2011，01：36-37.

上海市和浙江省高考改革举措

高考改革措施	上海市	浙江省
考试科目的设置	普通高中学业水平考试设置语文、数学、外语、思想政治、历史、地理、物理、化学、生命科学、信息科技、体育与健身、艺术和劳动技术13门科目。 　　实行合格性考试和等级性考试。思想政治、历史、地理、物理、化学、生命科学6门科目既设合格性考试，又设等级性考试。其余科目只有合格性考试。 　　普通本科院校可根据办学特色和定位，以及不同学科大类或专业人才培养需要，提前三年从思想政治、历史、地理、物理、化学、生命科学6门普通高中学业水平等级性考试科目中，提出不超过3门的科目要求。	考试科目分必考科目和选考科目，必考科目为语文、数学和外语，考生可以结合自己的兴趣特长，根据拟报考学校专业要求，从思想政治、历史、地理、物理、化学、生物、技术（含通用技术和信息技术）等7个高中学考科目中，选择3科作为选考科目。 　　高校应在招生2年前向社会公布分专业（类）的招生选考科目范围，科目数至多不超过3门。而对考生综合素质评价情况等要求，高校可在当年招生章程中予以明确。
考试的安排	全市对思想政治、历史、地理、物理、化学、生命科学6门科目进行统一命题，语文、数学、外语3门科目用统一高考相应科目考试替代，信息科技是合格性考试且全市统一命题和组织实施，综合测评是合格性考试且针对体育与健身、艺术、劳动技术3门科目。	除语文、数学外，统一高考招生中，外语和选考科目每年安排2次考试，每个考生都有2次考试机会，
高考成绩的组成	合格性考试成绩只分"合格/不合格"，成绩合格是高中生取得毕业资格的必要条件；等级性考试成绩分A、B、C、D、E五等，按既定的计分方式计入高考总分。	选考科目按等级赋分，每门满分100分，必考题满分70分，以高中学考成绩合格为赋分前提，根据事先公布的比例确定等级，每个等级分差为3分，起点赋分40分。 　　三位一体招生综合成绩是由统一高考、高中学考、综合素质评价成绩按比例合成。具体合成比例，由高校根据学校和专业培养目标确定，报省教育考试院备案后在本校招生章程中向考生及社会公布。其中，统一高考成绩占比原则上不低于综合成绩的50%。

续表

高考改革措施	上海市	浙江省
招生录取方式	高职院校的考试招生与普通高校考试招生相对分开，采取"文化素质＋职业技能"评价方式。 普通本科院校依据语文、数学、外语3门统一高考科目成绩和学生自主选择的3门普通高中学业水平等级性考试科目成绩，参考高中学生综合素质评价信息进行录取。 高职院校考试招生中，除文化素质考试外，更加注重职业技能考核。鼓励专科高职院校把特色专业招生和主要招生计划安排在统一高考之前。	统一高考招生实行高考与学考、必考与选考相结合，高职提前招生实行高中学考或职业技能与综合素质相结合，单独考试招生实行文化素质与职业技能相结合，三位一体招生实行统一高考、高中学考和综合素质评价相结合。 在统一高考招生、单独考试招生中，考生按"专业＋学校"填报志愿。考生在选报"专业＋学校"志愿时，自己的选考科目与高校要求的选考科目至少需有1门一致方可报考。

上海市和浙江省针对现行高考存在的问题，确实制定了一系列有针对性的措施。但是这些措施是否能够达到最初设想的目标还需要实践的检验。另外，从实施的各项措施来看，高考依旧很难实现发掘创新型人才的目标。高考依旧存在很多未能改观的弊端。

考试科目设置未能解决创新型人才培养的难题。上海市和浙江省的高考方式均采用"3＋3"的考试科目选择方式，高校在考试中的选择权被限定在上海市和浙江省圈定的考试科目中。此时，我们对高考就产生了第一个疑问：上海的13门考试科目和浙江的10门科目是否满足了创新人才选拔的充分条件？紧接着还有第二个疑问：高考选拔的人才是否能够适应高校人才培养的要求，高考选拔的人才能否直接进入高校接受专业化的训练？

尽管创新型人才培养到目前为止仍是一个有争议的问题，但是我国教育未能独立培养出有国际影响力的世界顶级的专家和学者却是一个事实。教育作为培养人才的主要阵地，考试制度作为选拔人才的主要方式，是难以摆脱创新人才难题的干系的。

三、在公平和效率之间游走的教育保障机制

我国政府一直重视教育工作，把教育摆在优先发展的地位。国家保障教育发展秉持"三个优先的原则"，即"经济社会发展规划要优先安排教育发展，财政资金要优先保障教育投入，公共资源要优先满足教育和人力资源开发需要"。① 2012 年国家财政性教育经费支出为 21 984 亿元，占国内生产总值的比重超过 4%②，终于实现了《中国教育改革和发展纲要》（1993 年）所提出的 4%的目标③，国家对教育事业的保障迈上了新台阶。

1. 义务教育阶段学校的标准化建设任重道远

学校和教师是开展教育活动的基本条件。教师承担"教"的任务，学校是开展教育活动的场所。我国在 20 世纪 80 年代开始逐步建立各级各类学校的办学条件标准。

国家出台中小学办学标准是为实现普通中小学教育现代化、教育改革与发展等目标的需要，是为了推进素质教育对校园、校舍条件与环境的需要，是为了加强学校建设的科学化、规范化管理的需要，希望通过学校标准建设不断提高中小学校的规划设计和建设水平以促进技术进步、提高投资效益。所有新建中小学都要执行中小学办学标准。在出台中小学校校舍建设标准之前，教育部联合住建部开展调研，对学校选址、规划、设计进行了规定，设计了一套学校校舍的建设的标准体系，指导中小学的校舍建设。

校舍建设条件包含校舍建筑面积标准，并对自然教室、音乐教室、美术教室、书法教室、语言教室、计算机教室、劳动教室等进行规定。在校舍建设标准中，是否设立各种专用教室是一个推敲的问题，因为每所学校在建设时是否都需要设立专用教室，或者有其他更为变通的方式也可以解决这个问题。

---

① 国民经济和社会发展第十二个五年规划纲要提出：未来五年加快教育改革发展 4 项重点领域．中国教育学刊，2011，04：36.

② 谢旭人出席十一届全国人大五次会议新闻中心举行记者会．http://lianghui. people. com. cn/2012npc/GB/239293/17308658. html.

③ 陈首锋．教育财政拨款休制改革的新思路——访著名经济学家王善迈教授．中小学管理，1995，01：6-8.

从学校建设标准的实施情况来看，高校和中等职业学校的办学条件基本达标，义务教育学校的标准化建设还存在城乡、区域之间的差异。2002 年教育部、住建部、发改委联合出台《城市普通中小学校校舍建设标准》，并在 2008 年出台了《农村普通中小学校校舍建设标准》。不管是城市普通中小学校校舍建设标准，还是农村普通中小学校校舍建设标准，学校分为完全小学、九年制学校、初级中学、完全中学、高级中学五种类型。

在《城市普通中小学校校舍建设标准》中，小学阶段每班 45 人，中学阶段为每班 50 人；而在《农村普通中小学校校舍建设标准》中，小学阶段每班近期 45 人，远期 40 人；中学阶段为每班近期 50 人，远期 45 人。在校舍建筑面积方面，城市 24 班的完全小学生均校舍建筑面积 5.4m^2，农村 24 班的完全小学生均校舍建筑面积 6.54m^2，两者相差近 1.1m^2。

另外，部分地区制定了本地中小学校校舍建设标准，其与国家建设标准存在差异。如北京市中小学办学条件标准以中心城区学校和中心城区外学校进行分类，山东、重庆等地的中小学校校舍建筑面积不区分城乡。从各地制定学校建设标准来看，地方制定学校建筑面积标准高于国家标准。国家在制定校舍标准时经过反复论证，各地不按照国家标准执行校舍建设规划，定会造成校舍建筑浪费。

城乡之间的教育差距一直是社会关注的热点和重点，国家为缩小城乡教育差距先后实施农村中小学危房改造工程、农村寄宿制学校建设工程、农村现代远程教育工程等建设项目，中小学校的办学条件得到较大改善，城乡中小学之间办学条件差距也在不断缩小。基础教育在我国整个社会公共服务体系中居于基础性地位，均衡发展是发展基础教育所必须遵循的原则。均衡发展义务教育不仅要改善农村学校的办学条件，还要统一城乡学校的办学标准。政府对城乡间的中小校舍建设标准进行硬性的区别的对待，城乡学校标准两元化阻碍了基础教育学校标准化建设步伐，不利于实现中小学学校均衡发展，也不利于促进教育事业的公平发展。

2. 未能充分体现绩效的教师工资制度

教师是提供优质教育的关键，只有优质的教师才能提供优质的教育。行业平均工资在市场经济中体现职业在社会中的地位。一流的教育需要一流的教师，只有一流的待遇才能留住一流的教师。

2016年3月教师时薪万元事件引发社会各界对教师工资制度的议论。微信朋友圈里晒出了一张某在线辅导老师的课程清单，2617名学生购买了一节单价9元的高中物理在线直播课，扣除20%的在线平台分成后，授课老师一小时的实际收入高达18842元。"在线教师"1小时薪资过万元，成为社会关注的焦点。从后续的调查结果来看：能够获取万元时薪的教师是极少数。但是教师时薪万元事件引发了一个疑问，教师拿高薪是否合理？

在讨论教师能否获取高薪的问题之前我们要先理清师资的管理体制。我国教育实行分级管理的行政体制，中等及中等以下教育在国务院领导下，由地方人民政府管理。高等教育由国务院和省、自治区、直辖市人民政府管理。中央政府审批实施本科以上高等教育学历教育的学校和部分高等职业学校。中等及中等以下教育在国务院领导下由地方政府管理；地方政府还审批部分高职院校。

我国的公办教师属于事业单位编制人员，教师工资由国家人事部门核准。按照"分级管理、分工负责"的教育行政管理体制要求，高校教师的工资由高校主管部门核准，基础教育学校教师的工资由基础教育主管部门核准。公办教师工资被纳入财政预算，受国家财政保障。公办学校教职工工资制度按照中共中央、国务院下发的《国家机关和事业单位工作人员工资制度改革方案》和国务院工资制度改革小组、劳动人事部下发的《关于实施国家机关和事业单位工作人员工资制度改革方案若干问题的规定》制定。

实施绩效工资是深化事业单位收入分配的重要举措，教育部门也在义务教育学校实施了绩效工资改革。"绩效"一词来源于企业管理中的任务考评，是企业根据员工完成任务的程度对其实施奖励。按照社会主义收入分配制度原则，收入实行按劳分配为主体、多种分配方式并存的分配制度。从字面意思来看，绩效工资按照教师的教学成绩分配工资。但是人力资源社会保障部、财政部、教育部《关于义务教育学校实施绩效工资的指导意见》（后文简称《指导意见》）并没有实现"按照教师的教学成绩分配工资"的目标。

2008年我国开始实施义务教育学校实施绩效工资改革，《指导意见》明确教师工资改革的目标、绩效工资总量、分配方式等，但是未明确评价教师绩效的方法。绩效工资改革目的是"体现党中央、国务院对义务教育教师的关心，保障和改善义务教育教师特别是中西部地区农村义务教育教师的工资待遇"。义务教育绩效工资改革的第一任务是保障教师的待遇，同时兼顾绩效。绩效工资重申"义务教育学校教师平均工资不低于当地公务员平均工资水平"，并向条件艰苦的学校倾斜。绩效工资改革没有增加教师的平均工资，只是对教师工资原有分配方式的一次再改造，绩效工资分为基础性和奖励性两部分，基础性绩效工资占工资总额的70%。制定绩效工资的主体是学校；"绩效工资分配办法要征求教职工的意见，由学校领导班子集体研究后，报学校主管部门批准，并在本校公开"。

收入分配制度改革是我国经济体制改革的核心，绩效工资改革不仅涉及教师内部工资分配，也涉及国家各行业之间公职人员的收入分配。掌管教师工资总量的主管部门，在设计教师工资时肯定要考虑公职人员的工资平衡。《指导意见》是对教师绩效工资改革的一次探索，由于国家未明确绩效工资的分配方式，也没有在全国范围内进行试点改革，只是要求学校自行制定实施办法，主管部门核准实施。

绩效工资改革在实施之初在制度设计方面就有先天不足。国家在出台《指导意见》之后，未明确绩效工资的评价体系，只规定教师平均工资水平的底线，却没有规定教师平均工资的高线。只规定根据教师、管理、工勤技能等岗位的不同特点实行分类考核，却没有规定怎样分类考核。只规定向一线教师、骨干教师和做出突出成绩的其他工作人员倾斜，却没有规定倾斜的具体额度。绩效工资改革在实施之后，出现了很多不合理的现象。如，学校行政人员掌握绩效工资分配权，行政人员的工资高于一线教师，贫困地区的绩效工资不能按时发放，一线教师对绩效工资的意见得不到表达等。

绩效工资制度改革是对教师收入分配方面的一次积极改革。绩效工资改革实施以来对保障教师的待遇起到积极的作用，其最大的问题是如何评价教师的绩效、如何保证优秀的一线教师获得更好的收益。科学评价教师的工作量将是绩效工资改革继续探索的重点。[1]

---

[1]　李根，葛新斌．义务教育教师绩效工资政策执行困境及其突破．教育发展研究，2014，04：41 - 46.

3. 财政性经费投入体系还需进一步完善

教育是民族振兴和社会进步的基石①。加快转变经济发展方式，推进经济结构战略性调整，建立现代产业体系，科技是关键，人才是核心，教育是基础②。教育要发展，根本靠改革，而顺利进行教育改革和发展重大项目，充足的经费支持是关键。

国家的财政性经费投入一直遵循"两个提高"和"三个增长"原则。"两个提高"来源于《中华人民共和国教育法》第54条规定，即"国家财政性教育经费支出占国民生产总值的比例应当随着国民经济的发展和财政收入的增长逐步提高，全国各级财政支出总额中教育经费所占比例应当随着国民经济的发展逐步提高"。"三个增长"来源于《中华人民共和国教育法》第55条规定，即"各级政府教育财政拨款的增长应高于财政经常性收入的增长，并使在校学生人数平均的教育费用逐步增长，保证教师工资和学生人均公用经费逐步增长"。

我国财政实行中央政府和地方政府事权分类的行政管理体系，中央政府和地方政府在各自职权范围拨付财政性教育经费。从财政性教育经费投入的情况来看，中央财政很好地执行了"两个提高"和"三个增长"的规定，而地方政府的财政性教育经费增长速度远低于中央政府。

财政性教育经费是政府财政预算管理的重要组成部分，通过对现行教育经费预算管理方式的研究发现，财政性教育经费可以实现财政预算和国民经济核算的功能，也能完成教育经费年度预算，但不能对教育改革和发展重大事项经费来源和使用效果进行综合评价和分析。

第一，未从国家财政角度研究财政性教育经费。我国教育事业发展由政府主导，国家财政性教育经费占教育总经费的78%，占国家财政总支出的17%，财政性教育经费是财政支出的一个部分。我国实行分税制财政体制后，教育事业经费主要由地方政府负担，中央财政教育经费约占教育总经费的6%。尽管学者研究财政分权下各级教育经费投入，但未从教育事业发展角度研究中央和地

---

① 胡锦涛. 坚定不移沿着中国特色社会主义道路前进为全面建成小康社会而奋斗——在中国共产党第十八次全国代表大会上的报告. 求是，2012，22：3－25.
② 教育部印发《国家教育事业发展第十二个五年规划》. 基础教育论坛，2012，29：5.

方间教育经费最优分配方法。

第二，未对财政性教育经费来源和额度进行研究。目前，学者教育经费保障文献更加关注保障各级教育投入，而未从经济发展角度论述教育经费保障。我国各地经济发展不均衡，2011 年东部地区 GDP 所占比例为 52%，地方财政收入所占比例为 54.2%；而国土和人口所占比例分别为 9.5%、8.1%。同时，我国还有许多特困地区，2011 年，680 个集中连片特困县人口为全国的 17.4%，而 GDP 仅为全国的 5.6%，人均财政收入仅为全国平均水平的 14.3%。在教育经费有限的条件下，制定教育事业发展经费分配机制，必须以我国各地经济、社会和自然条件为基础，将中央财政和地方财政作为一个整体进行分析，紧紧围绕财政状况和教育现状，以国家教育事业发展为导向，统筹全国教育经费分配，发挥财政性教育经费的最大绩效，提高教育整体水平，促进教育事业的发展。

第三，未能统筹考虑各级各类教育结构。教育事业层级复杂，类型多样。各地各级教育发展水平存在差异，公办民办教育发展重点不尽相同，只有深入剖析各级教育发展关键，把握各类教育发展重点，才能合理分配教育财政经费，发挥教育经费最大效用。

第二章

教育活动的时代特性与实践探索

人才培养的思想源远流长,人类自有文字,便有了教育活动的记录。文字为人类组织教育活动提供极大的便利,人类可以将各种经验记录下来,并作为教育素材,传授给后代。从教育活动的文字记录来看,"如何培养人"和"培养什么样的人"一直是教育活动的主题。

第一节　教育活动的时代特性

我国教育已经进入了大众化时代①。如果精英教育被称为高高在上的象牙塔,那么教育大众化就被视作普通楼阁;如果精英教育是培养社会上层的统治阶级,那么大众化教育就是培养社会的合格国民。

一、教育是全体国民的福祉

"培养什么样的人"是教育活动的主要目标。如果生产工具的变化和发展是社会变化的标志,那么教育培养对象的转变就是教育职能变化的标志。

1. 受教育对象由社会精英转变为全体国民具有划时代的意义

1717 年普鲁士国王腓特烈·威廉一世下发《普鲁士义务教育令》,"所有未

---

① 教育的大众化时代是指高等教育大众化。根据美国学者马丁·特罗的研究,如果以高等教育毛入学率为指标,则可以将高等教育发展历程分为"精英、大众和普及"三个阶段。他认为当高等教育毛入学率达到 15% 时,高等教育就进入了大众化阶段。50% 以上为高等教育普及化阶段。2014 年我国高等教育毛入学率达到 37.5%。

成年人，不分男女与贵贱，都必须接受教育"。在推广义务教育发生财政困难时腓特烈·威廉一世说："这些钱相对于以后的长期受益来说，算得了什么？我推广教育，将会改善整个国民的素质。"其子腓特烈二世在1763年签署了世界上第一部《义务教育法》，规定5至13岁儿童必须接受义务教育。普鲁士成为世界上第一个建立了比较规范的强制性义务教育制度的国家。①

　　普鲁士实施强制性的全民义务教育深受欧洲启蒙运动的影响。在新思想不断涌现和冲击下，自由、平等、启民智等观念深入人心，科学和民主得到巨大的发展，封建专制统治、文化专制和教会蒙昧主义遭到巨大打击，理性主义开始生根、发芽、茁壮成长。启蒙运动的世纪也是教育运动的世纪，普鲁士的教育改革走在世界教育潮流的最前沿。在教会和宗教统治人们思想的欧洲，普鲁士大刀阔斧地实施学校变革，改革学校教育课程，教育人士尽量撇清教学内容与宗教教育之间的关系，把生活规划和技能训练引入教育。在实施义务教育之前，教育的培养目标是官员、牧师、律师等为统治阶级服务的社会精英。当教育对象变为全体国民后，教育不仅培养官员、牧师、律师等高技能人才，还培养学徒、店员等一般性人才。国家以法律的形式确保义务教育的顺利实施，帮助未成年人在学校中对未来人生进行规划，帮助未成年人成为国家公民。

　　国民教育的最大好处是提升国民的整体素质，让国家在国际竞争中处于优势地位。正如在普法战争中取得胜利的普鲁士主帅毛奇所说："普鲁士的胜利早在小学教师的讲台上就决定了。"

　　普鲁士实施义务教育时相信学校系统能够促进国家、社会和教会的进步，学校教育可以影响一个人的德行，让社会更加安定、善良和高尚。在义务教育制度确定之后，暴露出一系列的问题：不管学生的心智水平如何，不管一个国家不同地区的差异，只要到了相同的年龄段，就必须在同样的课堂里学习同样的课程；每一节课都规定相同的时间，到了这个时间立即下课，休息十分钟之后接着更换下一门课程的学习。直到现在这些问题依旧困扰我们的教育。

　　普鲁士义务教育制度体系的建立，在当时有很多创新之处。在普及教育的

---

① 朱旭东.18世纪中期至19世纪前期欧美国民教育理论与实践的历史研究.北京师范大学，1995.

过程中，教育让相当大的一个群体成了中产阶级，为社会塑造了稳定的基石，并为德国成为工业强国提供了至关重要的原动力。

义务教育是人类文明史上的一次伟大创举。它打破了只有统治阶级才能接受教育的旧格局，让所有国民都能够平等地接受教育。受教育者由小众团体变为全体国民是近代思想史上的一次转变，促进了人的自由解放的普遍性，普通民众也亲身感受到思想的解放和理性的解放，人类进入文明的新纪元。

2. 政府是推动教育普及唯一主体

1763 年普鲁士成为世界上第一个实行义务教育的国家。1882 年法国颁布《费里法》，1870 年英国颁布《义务教育法》，1872 年日本颁布《学制》令，法国、英国、日本等资本主义强国都是在中央政府推动下开始实施免费的义务教育。与其他发达资本主义国家不同，美国实施义务教育由州政府推动，1852 年马萨诸塞州第一个通过《义务教育法》，其中规定"家长必须将 8 至 14 岁的儿童送入所在城、镇的公立学校上学。"直到 1918 年密西西比州最后一个颁布义务教育法。

推动教育普及的主体必须是政府，也只能是政府。我国"普九"工作就是政府推动教育普及的最好例证。新中国成立时 80% 的人口是文盲，我国政府十分重视教育平等的价值，强调教育面向大多数人开门。"教育工作的发展方针是普及与提高的正确结合。在相当长的时间内以普及为主。" 1957 年 3 月，毛泽东与七省市教育厅局长座谈时提出要方便农民子女就近上学，应当允许社办、民办学校等等。同年召开的第三次全国教育行政会议落实毛泽东的有关意见，提出小学教育应打破国家包办，提倡城市街道、机关、厂矿企业办学和农村群众集体办学；可以允许私人办学；改变中学设置规模过大、过于集中在城市的缺点，初中的发展要面向农村等等。① 在"大跃进"和"文革"影响下，我国受教育人数一直处于运动式的剧烈变化中，但是一直没有实现普及基础教育的目标。1985 年中共中央做出《关于教育体制改革的决定》，首次提出实行九年义务教育。随后颁布的《中华人民共和国义务教育法》，以法律形式对实施九年义务教育做出明确规定。2004 年在北京、上海、天津、广东、江苏、浙江、辽宁、

---

① 姚永强. 我国义务教育均衡发展方式转变研究. 华中师范大学，2014.

福建等经济发达地区实现了"普九"工作后，教育部、财政部、发展改革委分别与西部12个省（区、市）和新疆生产建设兵团签署了"两基"攻坚计划责任书，西部各省举全省财力物力实现义务教育普及目标。2011年底，随着我国西部42个边远贫困县实现"两基"目标，全国所有县（市、区）和其他县级行政区划单位、所有省级行政区全部普及九年义务教育。

如果新中国62年的全面普及九年义务教育的道路是"政府是推动教育普及唯一主体"的正面例证，那么联合国"千年行动计划"没有如期实现教育普及目标成为"政府是推动教育普及唯一主体"的反面例证。2000年在联合国千年首脑会议上189个国家签署《联合国千年宣言》，世界各国领导人就消除贫穷、饥饿、疾病、文盲、环境恶化和对妇女的歧视，商定了一套到2015年需要实现的发展目标和指标，普及小学教育便是其中之一。① 2015年发展中地区的小学净入学率达到91%，比2000年的83%有所提高。

强力保障措施的缺失是导致千年行动计划的最终目标难以实现的主要原因。《联合国千年宣言》发表之后，落实各项发展任务便成为各国政府的工作重点。为了保证千年发展目标的顺利实现和监测各地教育发展目标进展情况，联合国每年都会发布千年行动计划报告，详细描述东亚、东南亚、高加索和中亚、拉丁美洲和加勒比地区、北非、西亚和南亚、撒哈拉以南非洲、大洋洲、发达国家、发展中国家等区域初等教育普及情况，总结普及初等教育过程中的得失，发现地区冲突、贫困、性别歧视和居住环境等因素是影响初等教育普及的主要因素。尽管千年行动计划报告明确了历年教育目标的具体进度和影响目标实现的原因，但是缺少为解决教育发展任务过程中的实际问题提出有针对性对策和建议。

我国全面普及九年义务教育，前后共经历了62年的时间。期间如果没有各级政府坚定不移地支持，普及九年义务教育的目标根本不可能实现。从欧美发达国家普及基础教育的历程来看，凡是能够实现基础教育普及的国家都通过法律以强制性的手段保障目标的实现。综合来看，普及基础教育的唯一的一条经验就是政府坚持不懈地强力支持。

---

① 王火灿. WTO与联合国千年发展目标. 世界贸易组织动态与研究，2010，06：69-72.

二、政府主导人才培养的方向

任何社会形态都是一个由低级到高级、由不成熟到成熟的发展过程。教育的人才培养对象也不例外。教育的目标是培养人才。随着经济的发展和社会的进步，教育对象由精英阶层扩大到普通民众，但国家教育目标由掌握政权者确定，培养人才维持国家现有的统治局面。

1. 以国家意志确立人才培养目标

"统治阶级的思想在每一个时代都是占统治地位的思想。这就是说，一个阶级是社会上占统治地位的物质力量，同时也是社会上占统治地位的精神力量。支配着物质生产资料的阶级，同时也支配着精神生产的资料。"① 世界上任何一个国家，统治阶级为了巩固其政治统治，都要竭力维护和发展其占统治地位的意识形态，这是一个客观的事实。② 封建王朝的统治阶级是以帝王为主的官僚阶层。君主立宪制和共和制国家的实际掌权者是由选举产生并有一定任期的权力机关和国家元首。国家权力的掌控者为了维持和再现已有的生产方式和社会形式，势必会运用国家政权通过教育培养国家政权的接班人。

古往今来培养国家接班人是教育的主要职能。在西方，古代雅典的教育在于把年轻人培养成不仅是军人，而且是多才多艺、能言善辩、善于工商业事务的政治家和商人。古代斯巴达教育以军事体育训练和政治道德灌输为主，教育内容单一，教育方法严厉，其教育目的是培养忠于统治阶级的强悍的军人。③ 雅典的教育与斯巴达教育，都是为奴隶主阶级服务的，奴隶无权享受教育。古罗马教育强调实效，在吸收古希腊学校的经验基础上培养具有实际才干的政治家和管理者。中世纪欧洲教育带上了浓厚的基督教色彩，只有教会学校、教义学校和神学学校，信仰大于理性，教育的目的是引导人走向灵魂救赎之路，教育只是培养僧侣和教士。近代欧洲，人的思想在文艺复兴中得到解放，教育不

---

① 中共中央马克思恩格斯列宁斯大林著作编译. 马克思恩格斯选集（第1卷）. 人民出版社，1995：52.
② 中共中央马克思恩格斯列宁斯大林著作编译. 马克思恩格斯选集（第1卷）. 人民出版社，1995：98.
③ 张婷. 成长中的中国公民社会与公民道德教育研究. 山东师范大学，2013.

是培养宗教人士，而是把生活规划和生活引导联系起来，通过制度化的学校教学，帮助未成年人对未来的社会做好准备，成为国家的公民甚至世界公民。

古代中国，无论官学还是私学，都是围绕官员选拔这一目标。西周学校教授知识和技艺，其中技艺兼及文武，有礼、乐、射（射箭）、御（驾车）、书（文字）、数（算术），并称为六艺。孔子创办私学，培养志道和弘道的志士和君子，"人能弘道，非道弘人"，"士志于道，而耻恶衣恶食者，未足与议也"，"笃信好学，守死善道"，"志士仁人，无求生以害人，有杀身以成仁"。墨子主张培养具有知识技能、思维论辩和高尚道德的"兼士"，以兴天下之利、除天下之害为己任，对所有人都能做到"饥则食之，寒则衣之，疾病侍养之，死丧葬埋之"。荀子主张培养善假于物、以公义胜私欲、笃志而体、好学逊敏的君子。孟子最早提出国民教育的思想，"善教民爱之，善教得民心""设为庠、序、学、校以教之。皆所以明人伦也"。让国民明白君臣、父子、兄弟、夫妇、朋友五种人伦关系。科举制度实行之后，封建帝王为了维护国家政体，组成庞大的官僚体系，以专制主义中央集权制度控制国家权力运行。特别是到了明代，采用"八股取士"，将科举考试的出题范围限制在"四书""五经"里，要求天下士子代圣人立言，采用古代圣贤的口吻和思想，不能越雷池一步。科举考试将天下读书人囚禁在"四书""五经"和八股文的枷锁中，官员满脑子都是忠君思想，万马齐暗终向皇权。

教育自身带有教化和规范的作用，培养何种人才或培养什么样的人，完全取决于国家掌权者对教育的运用。欧洲的公民教育和东方的忠君教育，无一不是掌权者对人才培养要求的体现。

2. 人才培养目标的表达方式

人才培养目标是国家掌权者意志的体现，但各国掌权者对人才培养目标的表述方式不尽相同。国家掌权者对人才培养目标的表述方式分为两种，一是将人才培养目标写入国家法律，二是以隐藏性的国家战略目标指导人才培养目标。

法律是国家意志的体现，体现了掌握国家政权者的意志，为掌权者的统治、经济和社会服务，由国家机器强制保障实施。国家将人才培养目标写入法律，以国家强制力保证人才培养目标的实现。我国的人才培养目标被写入《中华人民共和国教育法》，"教育必须为社会主义现代化建设服务、为人民服务，必须与生产劳动和社会实践相结合，培养德、智、体、美等方面全面发展的社会主义建设者和接班人。"日本的做法与我国非常相似，其人才培养目标被写入《教育基本法》，"教育应以培养完美的人格为目的，培养热爱真理和正义、尊重个人价值、重视劳动和责任、富有自主精神、身心健康的国民，使其成为和平的国家与社会的建设者。"① 俄罗斯的《俄罗斯联邦教育法》规定，"教育内容应保证受教育者形成符合世界标准的教育程度和教育水平，培养出与现代化相适应并以完善社会为己任的具有个性的公民。"

另外一种体现国家人才培养目标的方式以国家教育战略的形式指导人才培养目标。欧美国家通常不会将教育的人才培养目标列入国家法律，而是使用隐形的方法实现人才培养目标。欧盟在 2010 年颁布了《欧盟 2020 计划》，核心内容包括增加劳动力就业率、提高基础教育完成率、提高欧盟公民接受教育程度、提高就业者的技能等。2008 年奥巴马就任美国第 56 届总统后出台一系列教育改革政策，他认为提高教育质量、扩大教育机会是最为明智的投资之一；美国想从未来经济竞争、人才竞争、知识竞争、创新竞争中取得优势，就需要为每一个孩子提供一个完整的、有竞争力、高品质的教育，帮助他们在全球竞争中脱颖而出。各级各类教育改革政策、赢得未来的教育改革政策都围绕此目标。为此，奥巴马政府出台了为了学前儿童的倡议（The Preschool for All initiative）、提升幼儿护理质量（Boosting the Quality of Child Care）、父母能力提升计划（Empowering Parents）、提高学前教育质量（Raising the Bar for Early Learning）、改革和扩大头脑启蒙项目（Reforming and Expanding Head Start）、力争上游计划（Race to the Top Program）、修改不让一个孩子掉队法案（No Child Left Behind Act）、重塑美国中学（Redesigning America's High Schools）、挽留教师项目（Keeping Teachers in the Classroom）、连接学校倡议（Connect ED Initiative）、中产阶级家庭负担大学费用（Helping Middle Class Families Afford College）、控制大学成本（Keeping Costs Down）、加强社区大学（Strengthening Community Colleges）、提高透明度和问责制（Improving Transparency and Accountability）、强化科学，技术，工程和数学教育（Fortifying Science, Technology, Engineering and Math

---

① 陈宝堂. 日本教育的历史与现状. 中国科学技术大学出版社，2004：81.

＜STEM＞Education）、创新的火花（Sparking Innovation）、确保所有人的机会（Ensuring Opportunity for All）、强化教师专业素养（Strengthening the Teaching Profession）等政策。

通过比较各国人才培养目标的表达方式，国家培养人才是为国家机器服务，国家权力掌控者通过政府机构确定教育有关人才培养的目标，将人才培养目标写入国家法律，以法律的强制力保障国家意志的实现；而未将人才培养目标写入法律的国家，通过国家教育发展规划，以国家教育战略的形式促使人才培养目标的实现，以国家财政经费分配的杠杆机制确保人才培养机制的顺利实施。

三、地区之间教育发展水平存在普遍差异

在大众化教育的当下国家能够保证国民受教育的权力。如日本建立保障公民受教育权为根本的教育法律体系，我国建立保护受教育权为核心的法律体系，欧美国家注重个人教育选择权的自由和办学权的自由。1948 年联合国大会通过第 217A（Ⅱ）号决议并颁布《世界人权宣言》规定"人人都有受教育的权利"。

根据《联合国千年计划报告 2015》显示，发展中地区小学入学率从 2000 年的 83％增加到 2015 年的 91％。除极少特别落后国家，多数国家都已经普及基础教育，个别国家全面普及高等教育。从世界范围来看，教育普及工作取得了巨大的成绩，但是各国教育发展依旧存在巨大的不均衡性。

1. 国家之间教育发展水平存在差异

教育发展水平差异可从国际和国内两个视角进行分析。教育发展水平的国际差异是指世界各国之间教育发展水平的不均衡，教育发展水平的国内差异是指国家内部各地区之间教育发展水平不均衡。此部分主要分析各国之间教育发展水平的差异，这种差异主要体现在师资水平、政府对教育发展的支持力度、学生的入学情况等三个方面。

第一，各国师资水平存在差异。反映师资水平的指标是生师比。生师比是指"每位专任教师平均对应的学生数"，系用在校生总数除以专任教师总数所得的数值。联合国教科文组织在 2012 年度报告《全民教育全球监测报告》中指出，生师比（pupil/teacher ratio，PTR）指某个特定教育层级的每位教师平均所教学生人数。生师比是用以衡量学校办学水平和质量高低的重要指标，是影响

教育质量的关键因素之一。它在一定程度上体现一国教师数量的充足程度，从而反映教育资源的投入、教育规模的大小、学校教师资源的配置情况。联合国教科文组织《全球教育摘要》、经合组织《教育概览》等常使用这一具有国际可比性的指标。生师比的确定，应从保障教学质量和教师资源合理配置的角度出发，保持相对合理，不宜过低或过高。若生师比过低，教育规模过小，学生数量较少，教师资源得不到有效利用，会降低学校办学的社会效益；若生师比过高，每名教师面对过多的学生，教学中批改作业、教学管理等任务过重，会影响备课和科研、培训等工作，也不利于因材施教、促进学生的个体发展，从而不利于保障教学质量。

根据 world bank data 数据库，对我国、欧美主要国家的生师比的数据进行收集和整理，发现各国师生比的差异较大。

2010 年世界主要国家生师比情况

国家	幼儿园	小学	初中	高中
美国	16.4	13.6	13.4	14.2
奥地利	12.4	11.0	8.5	11.9
英国	18.8	17.9	19.3	13.6
法国	20.4	11.2	14.2	11.2
德国	10.3	15.0	12.0	15.0
日本	26.7	10.6	13.5	10.6
韩国	17.3	20.9	19.2	16.2
波兰	16.9	9.6	12.2	9.6
西班牙	12.4	11.1	10.7	11.1
中国	24.0	16.8	14.9	16.2

各国幼儿园生师比最大的国家是日本，达到 26.7；而生师比最小的国家是德国，仅为 10.3，两国生师比相差 16.4。同样，各国小学生师比相差约为 11.3，初中生师比相差约为 10.8，高中生师比相差约为 6.6。

第二，各国财政对教育的支持力度存在差异。反映国家财政对教育支持力度的指标是公共教育经费占 GDP 的百分比。公共教育经费是指某国、某地区各级政府用于教育方面的经常支出（current）和基本建设支出（capital）总额，包括教育机构和管理部门两个部分。GDP 即国内生产总值（Gross Domestic Product，简称 GDP），是指在一定时期内（一般为一年），一个国家或地区的所生产出的全部最终产品和劳务的价值总和。①

2012 年世界主要国家财政性支出情况

国家	财政性教育经费占 GDP 百分比（％）	国家	财政性教育经费占 GDP 百分比（％）
美国	5.3	日本	3.8
奥地利	5.5	韩国	4.6
英国	5.7	波兰	4.9
法国	5.5	西班牙	4.4
德国	4.9	中国	4.3

教育经费是教育发展的基础性保障，实现教育公平，改革是动力，经费是根本。1993 年中共中央、国务院印发《中国教育改革和发展纲要》，当时我国经济发展水平低，国民收入低，在教育经费短缺的条件下，提供稳定的财政支持有利于保障教育事业的健康发展。2012 年我国财政性教育经费占 GDP 比重达到 4.3%，与世界主要发达国家相比，仅高于日本，低于其他发达国家。

财政性教育经费占 GDP 百分比只是一个反映国家教育经费投入的相对指标。具体到财政性教育经费投入是否充足的问题，还需要考虑国情和教情。以日本为例，日本政府高度重视教育，基础教育实施了标准化建设，所有学校的硬件设施都达到国家的统一标准，其财政性教育经费占 GDP 百分比只有 3.8%的原因有两个：一是日本的 GDP 比较庞大，二是日本受教育的人口逐渐减少。综合各方面因素来看，财政性教育经费占 GDP 百分比达到 4%是比较合理的数值。

第三，各国学生的毛入学率存在差异。根据联合国教科文组织对于毛入学

---

① 何鹏程．教育公共服务体系构建研究．华东师范大学，2012.

率的界定与说明："指某一特定教育等级的注册学生总数在对应于该项教育等级的正规年龄组人口中所占的百分比，而不管年龄大小。由于入学早晚和（或）留级的缘故，毛入学率有可能超过100%"①。

2013年世界主要国家各级各类教育毛入学率情况

国家	学前教育	小学	初中	高中阶段	高等教育
美国	71.3	99.4	101.4	90.7	88.8
奥地利	100.6	101.6	99.2	98.7	80.4
英国	78.1	108.7	111.4	133.5	56.9
法国	107.8	105.6	108.3	114.6	62.1
德国	109.7	103.0	101.6	104.2	61.1
日本	89.9	101.6	101.4	102.5	62.4
韩国	91.6	105.0	104.5	94.9	97.1
波兰	77.3	101.3	100.2	116.1	71.2
西班牙	99.1	105.6	132.5	129.7	87.1
中国	67.5	108.7	106.8	87.2	34.5

从2013年世界主要国家各级各类教育的毛入学率来看，各国都已经全面普及了小学教育和初中教育。除中国之外，其他世界主要国家的学前教育毛入学率超过70%，高等教育毛入学率超过56%，而中国的学前教育毛入学率为67.5%，高等教育毛入学率为34.5%。中国与世界主要国家的差距体现在高等教育发展水平方面，高等教育毛入学率远低于世界主要国家。

2. 学生的学业水平的差异

如果师资、财政性教育经费和各级教育的毛入学率体现教育的发展水平，那么学生的晋升就体现教育质量的差异。评价一个国家或地区教育质量水平，要确保评价方法是科学的、有效性、具有公信力的。

目前最能够体现教育质量差异的最权威的测评是OECD组织（经济合作与发展组织Organization for Economic Co-operation and Development）的PISA测

---

① 全民教育全球监测报告2012（412）。

试。PISA 测试全称是国际学生评估项目（Program for International Student Assessment），OECD 在设计 PISA 项目的初衷是以改善教育政策为导向的跨国研究，"经合组织之 PISA 的宗旨是，帮助各国了解它们的学校系统在质量、公平和效率方面与全球水平的差异状况。PISA 测试可以确定最出色的学校系统，为其他国家的教育发展设置了一个高标杆，昭示着其他学校系统决心达到的、可以达到的水准，促进各国努力设法去帮助学生们学得更好，老师教得更好，把学校办得更加有效。"①

PISA 项目主要分为阅读素养、数学素养及科学素养等三个领域。PISA 在2000 年首次开始在参与国家和地区实施，每 3 年一次，以评价年命名。PISA2000 评价的重点是阅读素养；PISA2003 评价的重点是数学素养；PISA2006 评价的重点是科学素养；PISA2009 评价的重点又轮回到阅读素养。

PISA 数学素养（PISA Mean performance on the mathematics scale）主要是指识别和理解数学在现实世界中所起作用的个人能力，做出有理有据的数学判断的个人能力，以及作为一个有独创精神、关心社会、善于思考的公民，利用数学并参与其中以满足个人生活中各种需要的能力②。PISA 数学素养的测评的内容主要在四个领域即数学技能、主要的数学概念、数学课程因素、数学情境中展开。其中，数学技能和主要的数学概念为主要领域，涉及评价的范围和熟练程度；数学课程因素和数学情境则是次要领域，是为了确保测评具有充分的覆盖面以及所选择的评价任务的平衡分布。

阅读素养（PISA Mean performance on the reading scale）主要是指为了达到自己的目的、拓展知识、发展潜能以及为了参与社会生活所需要的理解、应用和反思书面材料的个人能力③。阅读素养测评要求学生通过阅读不同类型的文本，来完成范围较广泛的任务；任务的范围包括：找到或重新发现特殊的信息，以证实自己对文本的全面理解，解释文本，反思文本的内容和特点等。文本包

---

① OECD. PISA News ［EB/OL］. http：//www. oecd. or. On December 9th，2010.

② OECD. Assessing Scientific，Reading and Mathematical Literacy：A Framework for PISA 2006. Paris：OECD，2006，7 - 44.

③ OECD. Assessing Scientific，Reading and Mathematical Literacy：A Framework for PISA 2006. Paris：OECD，2006，7 - 44.

括非结构性的散文，以及其他不同类型的文档，如表格、曲线图和图表等。

科学素养（PISA Mean performance on the science scale）主要是指：应用科学知识识别问题，获得新的知识，并应用数据证据科学地解释现象，对与科学有关的问题得出相应的结论；理解科学作为人类知识和探究的一种形式的典型特征；意识到科学和技术如何塑造了我们的物质、精神和文化环境；作为一个有思想的公民，积极参与与科学有关的议题①。PISA 从三个维度对科学素养进行评估，即科学知识或概念、科学过程、科学知识和过程应用的情境。PISA 科学素养的界定与测评，反映了西方发达国家对科学教育的理解，体现了科学教育的发展方向。

PISA 测试实施之后确实对部分参与国的教育政策产生了积极的影响，如德国出台了"七个行动领域"计划，包括：从学前教育阶段便开始提高学生的语言能力，尤其是提高移民背景儿童的语言能力；加强学前教育阶段与小学教育阶段衔接，促进学生尽早入学；改善小学教育，提高学生阅读素养以及对数学、科学概念的基本理解；为教育劣势学生提供特别的帮助，尤其是要关注那些有移民背景的儿童和青少年；基于富有约束力的标准与结果导向的评价来提升教与学的质量；提高教师教学专业化水平，特别是重视教师诊断性与方法性的能力，并将其视为学生系统化改进的重要因素；增加校内外的全日设施设备，为学生提供更多受教育机会，尤其关注受教育劣势学生与英才儿童。② 2011 年法国启动科技在学校的新抱负（New ambition for science and technology in school），以改善学生阅读和计算能力，防止产生新的文盲，确保弱势群体孩子的教育质量。

PISA 测试结果显示，各国学生的学业成绩确实存在差异。PISA 项目的独特指向是，测试研究义务教育末期的学生（15 岁学生），即未来社会公民，在个人、工作和社会生活中，运用已学知识和已具备的技能去解决问题的能力。这种运用已学知识、态度和技能去解决不同情境中的问题的能力被称为"素养"

---

① OECD. Assessing Scientific，Reading and Mathematical Literacy：A Framework for PISA 2006. Paris：OECD，2006，7 - 44.

② 李刚，陈思颖 . PISA 的政策影响：类型、方式及其启示 . 外国教育研究，2014，07：3 - 10.

（literacy）。①

2012 年世界主要国家 PISA 成绩与名次

国家	数学	阅读	科学	名次
中国上海	613	570	580	1
新加坡	573	542	551	2
韩国	554	536	538	5
日本	536	538	547	7
加拿大	518	523	525	13
德国	514	508	524	16
奥地利	506	490	506	18
法国	495	505	499	25
英国	494	499	514	26
意大利	485	490	494	32
西班牙	484	488	496	33
俄罗斯	482	475	486	34
美国	481	498	497	36

PISA 测试为 OECD 集中全球顶尖教育测试专家开发而成，虽然还存在很多不完善的地方，但还是能够说明各国教育质量的差异。总体来看，东亚国家 PISA 测试成绩高于欧美国家。2009 年、2012 年中国上海连续两次参加 PISA 测试，均获得第一。

3. 社会阶层的固化

学生的学业成绩是反映教育质量的一个重要指标，除了比较国家教育质量差异的 PISA 测试外，另外反映教育质量差异的现象是社会阶层固化。目前教育除了承载人才培养的功能，还具有人才筛选的功能。各级各类教育学校之间存在教育质量的差异，名校和薄弱校并存，社会精英阶层孩子更容易在名校就读。

---

① 张民选，陆璟，占胜利，朱小虎，王婷婷．专业视野中的 PISA．教育研究，2011，06：3 - 10.

在社会生活中，收入是改变个人生活阶层的唯一路径。在社会中能获得高收入的岗位是有限的，能够提供高收入岗位的公司也是有限的，公司在招聘对象时更青睐有名校经历的社会精英阶层的孩子。

世界各国社会底层人员向上流动的空间变小。2014 年英国政府社会流动和贫困儿童委员会主导的一项调查发现，商业、政治、媒体、公共部门的大部分高级岗位由毕业于私立中学的人掌握。其中政治领域尤为明显，71%的高级法官、62%的军队高层、57%的下议院专责委员会主席、55%的高级公务员、53%的高级外交官、50%的上议院议员以及45%的公共机构领导人都毕业于私立中学。① 高级岗位基本都被高级私人学校的精英所占据，公立学校的年轻人正在被系统地排斥在这些顶级岗位之外。

尽管法国公有教育事业遵循"平等入学、不歧视、中性和非宗教"的四大原则，但是学校之间依然形成两极分化，出现了优质学校和薄弱学校。优质学校会开设很多门选修课和稀有语种，它们所招收的学生都是经过严格筛选。尽管法国政府开始推行学区制，以限制这种不合理现象的蔓延；但是家长未来让孩子选择更有前途的课程，盯上了优质的学校，不惜在优质学校的学区购买学区房。这样富裕阶层的孩子就更容易上名校、上名牌大学，而家庭贫困的学生由于早期教育抓得过松，成绩一般较差。法国精英分子的孩子通过教育进入社会高等阶层，拿到更高的薪金，掌握更多的话语权，利用自己的影响力和话语权来维护自己子女的利益，进而让自己的子女再成为学校中的精英分子、社会的统治者。

同样，美国社会阶层固化也很严重，并且正在经历着严重的两极分化。2011 年美国教育部国家教育统计中心公布的一项针对九年级学生（一般十四五岁）的调查显示，家长受教育程度越高，对孩子教育的参与程度越高。有研究显示，因为"类聚婚配"的夫妻双方都有学位，这样的家庭一般享有双份高薪，这使机会不均等率上升了25%。拿着高薪的家长住高档小区，上优质学校，不计成本地培养孩子的特长，找关系托人送孩子进顶尖高校。顶尖人才从顶尖大学一出来，就得到最好的工作，他们未来的回报也是前所未有地高。

---

① 白阳．教育不公导致英国社会阶层固化．人民日报，2014 - 07 - 10（021）．

中国同样出现了阶层固化的苗头，重点大学中农村生源一直在下降。以北京大学为例，北京大学 1991 年农村学生比例为 18.8%，1999 年降低到 16.3%，2013 年新生农村生源比例为 14.2%。① 从大学生就业状况来看，农村大学生就业更难。根据中国社会科学院"中国大学生就业、生活及价值观追踪调查"显示，来自城市家庭的普通本科院校毕业生的就业率（87.7%）并不低，而农村家庭出身的毕业生就业率则远远低于平均水平，只有 69.5%，两者就业率相差 18.2 个百分点。作为社会底层的农村学生，进入名牌高校的比例越来越低，找工作时就业率与城市学生有明显差距。社会底层流入上层的人员数量不断减少，教育加速了阶层固化的进程。

第二节 教学实践活动的特征

世界历史有很多种写法，最重要的是人类文明史，具体分为物质文明史和精神文明史。物质文明主要表现为科技的进步，精神文明主要体现为民主的进步。教育作为传播人类文明的阵地，伴随时代的进步，教学活动也在自我革新中不断进步。吐故纳新、推陈出新，教学活动在人才培养的主题下不断地更新教学活动载体。

一、学校是教学活动的实施场所

先有教育活动，后有学校。学校是有计划、有组织地进行系统教育活动的组织机构，是实施教学活动的场所。自社会成型之后，人类通过各种关系集结在一起，教学活动成为人类社会的基本活动之一，当时人类并未将实施教学活动的场所命名为学校。学校为国家和社会培养一代一代的人才。学生在学校中习得各类知识和经验，为个人成长和社会生活做好各种准备。作为承载教育活动的场所，学校也受社会物质生活条件和社会关系的制约，随着社会物质生活条件和社会关系变化而以不同的面目出现。

---

① 徐静．四成到一成，名校里农村娃少了．广州日报，2013 - 10 - 26（007）．

1. 古代中国的学校

《孟子·滕文公上》记述"夏曰校，殷曰序，周曰庠，学则三代共之，皆以明人伦"。西汉初期成书的《礼记》也对学校进行描述："未赐圭瓒，则天子，天子命之教，然后为学。小学在公宫南之左，大学在郊。天子曰辟雍，诸侯曰宫。"①《庄子·杂篇·渔父第三十一》记述："孔子游于缁帷之林，休坐乎杏坛之上。弟子读书，孔子弦歌鼓琴。"孟子生活在公元前 372 年～公元前 289 年，距离夏朝、商朝有 700 年的历史，他用文字记述 700 年前的学校类型和功用，其真实性值得怀疑。庄子是与孟子同时代的思想家，距离孔子有 100 年的时间，记述孔子讲学时的情景，信息来源于口传，其可信度也存在疑问。从已经得到考证的文献推断，在孔子之前中国已经出现教学活动，但不能确定是否有专职教师和教材，学生所学习的内容多数为礼制。② 可以肯定的是，孔子设坛讲学，开办了中国最早的个人私塾。

战国时代，通过国家兼并战争，诸多中小诸侯国家已被吞并，余下的秦、楚、燕、韩、赵、魏、齐七国成为战国时期的主要诸侯国家。原本分散在各家诸侯手中的土地人口财富，都集中在了少数几个诸侯手里。胜出者疆域变大了，人口变多了，财富也集中了。从春秋时期的诸侯争霸到战国时的兼并战争，国家之间的相互征战让各国的国君逐渐认识到战争的残酷性，"要么在战争中打败敌人，兼并敌人的国土，让本国变得更加强大；要么被敌人打败，成为别国的领土。"如何谋求在竞争中生存下来、如何富国强兵成为各国的战略选择。魏文侯废除维护贵族特权的世卿世禄制度，师事儒门子弟子夏、田子方、段干木等人，任用李悝、翟璜为相，乐羊、吴起等为将。燕昭王在沂水之滨，修筑了一座高台，用以招徕天下贤士。齐宣王设立稷下学宫，汇集了天下贤士，开启百家争鸣。魏国的信陵君魏无忌、赵国的平原君赵胜、楚国的春申君黄歇、齐国

① 《周礼》也有关于学校的论述，由于学术界对其成书的时间存在争议，因此，本书未采用《周礼》有关学校的论述。
② "六艺"，是指礼、乐、射、御、书、数。六艺最早出现于《周礼·保氏》，"养国子以道，乃教之六艺：一曰五礼，二曰六乐，三曰五射，四曰五御，五曰六书，六曰九数。"由于《周礼》于诸经之中，其出最晚，所有先秦文献都没有提到《周礼》一书。在先秦文献中，较为集中地记载先秦官制的文献是《尚书》的《周官》篇和《荀子》的《王制》篇。《周礼》最有可能是西汉人对以前礼制文献编制和增广而成。

的孟尝君田文，战国四公子招贤纳士，力求富强。战国时代的招贤运动，第一次体现出人才的力量，也引发对人才培养方式的思考。

西汉《礼记·学记》第一次对学校进行论述，"古之教者，家有塾，党有庠，术有序，国有学。"学校类型有塾、庠、序、学。《史记·儒林列传》阐释了中央官学的由来，"古者政教未洽，不备其礼，请因旧官而兴焉。为博士官置弟子五十人，复其身。太常择民年十八已上，仪状端正者，补博士弟子。"《汉书·循吏传》阐释了乡学的由来，"文翁，庐江舒人也。修起学官于成都市中，招下县子弟以为学官弟子，为除更繇，高者以补郡县吏，次为孝弟力田。"

西汉政府建立中央官学和地方官学相结合的学校体系。中央官学称为太学，后改名为国子监，为中央最高学府；乡学则是地方机构举办的学校，后又演化出儒学、义学、社学、书院及书房等类型。政府通过太学和乡学招纳天下明师，培养有能力的人才，选拔精通经书、掌握文学掌故的英俊之士以处理政务和治理国家。

国学、乡学、私塾共同构成古代中国的学校体制，从西汉初期一直延续到清朝晚期，前后经历了二千余年的时间。直到清朝末年我国引入现代学校制度之后国学、乡学、私塾才逐步走入没落。

2. 古代欧洲的学校

欧洲文明与中华文明如并蒂之花。二千多年前古老的东方出现了学校，同时代的古希腊同样也有了学校的萌芽。公元前 5 世纪，随着希波战争的胜利，雅典的城邦制度经济进入繁荣时期，人类已逐步认识到了自身的力量，而拥有改造自然的能力和技艺的人日益受到人们的重视。这时的雅典出现了一批智者，最著名的是并称为"古希腊三贤"的苏格拉底、柏拉图和亚里士多德。

柏拉图创办古代欧洲的第一个学校，后人称之为柏拉图学院（Plato academy）。与孔子的杏坛相似，柏拉图学院虽然名为学院，开办之初并无房舍，柏拉图会在雅典城邦的公共场所实施教育活动，后期的学院内虽然有了建筑，但也是只能用于个人居住。柏拉图学院集传授知识、学术研究、政治咨询、培养学者和政治人才于一体，注重开放性的学术研讨和数学研究，学院的门楣上铭刻了"不习几何者不得入内"的警句，柏拉图学院深刻地影响了后来的吕克昂学堂、亚历山大学宫，以及巴格达智慧宫。

作为古希腊文明的继承者，古罗马开始兴办学校。古罗马兴办学校的具体时间已经不可考证，只是流传有关罗马学校的零星描述。古罗马的学校分为初等学校和修辞学校。初等学校招收 7~12 岁的男女儿童入学，教授简单的读、写、算。文法学校招收 12~16 岁的男童入学，教授希腊文、希腊语言和希腊文学。修辞学校招收 16~20 岁的男童入学，主要学习演说和雄辩术。初等学校的教育质量不高，马可·奥勒留的《沉思录》开篇记述："从我的曾祖父那里，我懂得了不要时常出入公共学校，而是在家要有好的老师。"

古罗马分为东罗马帝国和西罗马帝国之后，西罗马帝国将基督教定为国教。进入中世纪，蛮族的入侵和定居引起了罗马帝国的崩溃，日耳曼人在原西罗马帝国的土地上相继建立起许多国家，基督教学校开始兴起，如修道院学校、主教学校和教区学校。这些教会学校强调把人引向谦卑、信仰和宗教完善，主要培养传教士，巩固教会的统治。

中世纪后期，城市经济逐渐繁荣，城市学校逐渐走上舞台。城市学校是世俗学校的起点，面向市民阶层子弟，由政府管理，为城市培养行政官吏、公证人和律师。后来城市学校增加了行业学校，如手工业协会学校、商人学校等。

城市学校奠定了欧洲文艺复兴的基础，代表了城市居民对文明的追求，满足了市民阶层的利益需求，对知识的传播和社会的进步起到了巨大的推动作用。

3. 现代学校

文艺复兴结束了中世纪欧洲的黑暗时代，也为学校注入了勃勃生机。中世纪的城市学校为国民带来了技能教育，那么文艺复兴则为国民带来了人文教育。

为了摆脱宗教对学校的控制，欧洲各国开始逐步实行宗教改革，同时也对学校进行了改革。1529 年菲利普·梅兰希顿在萨克森公国首次建立了完整的学校制度，第一个实施了由国库基金支持的公立学校系统，政府开始掌控学校的控制权。国家取得学校控制权，为学校提供财政经费保障，奠定了普及义务教育的基础。大学是城市学校的一种演化形式，如巴黎大学、牛津大学、博洛尼亚大学等；这些大学有的起源于宗教学校，有的起源于行业学校。1810 年威廉·冯·洪堡建立柏林大学，将研究和教学结合起来等，这被认为是现代大学的开端。1840 年弗里德里希·福禄贝尔在勃兰根堡成立了世界上第一个幼儿园，他主张教育应当追随儿童发展之自然，儿童有四种本能，即活动的、认识的、艺术的、宗教的本能；自我活动是儿童教育的原则，幼儿的行为是其内在生命形式的表现；幼儿教育乃是由幼儿游戏中来辅导，玩耍、游戏是促进幼儿发展的最佳方式。

幼儿园到大学的学校体系成型之后，随着技术进步，学校体系开始演化以适应人们对教育需求的多样性，于是便催生出成人教育。严格意义上，成人教育依附于传统学校，是教育体系的重要组成部分。但它为传统学校注入了新的元素，已经引起了传统学校的变革。伴随光影技术进步，学校开拓出远程教育领域。其中我国的广播电视大学最具有代表性。广播电视大学采用广播、卫星电视等现代传媒技术，以教育技术和媒体手段为课程载体，运用印刷教材、音像教材、多媒体课件、网络课程等多种教学媒体，使教与学的过程可以异地异步或异地同步进行，学生主要是分散在各地自主学习。学生以文字教材为主进行自主学习，同时较多地利用音像教材、CAI 课件和计算机网络等学习媒体，并可以根据自己的情况选择课程。媒体教材、时间地点、学习方法、学习进度等，方式方法灵活多样。

20 世纪 90 年代，互联网的普及标志着网络化时代的到来。互联网开始影响人们生活的方方面面，也影响着学校的组织形式。如果以卫星电视、无线电广播为代表的电化教育只是对外输出知识，那么以互联网技术为标志的公开课是以网络课堂为载体的新式课堂。①

互联网对学校最大影响是产生了网络课堂，即网络直播课程教学。老师在网上为学生讲课，并且可以和学生实时互动。网络课堂打破了传统的学校教学模式，教师和学生通过网络进行互动，不再有传统的教室，也不再有传统的学校。

二、教师是教学活动的实施者

善之本在教，教之本在师（宋朝李觏《广潜书》）。师者，所以传道、授

---

① 大型开放式网络课程，即 MOOC（massive open online courses）。2012 年，美国的顶尖大学陆续设立网络学习平台，在网上提供免费课程。与我国电大相比，美国的 MOOC 并没有创新性，只是将课程由电视传播变为网络传播，学习者只是在网络上更方便地选择自己喜爱的课程。

业，解惑也（唐朝韩愈《师说》）。教师，即施教者，在各级各类教育中传授知识、经验的人，是学生的指路人。《中华人民共和国教师法》关于教师的定义：履行教育教学的专业人员。承担教书育人，培养社会主义事业建设者和接班人，提高民族素质的使命。教师是教育活动的实施者，对学生在学校的学习起到直接作用。伴随教育活动变化，教师资格也在变化。

1. 教师的起源

翻阅古代的记述，在古代成为一名职业教师并不是一件容易的事情。孔子设杏坛讲学，收徒施教，被后世公认为第一名专职教师。孔子在古代被尊奉为天纵之圣、天之木铎，是当时社会上的最博学者之一，被后世统治者尊为孔圣人、至圣、至圣先师、大成至圣文宣王先师、万世师表。1956 年联合国教科文组织评选"世界十大文化名人"，孔子位列首位。孔子为职业教师树立了一个标杆，身为教师，同时也是哲学家、思想家、教育家。孔子开创专职教师这一职业之后，到了战国中期，百家争鸣，名家辈出，思想流派层出不穷，出现了一批优秀教师，如孟子、鬼谷子、墨子、荀子等，这些教师也招收门徒和学生，既和学生一起著书立说，也和学生一起传播自己的思想主张。

无独有偶，在古老的东方出现职业教师的时代，西方欧洲的职业教师也开始登上了历史的舞台。并称古希腊三贤的苏格拉底、柏拉图和亚里士多德是师承关系，苏格拉底是柏拉图的教师，亚里士多德是柏拉图的学生。由此可见，在古代成为教师的必要条件是个人必须是一名学识渊博的知识分子，只有社会上公认的知识渊博的人才能开馆施教。后期开办私人的学校者多数都是著名的教育家和文化名人，如裴斯泰洛齐、夸美纽斯、福禄贝尔、范仲淹、张伯苓等等，他们都是在社会上非常有名望的人。

上述的古代教育家具有一个共同点，即他们都具有一颗救世的心。孔子生活在春秋末期，周朝国势衰败，已经无法控制诸侯国，其建立的礼乐制度在诸侯国互相攻伐中崩坏，分封制、宗法制遭到极大的破坏，诸侯国僭越使用乐器和礼器，出现了礼乐征伐自诸侯出、自卿大夫出的局面。孔子的"仁、礼、大同"学说力求建立一种利国利民的新秩序。同样，苏格拉底实施教育也是为了救世，雅典城邦领导人伯里克利死后，雅典选不出有才能的领导人，只好采用抓阄或抽签的办法选出领导人，这样的人与伯里克利差距非常明显，苏格拉底对此十分痛心。他认为治国人才必须受过良好的教育，主张通过教育来培养治国人才，青年人、老年人、有钱人、穷人、农民、手艺人、贵族、平民都是他施教的对象。柏拉图继承了苏格拉底的教育思想，其著作《理想国》记述其治国思想，讲学成为他建设理想国的路径。裴斯泰洛齐、夸美纽斯、福禄贝尔实施教育更加注重人性的解放和对美好生活的追求，裴斯泰洛齐主张建立一种民主平等的教育制度，使社会各阶级的儿童，包括贫民的儿童都能受到一种合理的、符合他们实际生活所需要的教育。夸美纽斯主张通过教育使人获得和谐发展，希望通过教育改良社会，实现教派和民族的平等。福禄贝尔主张培养勤劳、热爱生产、承担社会责任、具有公德心和宗教心的人。范仲淹倡导"复古兴学校，取士本行实"，培养能通达"六经"、悉经邦治国之术的人才。张伯苓献身于教育救国事业，不仅要求受教者能充实个体，同时还进一步要求个体的充实，培养为公为国、为人群服务的人。

2. 教师的职业标准

孔子、孟子、鬼谷子、苏格拉底、柏拉图和亚里士多德等人办学以个人学识保障学校质量，在任何一个时代大师资源都是稀缺的，只有少部分人才能接受这些大师之教育。与之相对的是国家办学，国家办学以普及教育为目的，自然不可能要求每个学校的教师都是大师，国家只能设定一定的标准来选拔教师。

西汉汉武帝设五经博士。《史记·儒林列传》记述"古者政教未洽，不备其礼，请因旧官而兴焉。为博士官置弟子五十人，复其身。太常择民年十八已上，仪状端正者，补博士弟子。"博士要晓儒家经典。《易》《书》《诗》《礼》《春秋》每经只有一家，每经置一博士，教授弟子，故称五经博士。与太学相比，私塾的教师便显得略微寒酸，担任私塾先生的主要是科举落第的秀才，但选择私塾先生标准还是非常高，"必择人品端方，学问通彻，不嗜烟赌，而又不作辍、不惮烦、勤于讲解者，方足以当此任"。

古罗马公办学校的教师由政府任命，政府为教师提供工资。但是缺少教师标准的资料。到了中世纪，教会学校的教师通常是对书本感兴趣、热爱教育事业、稍有文化的僧侣。

中世纪之后，教育以政府举办为主，政府实施教师资格框架标准制度。从各国教师资格制度的实施情况来看，教师资格标准分为两类，一是教师为公务员编制，以德国、英国、法国、韩国和日本为代表。二是教师为聘任制，以俄罗斯、美国为代表。

在德国、英国、法国、韩国和日本，成为公务员编制的教师需要通过政府专门的资格考试。以德国为例，德国的师资选拔分为两个阶段，第一阶段即修业阶段，在学术性高等学校进行，以第一次国家考试告终。第二阶段为见习阶段，通过国家修业资格考试的学生作为见习教师参加第二阶段训练，国家组织第二次考试进行专门的选拔，凡通过考试者可获得教师资格证书，成为正式的教师，进入国家公务员系统，享受国家公务员待遇。

在美国成为教师的路径不同于德国、英国、法国、韩国和日本，美国教师不属于公务员编制，教师上岗前必须获得教师资格执照，然后再通过专业教师评估考试和有关学术科目的考试，才让上岗。

目前世界主要国家都实行教师资格制度。实施教师资格制度，有利于政府选拔教师，通过教师资格考试严把教师队伍入口，只有通过专门培养、训练和严格选拔的人，才能担任教师工作，防止不符合教师资格条件的人员进入教师队伍。教师资格制度让教师更加职业化，为面向社会招聘教师奠定了基础，拓宽了选拔教师的路径。

三、教材是教学活动的载体

古代先贤创建学校之后，以何为载体传授知识成为教育界考虑的又一个问题。教材出现的时间晚于学校，古代先贤开办学校时并没有教材。在所有文献中，孔子对弟子讲学时，我们看不到孔子使用教材的记录；孔子弟子与再传弟子编写的《论语》，记录了孔子的言行，内容包括个人学习、为政、处世等方面的内容，从《论语》的记述中只能看到孔子用言语点拨弟子。同样，古希腊苏格拉底实施教学的方式也采用言语点拨的方式，他的学生色诺芬编著的《回忆苏格拉底》，也出现大量对话式记录。由此可见，教材出现于教育活动之后，是教育活动发展到一定阶段的产物。

教材是伴随着课程教育的发展而产生的，课程是通过教材的形式在教学活动中付诸实践的。从字面含义来看，教材是指教师实施教育活动的教学材料，以文字记述为主。世界上最早的教材是西汉的五经，汉武帝设置五经博士教授

《易》《书》《诗》《礼》《春秋》，此五经自然成为世界上最早的教材。从古希腊教育活动演化历程来看，我们可以确定柏拉图著述《理想国》、亚里士多德著述《形而上学》，但是很难确定柏拉图和亚里士多德将自己的著作作为教材实施教育活动，也没有文献记录古代希腊教师在上课时是否使用教材。再者，在纸张发明之前，欧洲用羊皮纸和蜡版纸作为记录工具，书写材料的造价非常昂贵，教材的花费不是一般人家所能承受。相比较而言，中国的书写材料更为便宜，西周时期，中国已经出现竹简，后来出现帛书，东汉时期蔡伦制成"蔡侯纸"，纸张的出现，降低了编制教材的成本，更加有利于教材的成型。

中国古代教育围绕科举考试，官学和私学授课都围绕科举考试的科目，自然科举考试科目成为教材。隋朝开启科举考试，从民间选材，只是规定考试范围，未明确考试的科目，主要考察策问，很难确定教材。唐承隋制，科举考试有明经、进士、明法、明字、明算等 5 个类别，国子监授课与科举考试类别一一对应，教材有《国礼》《仪礼》《礼记》《毛诗》《春秋左传》《周易》《尚书》《春秋公羊传》《春秋穀梁传》《诗经》《论语》《国语》《说文》《字林》《三艺》《尔雅》《右经》《说文》《字》《九章》《海岛》《孙子》《五音》《张丘建》《夏侯阳》《周髀》《缀术》《缉左》《记遗》《三等数》等 30 余种。宋朝国子监教授武学、律学、医学、算学、书学、画学，校正《周易》《尚书》《毛诗》《周礼》《仪礼》《礼记》《春秋左传》《春秋公羊传》《春秋谷梁传》《论语》《孝经》《尔雅》《孟子》等十三种经书正义，合为《十三经正义》，作为教材颁行天下。明朝国子监教授四书五经、律学、书学、算学，清朝国子监以《四书》《五经》《性理》《通鉴》等书为必修，其他八经、二十一史（《明史》修成后为二十二史）及其他著作可由学生自选。另外，宋朝以后历代王朝注重对儿童的启蒙，所用的教材有《三字经》《百家姓》《千字文》《弟子规》《幼学琼林》《朱子家训》《千家诗》《古文观止》《唐诗三百首》《声律启蒙》《文字蒙求》《增广贤文》等多种读物。

根据典籍记录，古罗马出现文法学校之后才开始使用教材，狄奥尼修斯·特拉克斯（Dionysius Thrax）所著的《希腊语法》和拉米乌斯·帕莱蒙（Remmius Palaemon）所撰写的《拉丁语法》。① 西罗马帝国的灭亡后教会接管了学校，逻辑、语法、修辞、数学、几何、天文、音乐等"七艺"成为学校课程，教材内容围绕着"七艺"。教会学校的教材一般是由修道院中的修道士自己撰写，如比德的《英吉利教会史》、亚里士多德的《逻辑学》、普林尼的《自然史》等②。

进入文艺复兴时代，特别是 17、18 世纪之后，学科开始分化：文法分为文法、文学、历史等；几何学分为几何学和地理学；天文学分为天文学和力学；学科分化出现了近代新式的课程，从而出现了新式的教材。19 世纪末至 20 世纪初在欧洲出现新教育运动，美国出现了进步教育运动，两运动构筑新的教育课程体系。美国的拉尔夫·泰勒、博比特开发的课程与个人生活需要紧密联系在一起，课程是为了个人未来的生活。1959 年布鲁纳认为杜威和泰勒以来的课程是反知识主义，倡导"学科结构运动"改革，以"学科"为起点设计学生的教材，最后却以失败告终。后来，施瓦布主张，成立"课程集体"，由校长、社区代表、教师、学生、教材专家、课程专家、社会学家和心理学家共同实施课程改革。③

进入 21 世纪，教材发行和编写更加趋于多样化。各级各类教育教材编写、出版和发行呈现多样化。教材包含编写和使用两个环节。一是多数国高等教育教材自主编写，教材编写的一般模式是，由出版社联系权威的学者，学者要拉出大纲、撰写内容，出版社负责出版发行。在教学环节，教材使用一般由授课教师指定，部分国家高校使用的教材由学校指定。部分高校教师在授课时不使用教材，而是使用自己的讲义。二是基础教育教材编写和使用更加复杂，世界主要国家都颁布了基础教育课程标准或者教育大纲，如美国共同核心州立教育标准（Common Core State Standards 简称 CCSS）、英国国家课程大纲（简称 NC）、日本中小学《学习指导要领》、中国义务教育阶段课程标准和普通高中课程标准等。世界主要国家基础教育教材采用"一标多本"模式。通常出版社组织专家

---

① 李雅书，杨共乐．古代罗马史．北京师范大学出版社，1994：345.
② 王挺之．欧洲中世纪的教育．四川大学学报（哲学社会科学版），2001，03：107-115.
③ 钟启泉主编．课程论．教育科学出版社，2007：40.

编写中小学教材，政府负责教材的审查，出版社的教材只有通过政府审查之后才能被学校或教师选择。每个国家对基础教育课程教材选择权力的规定存在差异，政府、学校和教师都有选择课程教材的权力，最终进入学生课堂的教材由谁确定需要具体到某个国家的某个地区的某个学校。①

第三节　教学活动实践经验

人才培养理念属于教育理论。凡是理论就不需要区分国界，更加注重理论的起源和演化路径。实施教学活动必须要有施教者、受教者和教育场所。教书育人就是教学活动。教育方针、人才培养目标与理念，都要教学活动体现。受文化传统影响，教学活动有明显的地域性和民族性，欧美国家教学活动组织相近性强，中国与日本的教学活动近似性大。有效的教学活动必须从学生实际出发，从教学活动实施者教师水平、实施教学活动的条件和受教者学生知识水平三个方面出发。多样化人才培养的目标是服务我国的经济社会，为国家培养社会主义接班人，教育实践以我国学校教学实践改革为主。

新中国成立后，我国教育实践经历向苏联学习到独立探索的过程，教育实践一直在吸收各国教育先进理念的基础上不断前行，许多学校在教育实践过程中积累了宝贵的教育教学经验。

一、应试教育的利与弊

提到应试教育，社会各界都会口诛笔伐，大谈应试教育的危害。其实应试教育利弊共存，既存在弊端，亦有可取之处。应试教育的最大优点是容易提高知识掌握程度。在 OECD 组织的 PISA 测试中，上海市连续两年获得数学、科学、阅读素养三个单项的第一和总分第一。② OECD 公布的另一项数据是：上海

---

① 欧美国家对教材不作明确要求，学校拥有教材的选择权，一般学校的教材为循环使用。政府（国家或地方）对学生使用教科书的原则、义务进行明文规定。

② 张民选，黄华. 自信·自省·自觉——PISA2012 数学测试与上海数学教育特点. 教育研究，2016，01：35－46.

学生平均每周做作业时间为 13.8 小时，同样位列世界第一，比所有参与国家平均值高出近一倍。我国的考试文化源远流长，自隋朝实行科举考试以来，经历 1000 多年的演变，已经探索出在固定知识范围内获得高分的方法，衡水中学是应试考试方面的典型代表。① 以衡水中学为分析对象，没有指责或贬低衡水中学的意思，而是用客观的事实描述应试教育的具体实践。

1. 衡水中学对时间的精细化管理

衡水中学原校长李金池在《衡水中学大面积提高教学质量的管理策略》一文中写道：要把学校建成"精神特区"，"学校应该是一块净土，应该是一块精神的领地、圣洁的殿堂。在这里面工作、生活、学习的每一个人，无论是校长、教师，还是职员，都应该思想纯，境界高，有理想，有追求，都应该抖掉身上的俗气，脱离开低级趣味"。衡水中学纯洁学校环境的手段就是精细化管理。

第一，衡水中学对于学生学习和生活的管理的精细化体现在时间上。先看一张衡水中学的作息表。

衡水中学学生作息表

时间	事项	时间	事项
5：30	起床	12：45 – 13：45	午休
5：45	早操	14：05 – 14：45	第六节
6：00 – 6：30	早读	14：55 – 15：35	第七节
6：30 – 7：10	早饭	15：35：15：55	眼保健操
7：10 – 7：35	早预备	15：55 – 16：35	第八节
7：45 – 8：25	第一节	16：45 – 17：25	第九节
8：35 – 9：15	第二节	17：35　18：15	第十节
9：25 – 10：05	第三节	18：15 – 18：32	晚饭
10：05 – 10：30	课间操	18：50 – 19：10	晚一

① 衡水中学应对考试的方式在全国各地的示范性高中中广泛流行，只是衡水中学名气太大，在应试教育中具有典型的代表意义。

续表

时间	事项	时间	事项
10：30－11：10	第四节	20：10－20：55	晚二
11：20－12：00	第五节	21：05－21：50	晚三
12：00－12：45	午饭	21：50－22：10	洗漱

衡水中学实行全封闭军事化住校管理模式。早上5：30准时起床，不允许早起。晚上22：10上床睡觉，不允许晚睡。一天上13节课。一个月有一天的假，从星期六的十二点到星期天十二点。从时间表上来看，由于学校分批吃饭，每批只有10分钟吃饭时间，跑步吃饭，排队看书，和衣而睡，课间洗头，拖到要锁门才回宿舍。从每天清晨五点半开始跑操，到晚上十点十分关灯睡觉，其间的每一分钟都被精细管理，学生必须严格遵守学校的时间规定。

第二，学生超长的自习时间。2001年衡水中学一号文件写道：在作业和自习领域要"为学生创造宽松的学习环境，增强学生学习的主动性、自主性、自觉性；培养学生思维的独立性、创新性；让学生会学、乐学，成为学习的主人"。"把时间留给学生，把空间让给学生，把自由还给学生"。衡水中学还倡导"放开自习，实行自习双轨制。不再把自习分配到学科老师名下，老师不能剥夺学生自由支配自习的权利"。

名义上衡水中学把时间留给学生，给予学生充足的自习时间。实际上，学生的自习时间都是用来做试卷。每天有6节自习的时间，上自习用来做卷子、涂答题卡。"自习考试化，考试高考化，高考自习化"。

衡水中学名义上实行作业限时制和作业自助制。实际上衡水中学每天至少有30张卷子。卷子经过系统化编制，分学案、作业、自助餐，学案是知识点。自习课上的学科试卷必须在下课前完成要涂卡交卷。

2. 衡水中学对学生行为的精细化管理

衡水中学的精细化管理不仅体现在时间控制上，还体现在行为控制上。例如早晨起床后15分钟之内完成穿衣、收拾床铺、洗漱、整理内务，然后到操场列队出操。学校开始检查宿舍卫生和早操情况，会有人专门记录迟到人的，并且会对迟到的人进行处分。学生吃饭分为两个批次，每批吃饭的时间只有10分钟，餐厅到点准时关门，学校会安排专人对迟到的学生进行记录，并会对其进行处罚。自习课期间，学生会干部或者级组干事在楼道上巡逻，在自习课上有与学习无关行为的，如东张西望、交头接耳、喝水、跷二郎腿，会被巡视人员记名，被学校处理。

再看衡水中学对学生行为的严格规定：学生全部寄宿学校，所有学生回家只准带牛奶、香蕉、苹果、橘子和饼干类点心，其他的不准带，否则回家一个周接受家长再教育；不准在食堂和宿舍以外的任何地方吃东西，否则回家一个周；不准带手机入校，否则回家两个周；学生打架，立即开除；学生谈恋爱，立即开除；学生不能跑操要有县级以上医院的证明经过班主任、年级主任、学校教育处干事、教育处主任等人的审核，最后由分管教育处的副校长批准；老师如果利用业余时间搞创收，立即调离。学校的超市只准卖学习用品和生活用品，零食、食品一概不准卖。

衡水中学很少发生违纪的行为，其对学生违纪行为的处罚是停课回家反省。受罚的学生不仅面子上过去，而且时间上也受损失。另外，衡水中学将学生的时间安排得满满的，自习课上学生有做不完的试卷，客观上减少了学生违纪的空间。

3. 教育教学的精细化管理

除了对学生时间和行为的精细化管理，衡水中学在教育教学方面也做到了精细化管理。衡水中学已经对高中课程教学知识和高考考查知识点的标准化。衡水中学在教学中使用统一的教案，统一的作业，统一的课件。教案、作业和课件是经过精心、细致设计的，并经过反复教学实践，教案、作业和课件完全符合高考的要求。衡水中学教师必须按照教案和课件进行授课，非常细致地进行授课，真正做到了不漏一个知识点。学生课后作业也经过精心设计，并对作业进行了细分，作业被分为必做、选作、自助餐等类型，对怎么收、怎么批、怎么改、怎么讲都进行了详细规定。学生的课程表也安排得非常细致，每个学科的每一节课程都进行明确规定，要求教师严格按照课程表进行授课。

衡水中学利用标准化测验来考察学生的成绩，把考试作为衡量学生学习状态的唯一手段。尽管考试内容皆为是非题，要求学生做出唯一的正确的答案，要求学生生死记硬背限定范围的知识点，但是这种考试与高考的考察方式一致，能够帮助学生在高考中获得高分，是最适应高考的测评方式。

衡水中学的细致化的分班模式。衡水中学学生分为实验班和普通班两个类型（理科班还有奥赛班）。学校组织专门的考试，根据学生的成绩进行分班，并且免除在测试中取得年级前 200 名学生的学费。衡水中学所有的活动都是以分数说话，分班也是标准化管理，实验班与普通班有严格的区分度，实验班的测验试卷的难度更高。

衡水中学标准化教师的评测和成长。教师的收入与班级的成绩直接挂钩，如果班级的成绩不好，学校会撤换不合格的教师。衡水中学也给予教师成长的路径。衡水中学制定了思想品德关、教学技能关、教材教法关、教育管理关、教育科研关的过关标准，青年教师在 4 年内必须过上述五关。衡水中学定期对教师必读的教育书目、学科专业知识、现代技术教育的应用、板书等教学基本功等进行考试；经常组织不同层面、不同形式的听评课和评教活动，每个听课教师至少要指出授课人的 3 点缺憾和 1 个优点；在校内组织教师参加各种各样的比赛，如优质课评比大赛、教学课件比赛等。衡水中学每年都组织评选"十大杰出青年教师希望之星""最受学生欢迎的教师"等活动，发挥校内优秀教师的带动作用和示范效应；推行师徒"捆绑制"，推行导师制，明确导师带徒的考核标准，特别设立"人梯奖"；针对教师普遍存在的问题，有针对性组织培训班帮助教师成长；奖励工作突出的教师外出学习和考察。

4. 衡水中学的精神特区

衡水中学的教育教学理念：学校应是一个"精神特区"，其实质是按规矩办事和示范效应。衡水中学建成了以高考为中心的学习环境，用严厉的制度约束学生的行为和教师的行为，学生在学校中感受到人人拼命学习的竞争氛围，教师在学校中感受到受人尊敬的氛围。

教育质量在于教师，教师的态度是教育质量的保证。衡水中学为教师提供优质的待遇。一是尊重一线教师。1995 年学校建成教师住宅楼时学校一线的优秀骨干教师优先挑选房子，各种荣誉优先给予一线教师。净化教师人际关系，使教师之间、教师和领导之间人际关系简单化、纯洁化。二是保证教师的收入，提高教师的工资，衡水中学教师的收入平均水平为当地最高，对在学校评比中获得优胜的教师进行物质奖励。三提高教师的福利待遇，为教师提供住房、健身房、舞厅，免费为教师家庭引进了网络，定期义务为教职工换煤气罐，为全校教职工购买康宁终身保险，为广大女教职工购买平安女性安康团体重大疾病保险，学校把教师从琐碎的生活事务中解脱出来，让教师安心教学。四是严格执行学校的规定，撤换在学校评比中不合格的教师，学校每周会召开一次量化大会，成绩较差班级教师要上台做自我批评。

衡水中学打造了刻苦学习的氛围。学校对外宣传的塑造学生精神的活动有高一军训、成人礼、师生宣誓活动，几乎搜集不到主题班会、兴趣班、社团等活动的资料。个人精神的塑造是一个长期的过程，高一军训、成人礼、师生宣誓的时间很短，对学生精神塑造的成效有限。衡水中学成功塑造了追求高考分数的学习氛围。学生跑操或排队时看书、自习低头做试卷、教师赶着学生睡觉等，时刻向人昭示"学习只争朝夕"的氛围。

5. 再论衡水中学的应试教育模式

衡水中学的应试教育模式是最适应中国高考考试选拔机制的模式，是最能契合社会主流需求的育人模式。衡水中学教育被人戏称为"三年高考军事化训练营"，增加了学生的应试能力。

第一，衡水中学教学模式直接针对高考，所有活动都围绕高考，高考成绩是大学招生的依据，衡水中学所有课程设置都围绕高考科目，全面、无遗漏地覆盖高考的所有知识点，对知识点进行反复练习、重复训练，学生24小时生活在学校，唯一的活动就是重复练习知识点，学生成为精于应对高考试卷的专家。

第二，在高考中获取高分符合社会公众的要求。中国是一个学历社会，"学历社会是以文凭为中心、学历至上的社会。在学历社会中，社会生活的重要环节如就业、晋升、流动、社会声望等都主要受学历高低的影响。"[①] 企业，特别是名企，在招聘时特别看重学历，优先考虑"985""211"毕业生。名校在很大程度上成为进入高收入社会群体的敲门砖。社会公众都希望自己的孩子能够通过高考进入高收入群体，而衡水中学的教学模式正好最大化地提高高考分数，满足了社会公众的需求。

衡水中学的教学模式是最符合当代高考人才选拔方式的手段，具有高度的

---

① 彭旭. 我国学历社会存在的原因及其利弊分析. 现代大学教育，2002（3）：41－44.

针对性和实效性，在考试制度不变革的前提下衡水中学的教学模式具有强大的生命力。

一天只有 24 小时，13.8 小时用于学习，除去吃饭和休息的时间，学生的课余时间并不充分。应试教育确实可能影响个人的健康成长，但是没有证据表明衡水中学的学生大规模出现心理问题，也没有证据表明衡水中学的学生创造力低于其他学校的学生。当然我们也不能否定应试教育确实可能会引发一些负面问题：

第一，影响学生的心理健康，容易产生人生悲剧。个人具有情感意识，情绪和意识有消极和积极两种状态。当人处于正常心理状态时才能够保持积极进取的状态。因此，在生活实践中个人保持积极心理状态是非常有必要的。游戏活动和体育锻炼是保持积极心理状态的主要手段；但是应试教育导致学生的时间都用于学习，游戏和锻炼的时间得不到保障，造成很多悲剧。如厌学逃学、精神疾病、自杀、自残等等。

第二，保姆式的教学模式扼杀了学生的实践能力。实践能力是人类改造世界的能力，也是人类解决问题的能力。应试教育将学生进行圈养，把智育放在第一重要的位置上，单纯地灌输片面的、狭隘的限定在课本范围内的知识。让学生对限定范围内的知识进行大量的重复练习，只是保证考试时解题的准确率和速度。因此，应试教育培养出只会考试的机器，并通过学校成批量无差异地生产"考试机器"，扼杀了由自然赋予个人的差异性。

第三，应试教育影响学生的身体健康成长。大量的课后习题会造成学生熬夜，缺乏足够的睡眠，影响身体的发育和生长，同时也影响第二天的继续学习。题山题海压得学生喘不过气，对学生的身体健康造成很坏的影响，体质下降，视力不良率上升。2014 年全国学生体质与健康调研结果显示，7 至 22 岁城乡学生的身高、体重和胸围等发育水平继续提高，营养不良检出率进一步下降；但是大学生身体素质继续呈现下降趋势、视力不良检出率仍居高不下继续呈现低龄化倾向和肥胖检出率持续上升等三人突出问题。

6. "掐尖"是衡水中学取得优异成绩的必要条件

在应试教育的大环境下，学校成名的最简单的途径便是学校有大量学生考入北京大学、清华大学，"掐尖"是完成这个目标的最有效的方式。学生在考试中取得优异的成绩需要天分，也需要勤奋，有天分又勤奋的学生通常会在高考中取得优异的成绩。学校要完成高考多考入北京大学、清华大学的目标，必须将有天赋且努力刻苦学习的学生收入囊中，于是学校便会四处"掐尖"。

跨地招生和打造民办"卫星学校"是衡水中学"掐尖"主要方式。衡水中学对生源选择近乎苛刻，严格按照分数线录取新生，最大程度保证优质的生源。2015 年衡水市招收本地生源 990 人，而总共招生近 3000 人，其余 2000 人均为"掐尖"得来。其周围邢台、邯郸成为衡水中学"掐尖"的重灾区，衡水中学利用全省招生的便利政策和高考精细化管理的优势吸纳周围地市的优质生源，被媒体称为"竖起一个，倒掉一片"。

二、多样化的教育实践探索

我国教育最大的特点就是应试教育，除了应试教育实践之外，各级各类教育在其他方面也进行了探索，并取得很多有益的经验。

1. 发展儿童天性的幼儿园教育实践

步入 21 世纪，我国幼儿园兴起一股改革风潮。2003 年国务院办公厅转发《关于幼儿教育改革与发展的指导意见》，指明了幼儿园改革和发展的方向，当时面对幼儿园"保姆式"教育模式和"应试教育"渗透，幼儿园尊重儿童身心发展的特点和规律。经过 10 多年的实践探索，我国的幼儿园吸收国外先进的幼儿保育理念下走出一条幼儿园特色发展的路径。

从"文革"结束至今，幼儿园教育最大变化在教育理念的变化。教学活动由教师为中心变为以人为本，由成人强制性的意志灌输变为尊重个性发展。20世纪 90 年代我国的幼儿园出现"小学化"倾向，用小学制度来管理幼儿行为，在幼儿园开设的识字、拼音、写字、计算等课程已经影响到幼儿的正常身心发展。经过 10 多年的调整，幼儿园"小学化"倾向得到纠正。

我国幼儿园的示范园已经与世界接轨，幼儿园注重景观设计，校园环境处处充满教育气息，廊道设计与世界先进教育发展理念同步。幼儿园房间都是彩色墙壁，楼道项目设计与幼儿的身心发展阶段、家庭生活习惯紧密结合。幼儿园空间时时释放着教育暗示。幼儿园外观设计充满童趣，使用彩色刺激儿童的视觉。门廊、楼道、公共活动场所会看到拉拉链的衣服、找不同的贴图等训练儿童手和思维的活动。公共空间也会摆上医院、银行等职业场景模型。幼儿园校园空间设计潜移默化地影响儿童的思维。

幼儿园室外活动课程精彩纷呈。幼儿园的孩子处于3~6岁的阶段，正是精力充沛，喜爱运动的阶段。幼儿园院子也会设置大量的活动器材，如滑梯、车轮胎、过浮桥、秋千、跷跷板等，各个幼儿园都会有自身特色的户外器械，在幼儿户外活动时使用。另外，幼儿园教师根据孩子的身体发育特点开发走、跑、跳、肢体协调等体育活动，并带领孩子完成这些活动，帮助和改进幼儿的走、跑、跳、投掷、平衡、钻爬、攀登等基本动作，帮助幼儿掌握与运动有关的粗浅知识，使其动作变得灵敏、协调、姿势正确。

某幼儿园户外活动安排表

月份	周次	小班（3—4岁）	中班（4—5岁）	大班（5—6岁）
	第一周	踮脚走、在物体上走、上下楼梯、听口令走、曲线走、绕障碍走、顶物走、倒走	走平衡木快走、倒走、踮脚走、踵脚走持物/顶物走	走的系列训练跑的练习攀爬的练习
	第二周			
	第三周	老狼老狼几点了炒黄豆、穿大鞋吹泡泡、开火车	背对背夹物走、两人三足	跨大步、踩脚甩陀螺、数星星
	第四周			
	第一周	直线爬、曲线爬、绕障碍物爬行、钻爬、翻越爬、背物爬	接力跑、绕物跑、后退跑、交叉跑、顶物跑、跨物跑、匍匐爬	立定跳、双人单跳、跳高
	第二周			
	第三周	蚂蚁运粮、钻山洞猫和老鼠、做豆腐外婆桥、拉大锯拍皮球	背砖、蒸馍馍、摇船、拍手歌、打沙包拍皮球、踢沙包	跳绳、袋鼠跳套圈、抓包滚铁环
	第四周			

月份	周次	小班（3—4岁）	中班（4—5岁）	大班（5—6岁）
	第一周	听口令变速跑、交替跑、四散跑、滚滚乐	滚轮胎、梅花桩器械：转转车钻山洞、翻跟头夹沙包	合作踩脚板拍球、跳皮筋
	第二周			
	第三周	丢手绢、老鹰抓小鸡追球跑、开红绿灯	投掷游戏	跨栏、投掷、推小车
	第四周			
	第一周	原地跳（单脚、双脚）	单双脚跳、跳障碍物立静跳跳格子	仰卧起坐攀爬比赛、举重训练
	第二周	连续跳、听口令跳一跳、		
	第三周	袋鼠跳、小青蛙真能干、小兔采蘑菇	跳皮筋、踢毽子	匍匐前进、踢毽子
	第四周			

幼儿园的室内教学课程以绘本阅读和手工体验为主。幼儿园课程注重基础性和启蒙性、全面性和生活性、整合性、活动性和直接经验性、潜在性。基础性和启蒙性是指课程注重幼儿语言、认知、肢体、个性、社交五项关键能力的发展与提高。全面性和生活性是指幼儿通过各种感官来认识世界，全面地观察生活中的事物、了解观察对象。潜在性是指幼儿园有计划地、有目的地组织课程，使幼儿潜力发展更加符合社会需求。

城市示范性的幼儿园保教保育以游戏活动为主，解放幼儿的"手、脚、眼、脑、口"，尊重幼儿的个性差异，不再采取强制性的措施强迫幼儿服从教师指令，给予幼儿更多自由选择的空间。

2. 唤醒和发现每一名学生个性的北京市十一学校

北京市十一学校（后文简称"十一学校"）原为中央军委子弟学校。1992年十一学校实行"国有民办"办学体制改革。十一学校现有4000余名学生，其中每年统招学生不足400人，学校3/4的学生都是国际班学生。十一学校的统招分数线与人大附中、清华附中基本持平，招收优质的生源。十一学校的教育实践探索不在于应试教育模式的高考，也不在于开设了中英合作项目（A－Level）、中美合作项目（AP）、国际文凭组织合作项目（IB）三个国际课程，而是在于学生自主研修的课程组织模式。

十一学校的人才培养模式与约翰·杜威的教育思想同源。杜威提出，创造充分的条件让学习者去"经验"是教育的关键，学校应基于个人的需要组织教学活动。2010 年北京市十一学校实行了以"走班制"为核心内容的课程改革，取消了传统意义上的"班级"，学校为每一位学生构建专属于他们自己的学习方式和学习进度的课程。北京十一学校充分关注学生的真实诉求，每个学生都有一张课程表，4000 名学生有 4000 张课程表，组合成 1340 个教学班，学生按照自己选择的完全不同的课程去到各个学科教室上课，他们每一个人都在逐渐寻找和形成自己独特的学习方式，对于不同学科的学习起点和终点也变得各不相同。[1] 学生成为学校学习的主体，选择性课程体系的构建可以唤醒与发现每一位学生的需求，让每位学生拥有自主发展的内驱力。[2]

北京十一学校设计高度生活化的课程，与杜威的教育即生活、学校即社会的理念不谋而合，学生自己创办"银行"、影院、网店、模拟国际组织等单位，自办各种竞赛、评比，学生社团活动，自办电视台，有体育节、文化艺术节等。学校开辟"校园机会榜"，把学校日常管理的一些工作通过招投标的方式交给学生去做，比如体育器械招投标、食堂饭菜质量测评、图书购买年度计划等等。学校就像一个社会，学生能够在学校中获得社会体验。

十一学校的课程改革围绕学生的成长需求这一主题，综合考虑学生成长过程中的人格、综合素养、个性发展，为学生健康成长搭建合适的成长平台，让学生在学校的各种活动中完成自我认知、自我唤醒、自我发现的过程，从而形成独立人格、独立思想，最终成为与众不同的自己，也就是杜威所说的"独立思想，独立观察，独立判断的能力的智能的个性"。

---

[1] 李希贵. 学程管理. 中小学管理，2015，07：51.
[2] 李希贵，秦建云，郭学军. 选择性课程体系的构建. 中国教育学刊，2016，01：38－39.

3. 杜郎口中学与翻转课堂

翻转课堂，是指学生课前在家里听看教师的视频讲解，课堂上在教师指导下做作业或者实验。2007 年美国科罗拉州的林地公园高中两位化学教师 Jonathan Bergmann 和 Aaron Sams 为帮助因生病或其他原因未能上课的学生补课，两位老师制作了大量短小精悍的小视频供学生学习，以帮助这些学生赶上课堂教学进度。这两位老师的举动引发了课堂教学模式的变革，教师探索出"学生提前学习—课堂上教师进行问题辅导"的教学模式，既可以调动学生自主学习的积极性，又可以为缺课的学生提供帮助。翻转课堂的学生自主学习要求与杜郎口中学教学模式改革的实质内涵不谋而合，两者在学生自主学习方面有高度的一致性。

杜郎口中学原为山东省聊城市茌平县的一所乡村中学，1998 年学校实施了课程改革，推出了"三三六"教学模式，自主学习分为"预习、展示、反馈"三大模块，呈现"立体式、大容量、快节奏"三个特点，展示课分为"预习交流、明确目标、分组合作、展现提升、穿插巩固、达标测评"六个环节，形成了"10 + 35"的课堂模式。杜郎口中学自主学习"预习"模块与翻转课题"学生提前学习"模块之间异曲同工，都要求学生在上课之前进行自主学习，只是翻转课堂用的材料是视频资料，而杜郎口中学用的材料是导学案。

杜郎口中学在实施改革之前遭遇了生存危机，教师厌教，学生厌学，课堂沉闷，质量低下，初三开学时一个曾经 60 名学生的班级，到中考前只剩下 11 名学生，县教育局已经将这所学校划入撤并学校的行列。杜郎口中学课程改革之初实施"0 + 45"课堂教学模式，即教师在课堂上不讲课，由学生讲 45 分钟，后经实践探索，改为"10 + 35"模式，即教师在课堂上讲 10 分钟，学生在课堂讲 35 分钟。

"温水煮青蛙"是指环境对个人行为影响效应。自愿或者被逼是杜郎口中学学生在课堂展示的初始点，经过一段时间的积累之后，学校形成学生登台展示的外部环境后，杜郎口中学的"三三六"教学模式成为自然。杜郎口中学的教学模式也不是十全十美，如在语文课上展示辩论、小品、课本剧、诗歌、快板、歌曲、绘画等内容，确实偏离了语文课本，存在与文本承载的思想情感相背离的隐忧。但是杜郎口中学的教学改革抓住让学生自我表达的关键点，在教育实践中进行了一系列新的教学方式的探索。

第一，倡导学生自学和小组共学相结合。杜郎口中学上课前会将每班的学生分为学习小组，在课前发给学生导学案，教师会根据课程的进度提出学生预习的要求，即学生预习时的任务。在课堂上学生展示个人对导学案的学习情况时先在学习小组内互相交流，找出本节课应该解决的问题，在组内讨论完毕后，学生会根据学习任务在黑板上展示小组的学习成果。学生在课堂上展示预习成果锻炼了自身口语表达能力，加深了对知识的印象。小组共学能够促进学生的沟通和协作能力，有利于提高学生互相倾听、相互帮助的能力。

第二，教师在教学中扮演引导人的角色。与传统的"填鸭式"和"满堂灌"教学模式不同，杜郎口中学的教师将课堂知识的讲授权交给了学生，教师会在课前发布预习任务目标，教师会用提问题的方式来引导学生思考和加深印象，并在学生展示完毕后对知识点进行查漏补缺，同时检测成绩较差的学生对知识点的掌握情况，帮扶成绩较差的学生，直到这些差生掌握知识要点。

杜郎口中学是否代表先进的教学模式，其实这并不重要。我们首先要为杜郎口中学敢于实施自我改革的精神鼓掌，在千校一面的环境中，杜郎口中学勇敢地进行教学改革，并且十多年如一日地坚持，为我国的教育实践探索提供了宝贵的探索经验。

4. 远程教育与 Moocs

2012 年美国普林斯顿、斯坦福、加州理工等顶尖高校陆续加入合作共建在线免费课程，纽约时报将 2012 年称为慕课元年。Moocs 是 Massive Open Online Course 的简称，汉语称为大规模在线开放课程。Moocs 突破传统授课空间、时间的限制，通过搭建互联网平台，世界各地的学习者在家中便可学习世界名校的课程。学生完成课程学习并通过 Moocs 平台认证后能够获得慕课平台学分认证。

我国的远程教育拥有光荣的历史，1978 年邓小平同志亲自倡导并批准设立中央广播电视大学，开始实施远程教育，在一定程度上满足了社会对高等教育机会的需求，其成就赢得世界声誉。我国的远程教育在授课方式、平台搭建、课程认证方面与 Moocs 的极其相似，两者都具有构建远程教育网络、不受地域和时间限制的灵活学习形式。我国远程教育形成普通高校成人高等教育和独立设置成人高校两大阵营。

第一，中央广播电视大学独立创办的成人远程教育系统。1979 年国家正式创办中央广播电视大学，1981 年建立高等教育自学考试制度，形成了"两条腿走路"，多种形式办学的格局，为失去"上大学"机会的青年提供了学历补偿教育。1993 年原国家教委颁发《关于进一步改革和发展成人高等教育的意见》，推动高等教育多样化发展，逐步形成包括普通高校、成人高校、高等教育自学考试和广播电视大学等多层次、多规格、多渠道的办学体系，为高等教育大众化奠定了基础。2010 年，《教育规划纲要》实施以后，中央广播电视大学和北京、上海、广东、江苏、云南五省（市）试点"探索开放大学建设模式"。全国广播电视大学系统共有中央广播电视大学 1 所，44 个省级电大，1103 个地市级电大分校（工作站），1853 所县级电大工作站，办学网络覆盖全国城乡。2012 年国家开放大学正式挂牌成立，为全社会提供了方便、灵活、个性化的学习条件，极大地丰富了高等教育资源，促进了高等教育学历教育进一步开放。

第二，高校独立创办的网络学习教育系统。1985 年中共中央颁布《关于深化教育体制改革的决定》提出扩大高等学校办学自主权，恢复举办函授、夜大和独立设置的成人高校。进入 21 世纪，伴随信息技术普及应用与教育信息化的飞速发展，自教育部启动现代远程教育工程以来，全国有 68 所普通高校开展现代远程教育（网络教育）试点。

在成人高等教育内部高校与电大之间两者自成系统、相互封闭、无序竞争，缺乏统筹协调和资源整合。国家对各类成人高等教育缺乏严格的质量监控和管理，存在教学环节弱化、管理不规范、教学支持服务不到位、质量参差不齐，以及学历"贬值"、文凭"注水"等问题，教学质量社会认可度偏低。尤其是网络开放教育规模扩张很快，但入学门槛、考试难度低，致使质量、社会信誉下降，人才培养质量和文凭"含金量"受到质疑。

世界万物都有两面性，尽管远程教育存在很多的不足，但是也取得了不小的成绩。一是突破了时空限制，为学生提供丰富的教育资源。国家开放大学建立从中央到地方，覆盖全国的学习场所，中央（总部）负责开设公共基础课、通用性大的专业基础课和若干骨干专业课，地方（分部、地方学院、学习中心、行业和企业学院）则负责开设适应地方社会经济发展需要的专业课程和实践性较强的课程。据官网数据显示，针对学历继续教育，已开设 26 个本科和 69 个专科专业，建设了1170余门课程资源；针对非学历继续教育已开设1500个非学历教育的视频公开课和372个网络课程或课件。[①]

二是远程教育为教育实践带来了新经验。尽管远程教育的课堂存在缺少师生互动、教师设定授课进度、学生被动接受灌输等问题，但是远程教育也有自身的优势和特点。远程教育坚持"以自学为主、助学为辅"的教育方针，坚持"以学生为中心"，对远程教育的教学模式进行新的探索。在教学组织方面，打破固定班组组织对面讲授的校园化传统教学模式，试行以课程为单位组织教学活动，组织多种形式的学生学习小组，鼓励个体化学习，允许学生自主安排学习时间和进度等。[②] 在教学实施方面，要求学生自主学习多种媒体教材，将面授辅导变为"导学"和"助学"，强化对学生的教学辅导，加强教育质量检测系统建设，提高对学生作业和考核的要求和管理等。

---

① 平培元，尹亚姝，严娟娣等．电大开放教育和普通高校网络教育教学模式的比较与对策研究．远程教育杂志．2010（02）．020．

② 丁兴富．我国组织实施跨世纪的现代远程教育工程——中国远程教育的历史发展和分期（3）．现代远距离教育，2001，03：7–12．

第三章

教育以人性为基础

教育是为国家培养人才的根本手段，为社会经济发展培养各行各业所需要的人才。教育对象是人，以人为本是实施教育活动的根本出发点，是践行人才培养任务的落脚点。因此，人性为施教之基，欲施教，必先明人性。

第一节　人性与教育实践

培养人才是教育的工作目标，教育活动是培养人才的过程。在生物学上，人是高级动物，具有超越地球其他各种动物的逻辑思维能力，并且可以制造复杂的工具。教育的主要职能是传授知识和开发人的潜能。契合人性是组织教育活动的出发点。

一、中外先贤论人性

人性是一个古老的话题，是哲学体系中的最高目标。有人可能会提出疑问，我们是讨论教育问题，不是讨论哲学问题。笔者认为教书育人以人为对象，如果弄不清人的本性，就很难做好教书育人的实践工作。

古往今来，无数的思想家、教育家探讨过人性。谈论人性，首先要弄懂人性的含义。我国第一部字典《说文解字》对性的定义为"人之阳气性善者也。从心生声。息正切。"意思是，人的身上具有善良本能的显性表现。《说文解字》是汉代许慎编写的字典，从解释的意思来看，许慎受到儒家"性善论"的影响，对性的解释偏离"性"的本义。"性"，左边为"心"，右边为"生"，意指人心中生出的，是对人心的一种客观描述，或者解释为人的意识。如果按照《说文解字》解释，人性的意思是善，这已经对"性"进行定性，并不符合"性"的本义。

1. 中国古代的人性观

世间言人性，必先言孔子。研究孔子"人性说"的学者颇多，观孔子语录《论语》与学者论述，《论语》表述的是教人处世的行为方式，并未找到直接论述人性的言语。

本书以冯兵在《哲学研究》上的文章《论孔子善恶混存的人性观》所引用孔子著作《论语》中有关人性论的语句进行分析和论述，论证孔子是否对人性进行过论述。"性相近也，习相远也"（《阳货》），此句的意思是"人的本性是相近的，由于习染不同才相互有了差别。"主要描述人性的差别的原因，没有对人的本性进行叙述。"天生德于予""仁远乎哉？我欲仁，斯仁至矣"（《述而》），此句的意思是"上天把德赋予了我""仁很远吗？我想要仁，那么仁就来了"。主要描述德和仁的来源，没有对人的本性进行叙述。"人之生也直"（《雍也》），此句的意思是"人的生存靠正直"，主要描述为人要正直，并未叙述人性。"克己复礼为仁""为仁由己，而由人乎哉？""博学于文，约之以礼，亦可以弗畔矣夫"（《颜渊》），此句的意思是"克制自己，按照礼的要求去做，这就是仁""实行仁德，在于自己，难道还在于别人吗？""广泛地学习文化知识，并且用礼来约束自己，也就可以不离经叛道了啊！"，主要描述学习知识和提高个人修养可以帮助人做到以礼行事，这不是对人性的描述。"苟志于仁矣，无恶也""君子去仁，恶乎成名""富与贵，是人之所欲也……贫与贱，是人之所恶也""以约失之者鲜矣""吾未见好仁者""未见力不足者，盖有之矣，吾未之见也"（《里仁》），此句的意思是"如果立志于仁德，就不会为非作歹""君子离开仁德，怎么成就他的名声呢？""人都想要富和贵，人都不想要贫和贱""因为约束自己而犯错误是很少见的""我没见过爱好仁德的人，可能有吧，只是我还没有见到过""我没见到能力不足以实践仁的精神的人"；主要描述人的志向可以影响人的行为，并未对人性进行定义。"唯上智与下愚不移"（《阳货》），此句的意思是"只有上等的聪明人与下等的愚笨的人是不可改变性情的"；主要描述上等的聪明人与下等的愚笨的人的性情不可变，是一种错误的人性认识。"中人以上，可以语上也；中人以下，不可以语上也"（《雍也》），意思是"中等资质以上的人，可以告诉他深奥的道理；中等资质以下的人就很难让他了解深奥的道理了"；主要描述学习深奥道理的对象，而且这种认识并不正确。"吾未见好德如好色者也"《子罕》，此句的意思是"我还没有见到好德就像好色一样急切和真诚的人"，主要描述人的一种客观的状态，也未对人性进行论述。《论语》是孔子弟子编著的语录，反映孔子的思想和价值观。在《论语》中孔子的论述都是围绕"成为什么样的人""追求什么的人"，如仁和德、富与贵。孔子还叙述成为这种人的方式，如礼等。遍读论语，通篇都是关于为学、为政、为人等论述，却没有关于人性的论述。

先秦先贤对人性探讨围绕"性有善有恶""性善""性恶""性无善无恶"四个观点。孔子的弟子世硕认为人性有善有恶，因世硕的著作不可查，只能引汉王充《论衡·本性》的句子作为论证，"举人之善性，养而致之则善长；性恶，养而致之则恶长。"

孟子与告子的辩论是先贤对人性讨论的经典论述。告子认为"生之谓性。""性，犹杞柳也；义，犹杯也。以人性为仁义，犹以杞柳为杯。""食色，性也。仁，内也，非外也；义，外也，非内也。""性犹湍水也，决诸东方则东流，决诸西方则西流。人性之无分于善不善也，犹水之无分于东西也。""性可以为善，可以为不善；是故文武兴，则民好善；幽厉兴，则民好暴。""有性善，有性不善；是故以尧为君而有象，以瞽瞍为父而有舜；以纣为兄之子且以为君，而有微子启、王子比干。今曰性善，然则彼皆非与?"告子认为人性是天生，性情天生如湍流的河水，可以为善，也可以为不善，具体表现为善或不善，是外界引导的原因，外界引导人向善则人就会向善，外界引导人向恶人就会向恶。

与告子的人性论观点不同，孟子认为人性为天定，性为人心。"人皆有不忍人之心""乃若其情，则可以为善矣，乃所谓善也。若夫为不善，非才之罪也。恻隐之心，人皆有之；羞恶之心，人皆有之；恭敬之心，人皆有之；是非之心，人皆有之。恻隐之心，仁也；羞恶之心，义也；恭敬之心，礼也；是非之心智也。仁义礼智，非由外铄我也，我固有之也，弗思耳矣。""由是观之，无恻隐之心，非人也；无羞恶之心，非人也；无辞让之心，非人也；无是非之心，非人也。恻隐之心，仁之端也；羞恶之心，义之端也；辞让之心，礼之端也；是非之心，智之端也。人之有是四端也，犹其有四体也。有是四端而自谓不能者，自贼者也；谓其君不能者，贼其君者也。凡有四端于我者，知皆扩而充之矣。若火之始然，泉之始达。苟能充之，足以保四海；苟不充之，不足以事父母。"孟子对人性的定义等同于心理学中的人的情感与认知，人是有情感的动物，人性是指人天生具有"恻隐、羞恶、恭敬"三种情感和"是非"一种认知，孟子坚信人性是能够使之善。

荀子对人性的论述也非常精彩，"人之性恶，其善者伪也""性者，天之就也；情者，性之质也""生之所以然者谓之性，不事而自然谓之性""性之好恶、喜怒、哀乐，谓之情。""凡人有所一同。饥而欲食，寒而欲暖，劳而欲息，好利而恶害。是人之所生而有也，是无待而然者也，是禹桀之所同也。""圣人之所以同于众其不异于众者，性也；所以异而过众者，伪也。""性者，本始材朴也。伪者，文理隆盛也。无性则伪之无所加，无伪则性不能自美。性伪合，然后成圣人之名，一天下之功于是就也。"荀子也认为人性是天生的，质朴的人性实质是"好恶、喜怒、哀乐"，"饥而欲食，寒而欲暖，劳而欲息，好利而恶害"等行为是天生的，人向善的行为是先天本质和后天努力改造的结果。

告子、孟子、荀子对人性的论述是对人性进行了深入的探讨，三者都同意天赋人性，只是对人性的认识有差异。告子认为人性无善恶，善恶是后天形成。孟子认为人皆有不忍人之心；孟子创造出"四心""四端"的人性学说，论证人是可以向善的。荀子的人性说是最符合现代人的认识，他认为人性是天生的，情是性的实质，"好恶、喜怒、哀乐"是情，同时又解释"饥而欲食，寒而欲暖，劳而欲息，好利而恶害"；荀子认识到人的情感和欲望，他认为人性恶，而人的性善行为是后天人为的行为，主张"制法度，以矫饰人之情性而正之，以扰化人之情性而导之也，始皆出于治，合于道者也。""夫人虽有性质美而心辩知，必将求贤师而事之，择良友而友之。得贤师而事之，则所闻者尧舜禹汤之道也；得良友而友之，则所见者忠信敬让之行也。"荀子认为通过制度规范和加强个人自身修养，人可以成为圣人、君子和勇者。

汉朝董仲舒结合天人感应说，以阴阳学说论性，"如其生之自然之资，谓之性。""吾以心之名得人之诚，人之诚有贪有仁，仁贪之气两在于身。身之名取诸天，天两，有阴阳之施，身亦两，有贪仁之性；天有阴阳禁，身有情欲栝，与天道一也。""身之有性情也，若天之有阴阳也。"董仲舒承认人性天然，善为性之表现，却又对孟子的人性观表示异议，"人受命于天，有善善恶恶之性，可养而不可改，可豫而不可去，若形体之可肥臞，而不可得革也。"董仲舒认为人性有善恶的特性，是天生的，不可变动的。董仲舒继承了荀子的人性观，认为善是教育的结果，通过制度教化，人（中民）可以向善，"性者，天质之朴也，善者，王教之化也；无其质，则王教不能化，无其王教，则质朴不能善。质而不以善性，其名不正，故不受也。"但是董仲舒认为人性具有层级，只有中民才可以教化，圣人和斗筲（下等人）是不可以教化的且不能名性。董仲舒批评了孟子的人性论，"孟子以为万民性皆能当之，过矣。圣人之性，不可以名性，斗筲之性，又不可以名性，名性者，中民之性。"

宋朝张载创立气本论，以气论天道，以天道论性，在定义万物之性之后，再论人性。张载演绎法抽象万物之性为天道，以天道论人性。张载以阴阳论天道，"地所以两，分刚柔男女而效之，法也。天所以参，一太极两仪而象之，性也。一物两体，气也。一故神，两故化。此天之所以参也。"张载论性，是万物都有性，阴阳之气交合化性，"合虚与气，有性之名"，性分"天地之性"与"气质之性"；"天地之性"即为天道，是永恒，不随时间推移而毁灭；"性于人无不善，系其善反不善反而已，过天地之化，不善反者也""天地之性"纯善无恶，所以人本性善良，只是由于"气质之性"的蔽塞，人才为恶。① 程颢、程颐认同张载的"天地之性"与"气质之性"，认为"生之谓性，性即气，气即性，生之谓也。人生气禀，理有善恶，然不是性中元有此两物相对而生也。有自幼而善，有自幼而恶，是气禀有然也。善固性也，然恶亦不可不谓之性也。"② 二程认为人性为天生，性为气，善与恶都是气之禀性，善恶都是性。

明末清初思想家王夫之继承孔子"性相近，习相远"和荀子"化性起伪"的思想，提出了性是"习与性成"，"夫性者，生理也，日生则日成也。""天命之谓性，命日受则性日生矣。"人的性为天生，是生理，性情不是唯一的，而且是可变化的，随着人的成长而变化。王夫之的人性论加入了后天发展论点，这

---

① 叶文英. 张载"性"论四题. 江西社会科学，2006，03：55 - 58.
② 叶文英. 张载"性"论思想对程朱的影响. 江西社会科学，2007，06：63 - 66.

与马克思主义哲学的发展观不谋而合。

人性天生是我国古代先贤的统一认识。古代先贤将人性的概念抽象化，以阴阳论和气论来定义人性。古代先贤对人性的争论主要集中在"人性"的定性方面，"性善，还是性恶？性有善恶之分吗？"这个命题的争论贯穿中国古代历史。直到明末清初王夫之将人性定为"先天拥有，后天习成"，古代先贤对人性的探索才算告一段落。

古代先贤对人性的定性直接影响到教育实践。秉持"使之善"人性论的孟子，其施教目的是"明人伦"，即"父子有亲，君臣有义，夫妇有别，长幼有序，朋友有信"；秉持"性恶论"的荀子，其施教的目的是培养君子和圣人。从孔子设杏坛讲学，教育实践走过二千多年的历史，人性依旧是现代教育活动组织的初始点。

2. 古代西方的人性论

古希腊是欧洲文明的摇篮，是欧洲文明的发祥地。古希腊的哲学始于事物本质的讨论，"一切事物从哪来？它到底是由什么制造的？"古希腊哲学家在探讨物质本源的过程中形成了唯物主义传统，注重物质的组成和结构，其对人性的关注点是"人是什么"？

灵魂是古希腊哲学家论述人性的对象。被马克思和恩格斯称赞为古希腊人中"第一个百科全书式的学者"德谟克利特，创立原子论，"宇宙的一切事物都是由在虚空中运动着的原子构成"，人的灵魂也是由原子构成，灵魂原子具有感知能力，能够帮助人类感知世界。[1] 灵魂以人的肉体为依托，肉体死亡，灵魂随之灭亡；人的幸福与不幸居于灵魂之中，善与恶都来自灵魂，每个人都有独立的意志和人格。[2] 柏拉图在《理想国》中对灵魂进行了深入的探讨，他认为灵魂不死不灭，独立于肉体而存在，"灵魂是不死的，它能忍受一切恶和善。让我们永远坚持走向上的路，追求正义和智慧。""人的灵魂就好像眼睛一样。当他注视被真理与实在所照耀的对象时，它便能知道它们了解它们，显然是有了理智。但是，当它转而去看那暗淡的生灭世界时，它便只有意见了，模糊起来

---

[1] 肖军霞. 德谟克利特的真理论：αληθεια 和 ετεη. 世界哲学，2007，06：26-37.

[2] 何祥迪. 柏拉图的德穆革与德性生活. 伦理学研究，2015，06：59-63.

了，只有变动不定的意见了。"人是由灵魂和肉体两个部分构成的，肉体就像监狱一样把灵魂困在身体内。而灵魂又由三个部分构成：理性，激情和欲望（激情和欲望构成非理性部分）。它们分别对应于三种不同的德行：智慧、勇敢和节制。亚里士多德根据人与动物的差异对人性进行定义：第一，人的本性在求知，为知而知、为智慧而求智慧的思辨活动，不服从任何物质利益和外在目的，因此学问是最自由的，人类不会先衡量一门学问是否有用再去决定是否继续思考下去；第二，人是有理性的动物，"人，在所有动物中，是唯一用语言交流的动物。""人除了其理性之外，在种类上是更高的四足动物的继续。""和其他动物比较起来，人的独特之处就在于，它具有善与恶、公正与不公正以及诸如此类的感觉。"人的生活除了受本性的影响，还要受习惯和理性的影响。习惯和理性是人所独有的。第三，人的灵魂分为理性部分和非理性部分，非理性灵魂的功能是本能、感觉、欲望等，理性灵魂的功能是思维、理解、认识等。第四，人是天生的政治动物，"人，在本性上而非偶然地脱离城邦的人，他要么是一位超人，要么是一个恶人。""不能共同生活或因为自足而无此需要者，就不是城邦的一个部分，它要么是只野兽，要么是个神。"①

物质性是古希腊哲学家研究人性的共同点，人性起始于灵魂，含有认知，加入了情感。亚里士多德是古典哲学中对人性总结的集大成者，在前人研究的基础上为人性加入了社会属性，他的人性论已经非常接近现代人对人性的认识。

古希腊文明衰落后，欧洲进入希腊化时代，古罗马继承了古希腊的传统。从人性论上来看，古罗马哲学并没有超越古希腊对人性的讨论。西塞罗创立自然法思想，它主要包括四个方面的内涵：第一，"自然"赋予每一种动物以自我保存的本能，如保全生命、获得食物和住所、生殖等；第二，"自然"用共同的语言和生活把人与人联结在一起；第三，人具有渴求并探索真理的本性和爱好是合"自然"要求的；第四，人是唯一能感知秩序和礼节并知道如何节制言行的动物，亦属"自然"的范畴。② 被称为"古代世界最后一位哲学大师"的普

---

① 颜一.《亚里士多德选集·政治学卷》. 中国人民大学出版社，1999：1253.
② 孙文恺. 论西塞罗自然法思想的折中主义特质. 苏州大学学报（哲学社会科学版），
　　2007，06：31－35.

罗提诺建立了"一元三层本体"的有神论的哲学框架，以太一（the One）为本体；太一又漫溢出两层本体：圣智（Nous）与普遍灵魂（Universal Soul）；他认为灵魂是分层次的，灵魂中最高阶段是智性（Intellect）或圣智（Nous），是脱身之灵；"自我"处于圣智之下，即处于灵魂与身体的"联合者"水平，是人身之灵；灵魂再低一层便是感性，是陷身之灵；灵魂的最低阶段是"自然"或植物性，亦即生长与再生的生理过程，是等于身者。①

从古罗马到中世纪结束，欧洲的先贤对人性探讨集中点是"灵魂是否存在"。由于缺少现代的科学知识，人们对思维和意识充满着好奇，力求找出"人的意识是从哪里来的？"这个问题的答案。欧洲先贤对在讨论"灵魂灭与不灭"的问题同时，更加注重对个人行为的规范，也就是价值观教育或道德规范教育。"生与死之间的距离是很短的，仔细想一下吧，生命是带着多少苦恼，伴随着什么样的人，寄寓于多么软弱的身体而艰难地走过这一距离的，那么就不要把寿命看作是一件很有价值的东西，看一看在你之后的无限时间，再看看在你之前的无限时间，在这种无限面前，活三天和活三代之间有什么差别呢？"②

罗马帝国分裂后，中世纪欧洲哲学与神学相结合，神学成为欧洲的主流思想。在神学体系中人不过是实现神学目的的手段，人学就无法脱离神学而单独存在，人性也只好依附于神性，神学开始禁锢人们的思想。神学中的上帝无所不能，他创造了万物，创造的顺序是光、空气、旱地、日月星斗、鱼类和鸟类、牲畜昆虫野兽、人。圣·奥勒留·奥古斯丁是欧洲中世纪基督教神学、教父哲学的重要代表人物，构建神学中人性论、救赎论；其人性论即为原罪论，"上帝在创造人类时，曾经赋予人在从善和作恶之间进行选择的自由意志，人类的堕落，是他选择了恶的结果，人类为了获救，必须重新做出选择，去恶从善，这一过程则需通过上帝的拯救计划来完成，于是才有了基督的死难和复活，从而在人类与上帝之间搭起了一道沟通的桥梁；当人类洗清罪孽、重新回到上帝的身边时，人类便分享了上帝的至善，上帝也便最终实现了其预定的目的。"他的

---

① 包利民. 大序善恶——普罗提诺哲学与古典价值. 浙江大学学报（人文社会科学版），2000，02：11－18.

② 马可·奥勒留. 马上沉思录. 何怀宏译. 陕西师范大学出版社，2003：62.

救赎论还用来解释了人的知识来源，"上帝的救恩已经通过基督代替人类蒙难和死而复活的奇迹而昭示给我们，这恩宠的实质就是把信、望、爱注入我们的心中。"① "上帝如同光源，人只有借助上帝的光才能感受明亮的喜悦，当人归趋上帝时，他见到的是白昼的光明，这就达到了美与善；而当人背离上帝时，他见到的是黑夜的昏暗，这便陷入了丑与恶。"② 奥古斯丁用原罪论解释人性，用救赎论规范人的行为，为神学建立了严密的逻辑框架，基督神学论述了人的来源、性情、救赎、归宿等，其最后的结论是"人要虔诚地信仰上帝"。

中世纪的学术研究带有浓厚的宗教色彩。按照《圣经》教义，万物都是上帝创造的，人不能自主创造物品；但是人们在劳动实践过程中发现，人类也可以制造工具、积累经验。"上帝创造万物，人怎么能创造物品呢？"这个问题困扰着神学家，圣保罗在《罗马人书》中感叹道："深哉，神丰富的智慧和知识。他的判断何其难测，他的踪迹何其难寻，谁知道主的心？"托马斯·阿奎那将基督教改造成理性神学，不仅上帝的意志理性化，而且上帝的理性为人的理性能力提供了保证，从而为自然法提供了新的基础，自然法不再是神的启示（神的启示归于神法），而是人的理性和人的自然本性的凝结，或者说自然法由启示法而转变为理性法。③ 中世纪后期，经院哲学进入僵化阶段，神学家们在教会信条中寻章摘句，且将之奉为万古不变的准则，凡是圣经的说教，均为绝对真理；凡是教会的信条，都是天经地义。哲学成为"神学的奴仆"，而绝少智慧的火花。④ "人必须谦卑，才可得上帝所赐的智慧！"神学不允许出现违背圣经的世界观，中世纪的宗教审判所就承担处罚异端邪说的职能，宗教审判所使用感化的手段让异端分子忏悔认错，让异端分子重新回归教会，只有那些被认为不知悔改和顽固不化的异端分子会被判有罪，甚至会被烧死。如传播哥白尼日心说

---

① 赵林. 中世纪基督教哲学中的奥古斯丁主义与托马斯主义. 社会科学战线，2005，01：23－30.

② 林中泽. 早期基督教的人性与奥古斯丁神学中的"人". 华南师范大学学报（社会科学版），1999，03：84－91，97.

③ 申建林. 论阿奎那宗教自然法的理论转向及其现代意义. 武汉大学学报（哲学社会科学版），2006，03：395－400.

④ 姜文闵. 简论经院哲学的源与流. 河北大学学报（哲学社会科学版），1989，03：88－94.

的乔尔丹诺·布鲁诺被认定为巫术宗教的信仰者和传播者，宗教审判所裁定其为无悔意的异端者，被烧死在罗马的鲜花广场。

由于神学强大的感化作用、震撼作用和世俗王权的维护，中世纪欧洲学者都经历神学院的系统教育，其内心虔诚地认为上帝是创造世界的神，科学探索只是发现上帝已经创造的规则，是为了感受上帝的伟大。伽利略在《试金者》中曾这样描述过宇宙：宇宙这本书是上帝"用数学语言写成的，其文字是三角、圆和其他几何图形"。开普勒对世界进行研究的主要目的就是要发现上帝赋予它的合理次序与和谐，而这些都是上帝用数学语言透露给我们的。在他发现了行星运动的第三定律后，他是这样感恩上帝的："我感谢你，上帝，我们的创造者，你使我看到你所创造的杰作的美，我赞颂经你之手所创造的作品。看，我已经完成了我被指派的任务；并从你所赋予我的智慧中获得了乐趣。我将尽力在我的智力所能达到的极限的程度上，向阅读这个证明的人公开赞扬这项工作的荣耀。"[①] 中世纪基督教并不反对人们对科学的探索，只是禁止人们发表反对《圣经》教义的邪说。欧洲教会设置的七艺"算术、音乐、几何、天文、文法、修辞和逻辑"，其中算术、几何和天文都发展成为近代科学。

古希腊的人性论起源于哲学的物质论，虽然存在灵魂是否灭亡的争论，但是古希腊先贤对人性的探讨已经非常接近现代社会。古罗马先贤不再过分探讨人性本源，秉承求真务实的入世原则，以法律和道德规范人的行为。在中世纪欧洲神学中人是由上帝创造的，基督教的核心是爱，爱世间所有的人，包括个人的仇敌，人要遵行上帝的旨意、重复上帝的行为和效法上帝的品德，努力实践他的恩典和爱，像耶稣一样生活。在充满动物性和物质欲的现实社会中，处于社会上层的阶级不会放弃自己手中的财富和权力，不会将自己拥有的物质生活拿出来与贫穷的人来分享，统治阶层的贪婪激起了人们对宗教的质疑。[②] 中世纪教皇组织的十字军东征给欧洲带回了古希腊先贤们的著作，这些著作的广泛流传加速了现代文明的进程，人类从此进入文艺复兴时期，慢慢进入科学和

---

① 余章宝，唐文佩. 中世纪经院哲学对科学传承的贡献. 学术研究，2006，02：35-40.

② 教皇利奥十世挥霍教廷公款，享受生活，以售卖赎罪券为筹款的财路。罗马天主教会宣布只要用购买赎罪券的钱一敲钱柜，就可以使购买者的灵魂从地狱升到天堂。

民主的现代社会。

二、人性论在教育实践中的应用

无论是欧洲，抑或是中国，古代教育方式以学习经典著作为主，并不区分儿童教育和成人教育，学生来到学校就是读书学经，并不进行心理疏导。随着现代科学的进步，人们不断加深对生理和心理的认识，体育、心理教育逐渐被纳入教育体系。

1. 人才培养要符合人的生理特性

人的生理特性被纳入教育是一个从认知到实践的漫长过程。在古代希腊和古代罗马，学校设置锻炼身体的课程，如赛跑、跳跃、角力、骑马、投枪、游泳等项目。我国古代也重视身体锻炼，《周礼·保氏》："养国子以道，乃教之六艺：一曰五礼，二曰六乐，三曰五射，四曰五御，五曰六书，六曰九数。"其中射与御都与身体锻炼密切相关。欧洲身体锻炼之目的是为了培养坚强的战士，而我国射与御之目的是养国子。因此，古代锻炼身体并非出于生理角度的考虑，而是为了培养战士或国士。

人们对身体的正确认知是生理特性纳入教育的前提。在文艺复兴之前，人们已经对人体进行了深入的研究。亚里士多德认为"心脏是血液的发源地，而血是感觉所必需的，脑无血，因而没有感觉；心通过血管与所有感受器官及肌肉相连接，脑与感觉器官不相连接，或者这种连接是无关的；心最早形成，最后停止工作，脑则形成较晚。"亚里士多德提出教育要符合人的发展阶段，按照人的年龄阶段分别施加不同的教育。"0~7岁主要是锻炼身体、强健体魄；7~12岁主要进行德行训练，使学生形成良好的品格；14~21岁的教育任务是发展学生的理性灵魂与积累知识。"① 亚里士多德以7年为时间段对学生进行分类，并且学生的每个阶段都施加不同的教育，具有开创意义。希波克拉底创立"体液学说"，用于解释病理、气质和体质，他认为人体是由血液、黏液、黄疸、黑胆这四种体液组成的，四种体液在人体内的比例不同，形成了人的不同气质：胆汁质的人性情急躁、动作迅猛；多血质的人性情活跃、动作灵敏；黏液质的

---

① 李储涛. 身体德性论：论义务教育阶段学校体育的德育使命. 山东师范大学, 2012.

人性情沉静、动作迟缓；抑郁质的人性情脆弱、动作迟钝。① 克劳迪亚斯·盖伦创立气质学说，他认为肝是有机体生命的源泉，是血液活动的中心，脑中之气决定运动、感知和感觉；② 心中之气控制体内的血液和体温；肝中之气控制营养和新陈代谢。尽管古希腊医学家的人体生理研究存在很多的不足，但是他们在解剖动物的基础上提出解剖结构和血液理论，加深了人们对人体的认识。文艺复兴时期的安德烈·维萨里和威廉·哈维在人体方面提出了新的理论，打开了现代医学的大门。1543 年安德烈·维萨里出版《人体机构》一书，以大量、丰富的解剖实践资料，对人体的结构进行了精确的描述，"人体的所有器官、骨骼、肌肉、血管和神经都是密切相互联系的，每一部分都是有活力的组织单位。"1628 年威廉·哈维出版了《心血运动论》，提出血液是循环运行的，静脉的向心回流是循环的必要条件，心脏有节律的持续搏动是促使血液在全身循环流动的动力源泉。安德烈·维萨里和威廉·哈维对人体的研究奠定了解剖学、人体生理学、医学等学科基础，为体育训练活动提供了丰富的知识。

中世纪欧洲教育家认为体育以锻炼人的体力为目的。夸美纽斯认为学生要注意自己的身体，要让身体变得强健："身体是灵魂的载体，要通过灵活的运动锻炼我们学生身体的灵活性，通过工作来增强身体对工资的适应性。"③ 让·雅克·卢梭提倡根据孩子的年龄阶段玩相应的游戏。"小孩子玩有毛球，可以锻炼他的眼睛看得准，手打得稳""为什么不给孩子们玩大人所玩的需要技巧的游艺，例如网球、棒球、台球、射箭和足球。他们回答我说，在这些游艺当中，有些是他们玩不了的。"④ 裴斯泰洛齐在教育实践过程中提出锻炼学生身体的论述，他在《体育—体操》一文中写道，运动不仅因人的体力强度而异，体操对身体的补益是巨大而又毋庸置疑的，可以为各种年龄及各种体例强度的人来设计体操运动。

18 世纪末期欧洲教育完成从体育只是锻炼人体到为学生设计合理的锻炼身体的教育活动的转变。有针对性促进人体生理发展的体育活动正式走入教育。

---

① 马晓峰. 中医体质学术发展史及中西医学体质学说比较研究. 北京中医药大学，2008.

② 朱橙. 物性、知觉与结构. 中央美术学院，2016.

③ 任钟印编. 夸美纽斯教育论著选. 人民教育出版社，2005：327 - 328.

④ 卢梭. 爱弥儿（上卷）. 商务印书馆，1978：203.

上述科学家、教育家、哲学家继承和发扬了文艺复兴时期的人文主义的传统，孜孜不倦地探索人体的秘密，不断更新人们对人体生理性的认识，并将人体生理知识纳入近代教育，从人体生理的角度组织教育教学，在学校中专门开设体育活动，确立了体育在教育体系中的地位。伴随人们对人体生理科学探索的深入，学校的体育越来越符合心理特性。

18世纪是科学新理论创立的时期，19世纪是科学理论规范分类和大发展的时期。在19世纪现代科学理论逐步成型，体育教学也逐渐规范化、理论化。生理学理论的巨大进步为体育教学活动的实施提供了巨大支持和保障，学校体育育人由保持身体健康进入有目的发展学生生理特性。

伴随生理学知识体系的不断成熟，促进人体生理发展的体育运动越来越完善，学校的体育教学也越来越科学。约翰·克里斯托夫·弗里德里希·古兹姆斯是体育课程教育的开拓者，完成了《游泳术》《青年体操》《游戏》《坦宁堡的家庭娱乐和游戏》《祖国男儿的体操》《体操术问答》等一系列著作，他系统整理从古希腊以来哲学家、教育家、医学家的体育科学思想、体育运动和体育游戏，在此基础上构建了完整的体育课程体系。古兹姆斯根据身体成长阶段将体操教材分为基本运动、手工劳动和青少年游戏三个类型，包括跑、跳、投掷、角力、悬垂、平衡、搬举重物、兵操舞、射击技击等九种运动。古兹姆斯建立在生理学原理上的体操理论具有很高程度的科学性，也有利于教育活动的实施。

2. 心理学走入教育实践

与生理学的理论化路径相似，人们在很早以前就注意到人的心理活动，直到19世纪才将心理学理论化。我国古代先贤对"性""情""欲""天道论"的论述都属于心理学的范畴。如孟子"乃若其情""是非之心，人皆有之"，荀子"性者，天之就也；情者，性之质也；欲者，情之应也"，王阳明"心者身之主，意者心之发，知者意之体，物者意之用。如意用于事亲，即事亲之事，格之必尽。夫天理则吾事亲之良知，无私欲之间，而得以致其极。知致则意无所欺，而可诚矣；意诚则心无所放，而可正矣。格物如格君之格，是正其不正以归于正。"我国古代先贤承认"性、情、欲"是天生的，有渴望探索天道和人道的欲望，却很少讨论人本身的生理欲望，更多讨论个人的道德修养和行为规范。孟子"知性知天""心，统性情者也。""养心莫善于寡欲。""君子以仁存心，以礼存心"；荀子"凡性者，天之就也，不可学，不可事。礼义者，圣人之所生也，人之所学而能，所事而成者也。不可学，不可事，而在人者，谓之性；可学而能，可事而成之在人者，谓之伪；是性伪之分也"；朱熹"人之所以生，理与气合而已。""人物皆禀天地之理以为性，皆受天地之气以为形。若人品之不同，固是气有昏明厚薄之异。""性是未动，情是已动，心包得已动未动。盖心之未动则为性，已动则为情，所谓心统性情也"；王阳明"心无体，以天地万物感应之是非为体""心外无理，心外无物。""弟子问：南山里的花树自开自落，与我心有何关系？阳明答：尔未看此花时，此花与尔心同归于寂。尔来看此花时，则此花颜色，一时明白过来。便知此花，不在尔的心外。"① 在我国古代先贤们的哲学思想中，人性是天生的，人的性情也是天生的，古代先贤承认人可以认知世界，却从未深入探讨人的心理特性。

古希腊先贤对心理认知体现为认知论、灵魂说。巴门尼德的存在论是非常深刻的认知论，"你不能知道什么是不存在的，那是不可能的，你也不能说出它来；因为能够被思维的和能够存在的乃是同一回事。""能够被思维的事物与思想存在的目标是同一的；因为你绝不能发现一个思想是没有它所要表达的存在物的。"② 巴门尼德的存在论的含义：人们一直在思考，一直在创造定义与概念，但是人们创造的概念并不一定是真的，或者说，我们一直承认客观存在，可是我们的思维不一定真正反映客观存在。德谟克利特把灵魂看作是一种物质，"人的幸福与不幸居于灵魂之中，善与恶都来自灵魂，每个人都有独立的意志和人格，人的自然本性就是求乐避苦，而道德的标准也就是快乐和幸福。能求得快乐就是善，反之即是恶。快乐并不是暂时的、低级的感官享乐，而是有节制的、精神的宁静和愉悦。"③ 苏格拉底将灵魂看成是与物质有本质不同的精神实体，第一次提出人的精神与思维。柏拉图认为，灵魂是与肉体相分离的超越时空的永恒不朽的实体，人的心灵本身就是认识神圣事物的源泉；心灵包含着本质的东西在自身之内，为了要认识神圣的事物，人们必须把它从内心深处提到

---

① 潘立勇. 本体工夫论与阳明心学美学. 复旦大学，2003.
② 罗久. 理性、自然与伦理形而上学. 复旦大学，2013.
③ 肖冬梅. 幸福能力及其培育. 湖南大学，2012.

意识前面来。意识的真正性质，就是回忆，深入自身就是把潜伏在我们内部的东西提到意识前面。① 亚里士多德认为灵魂与肉体紧密结合，灵魂是形式，肉体是质料，灵魂是肉体的动因与实体；欲望是指一个人所处于的那种强烈感情状态，分为思想活动部分的希望、动物性活动部分的欲望与感情三个部分，被看作灵魂的思想性活动部分与动物性活动部分趋向善对象的气质倾向。②

古希腊创造了灿烂的精神文明，但是战争和基督教清洗毁掉了这些文明，数学、哲学、教育等都置于宗教的控制之下，一切知识都按照上帝的旨意进行重写，欧洲陷入黑暗的中世纪。公元 11 世纪十字军东征为欧洲重新带来古希腊先贤的哲学火种，他们在伊斯兰世界发现了古希腊先贤的哲学著作。人们重新学习古希腊先贤的著作，继承和发扬古希腊心理学研究的传统。

弗朗西斯·培根对古希腊的演绎法式的认识论进行批判，提倡归纳实践中的经验，充分肯定人在改造世界过程中的力量，"人的知识和人的力量相结合为一。"他认为一切知识起源于对客观世界的感觉，"一切比较真实的对自然的解释，乃是由适当的例证和实验得到的""感觉所决定的只接触到实验，而实验所决定的则接触到自然和事实的本身"。培根重视人的理性认识能力、认识自然界，肯定科学技术改变世界和改造自然的能力。笛卡尔继承亚里士多德"人是灵魂与肉体的紧密结合"的论断，人和动物的区别是人有心灵而动物没有，"我思，故我在"，人有思考的心灵，这是人类存在的价值和意义。笛卡尔还研究了人的情绪，他认为人的原始情绪有六种：惊奇、爱悦、憎恶、欲望、欢乐和悲哀，其他的情绪都是这六种原始情绪的分支，或者组合。

在经历文艺复兴时期的理论大发展之后，培根、洛克、赫胥黎、斯宾塞等人的研究为科学发展打下坚实的基础，心理学研究由现象描述转变为实验研究，开始关注生命全程或毕生发展、认知现象的生成、情绪波动、社会关系等范围。心理学逐渐系统化、规范化和理论化。

第一，心理学的情感分析与精神分析。查尔斯·罗伯特·达尔文在《人类

---

① 北京大学哲学系外国哲学史教研室编译. 西方哲学原著选读（上卷）. 商务印书馆，1981. 76 - 81.

② 廖申白. 试析亚里士多德的灵魂论——基于亚里士多德《论灵魂》. 道德与文明，2012，05：72 - 80.

和动物的表情》一书中探讨了人类情绪的生理性过程，他认为情绪是人类心理表达的方式，且情绪具有连续性。西格蒙德·弗洛伊德建立精神分析理论，认为本能、欲望是人的心理或者人格发展变化的推动力和起因，弗洛伊德注重个体精神分析。与弗洛伊德相似，弗朗兹·布伦塔诺创立的意动心理学也关注精神活动、意识与其对象的关系以及存在的时间性，即精神对外界刺激的反应，为社会教育指明方向。

第二，心理学理论化。心理学初期研究以现象描述和个体分析为主，赫尔曼·艾宾浩斯绘制了著名的艾宾浩斯遗忘曲线，提出了人类遗忘的发展规律，即"先快后慢"的原则，人的大脑在信息输入的同时开始产生遗忘，遗忘率随时间的流逝而先高后低，特别是在刚刚识记的短时间里，遗忘最快。① 实验心理学之父威廉·冯特将心理学独立出来，他认为心理学是一门研究直接经验的科学，以实验内省法和人类历史文献资料研究为主要方法，研究心理复合体的元素及其构造的方式和规律。

第三，行为主义心理理论。约翰·华生在批判传统意识心理学理论的基础上构建了行为主义理论体系，主张把行为和引起行为的环境因素作为研究对象，即刺激（S）和反应（R），以自然科学的客观方法研究行为与心理之间的关系，并在此基础上构建了他的行为主义心理理论体系。

心理学理论的成熟促进其在教育活动中的应用。美国心理学家、动物心理学的开创者、心理学联结主义的建立者和教育心理学体系的创始人爱德华·李·桑代克撰写第一本《教育心理学》，提出了著名的学习的联结说，即尝试与错误说；认为学习是一种渐进的、盲目的、尝试与错误的过程。随着错误的反应逐渐减少，正确的反应逐渐增加。终于形成固定的刺激反应，即刺激反应之间形成联结。联结的加强决定于三种因素：一是"重复"；二是"效果"；三是"准备"。后来联结理论发展成三个学习定律：一是准备律。"当一个传导单位准备好传导时，传导而不受任何干扰，就会引起满意之感；当一个传导单位准备好传导时，不得传导就会引起烦恼之感；当一个传导单位未准备传导时，强行传导就会引起烦恼之感"。二是练习律，包括应用律和失用律。应用律是指"一

① 李秋云．艾宾浩斯记忆法在病区健康教育中的应用．北京医学，2011，11：958．

个已经形成的可以改变的联结，若加以应用，就会使这个联结增强"。失用律是指"一个已形成的可以改变的联结，如不应用，就会使这个联结减弱"。三是效果律。"在情境与反应间建立可以改变的联结，并发或伴随着满意的情况时，联结力量就增强；当建立联结的过程中，并发或伴随着烦恼的情况时，联结力量就削弱。[①] 桑代克充分肯定遗传和环境对人发展的影响作用，他认为教育的作用就是改变人性，造福人类，要以人的天赋本性作为教育的出发点，引导人的本性中好的趋向，消除人的本性中不好的趋向。

在教育心理学研究中让·皮亚杰和杰罗姆·布鲁纳做出了重大的贡献。让·皮亚杰被称为继桑代克之后在教育心理学研究方面最权威的人物，他不再纠缠遗传和环境对个人发展的影响，提出内因和外因相互作用的发展观，社会环境和教育是影响心理发展的外因，个人的内部动力是影响心理发展的内因，他认为心理发展是主体与客体相互作用的结果。杰罗姆·布鲁纳是教学理论的探索者，最初坚持建构主义心理学，最后转向人本主义教育。20 世纪 50 年代末美苏争霸，美国开始反思自己的教育体系，布鲁纳根据建构主义理论建立一套完整的教学理论。布鲁纳在他的教学论思想中提出了螺旋式课程结构，为学生安排经验学习的最佳方式，组织学生容易理解的知识内容，为学生呈现知识的最佳顺序，激发学生思维的教学程序，重视学生的内部学习动机的激发，要求正确地运用奖励与惩罚等措施。在后期的研究中布鲁纳发现心智发展理论未给学生的心灵发展留下空间，开始转向人本主义教育，探索教育文化对个人发展的影响。[②] 他说："要鼓励孩子自己动手，自己探索，自己设计，自己评估，最终自己获得知识。经过这一番辛苦，他们才能真正学到东西，理解得透彻，记得也牢固。假如我们忽视了这个过程，仅仅强调结果，仅仅想通过老师精彩讲解，让孩子快速吸收，这样其实不好。因为它没有调动孩子的积极性，没有激活他们的内在动机，也没有让他们找到意义感。孩子不可能事事躬亲，但发现

---

① 胡永萍. 桑代克教育心理学思想述评. 江西教育学院学报（社会科学），1997，05：57 －59.

② 冯青来. 从教育的过程到教育的文化——解读布鲁纳的教育思想转变. 全球教育展望，2007，02：28－33.

学习的理念还是让我们意识到：有些重要的事，需要自己探索，没有谁能代替。"①

3. 接受教育是为了更好地适应社会

在人类结成社会之后，社会性便成为人的基本属性。正如马克思所说，"人来源于动物界这一事实已经决定人永远不能完全摆脱兽性，所以问题永远只能在于摆脱得多些或少些，在于兽性或人性的程度上的差异。"② 古代先贤很早就认识到人的社会性。例如德谟克里特提出"人是一个世界"，人本身具有复杂性特点；普罗泰戈拉提出"人是万物的尺度"，意识到了人在世界中的主体地位；柏拉图认为人是"理性的生物"，看到理性在人与其他动物之间所起到的决定性作用；而亚里士多德已经触及人的社会性，把人性和社会生活联系起来，提出"人天生是政治动物"的观点。这里的"政治"主要指城邦国家和社会共同体。尽管这一思想还具有一定的朴素性、直观性乃至臆想性，但在两千多年前可以称之天才的萌芽。③

苏格拉底将哲学从天上拉回人间，哲学研究由自然哲学变为人性的哲学。约翰·洛克在《教育漫画》的结论篇写道，"他的孩子年岁很小，我只把他看成一张白纸或一块蜡，是可以随心所欲地做成什么样式的"④，这就是洛克著名的"心灵的白板说"，婴儿出生的时候，其心灵就像一块白板，很容易接受各种各样的科学知识、行为知识、社会知识。大卫·休谟深深地认识到人的社会属性，他在《人类理解研究》书中写道，"人是一个有理性的动物，并以这个身份由科学接收到它的适当的食品和养料。但是人类理解的范围是过于狭窄的，所以在这方面，我们并不能从成功的把握或已有的成就来希望得到满意。其次，人又不仅是一个理性动物，还是一个社会动物；但是他又不能老是享受可意的有趣的交游，而且他也不能对它们常保持相当的爱好。其次，人又是一个活动的动

---

① 跨界学人布鲁纳．http：//mt. sohu. com/20160616/n454801083. shtml.
② 中共中央马克思恩格斯列宁斯大林著作编译局编．马克思恩格斯选集（第3卷）．人民出版社：140.
③ 郝松山．社会的人——比较亚里士多德与马克思对人的社会性的认识．前沿，2005，07：174－176.
④ 约翰·洛克．教育漫话．教育科学出版社，1999：167.

物；因为这种趋向以及人生中其他的许多必然，他又不得不来从事职业或事务；但是人心也需要松宽些，不能一直持续地来操心、来勤劳"。① 休谟通过对人行为的描述，向世人展示了一幅社会人的画面，人要获取知识，人也需要社会交往、职业交往、心灵的放松。路德维希·安德列斯·费尔巴哈在批判黑格尔哲学的基础上分析了人的本质，他认为只有社会的人才是人，社会的人意味着人与人的联系，而且这种联系决定着人的本质，这是人超拔于自然属性之上的特点。"孤立的、个别的人，不管是作为道德实体或作为思维实体，都未具备人的本质。人的本质只是包含在团体之中，包含在人与人的统一之中"。② 费尔巴哈将人本主义哲学送到人间，将人性贯彻到人类所有的活动之中。

约翰·杜威是将人的社会性引入教育的先驱。杜威在自己的教育信条中宣称，一切的教育都是通过个人参与和分享人类的社会意识而进行的，人在出生之后便开始这个过程，并持续地向他的意识渗透，锻炼他的思维，形成他的能力，塑造他的习惯，唤醒他的感情和情感。杜威主张教育民主化、学校社会化。杜威在研究人类关系的含义、民主的思想、柏拉图的教育哲学、18世纪的"个体主义的"理想、国家的教育和社会的教育基础上，构建了民主主义与教育理论。他认为哲学是教育实践的指导理论，教育要在实践过程中落实哲学，其目的是使个人能继续他们的教育，或者说，持续不断地提升个人的能力，特别是培养学生的思考能力。杜威批判当时美国的教育方法没有将思考和行动高效地联系起来，认为教育未和增加我们在世界上生活所需要的知识联系起来，否定那些为达到教育目的而不特别审慎的教育方式。杜威认为脱离思考性的行动的知识是死的知识，是欺骗自我的毒药，已经成为理智健康发展的最大障碍；学生在学校中获得的知识要与共同生活环境中所进行的种种活动或工作联系起来，道德教育知识和行为要联系起来，各种知识都要融入人的行动体系中，在教育过程中思考是具有教育意义的经验的方法，倡导思考性学习，并提出充满思考性的教学方法的五个特征：一是为学生创造有真实经验的环境，确保学生感兴趣的活动在此环境中持续进行；二是将学生在活动过程中遇到的实际问题作为

---

① 大卫·休谟. 人类理解研究. 商务印书馆，1981：17.
② 龚秀勇. 费尔巴哈人本主义与马克思主义人学. 湖北社会科学，2005，05：5－8.

刺激学生思考的外力；三是学生要占有知识资料，进行必要的观察，以便应对活动中遇到的问题；四是学生必须提供解决问题的具体方案，并负责加以条理化；五是学生要有机会在实践中验证他的方法，发现其有效性和价值。

杜威"教育即生活、学校即社会"和陶行知"生活即教育、社会即学校"，都是践行平民教育，倡导教育与生活、社会紧密结合，主张学校教育和改造自然、改造社会紧密相连，向学生传授与其生活密切相关的知识。

第二节　论人性之本质

教育活动是一个促进人身心成长的过程，以人为本的教育，其活动与人性紧密结合，系统考虑在教育活动中师生的互动，在内心愉悦的氛围中实施教育活动。

一、认知论

约翰·杜威"哲学是教育实践活动的指导理论"对教育实践极具指导意义，正确的理论指导是教育时间有效性的保证。因此，在叙述人性本质之前，有必要先明确教育哲学中的几个观点。在阐述教育哲学之前，先论述哲学中几个非常著名的故事。

1. 说谎者悖论：我说我正在说谎，请问我说的是真话，还是假话。

2. 《道德经》的第一章：道可道，非恒道；名可名，非恒名；无名天地之始，有名万物之母。

3. 《庄子·应帝王》混沌之死：南海之帝为倏，北海之帝为忽，中央之帝为混沌。倏与忽时相与遇于浑沌之地，混沌待之甚善。倏与忽谋报混沌之德，曰：人皆有七窍，以视听食息，此独无有，尝试凿之。日凿一窍，七日而混沌死。

说谎者悖论来源于公元前 6 世纪克里特人的哲学家埃庇米尼得斯："我的这句话是假的"。在说谎者悖论中，"我说我正在说谎，请问我说的是真话，还是假话"，这句话的逻辑陷入"死循环"。如果我说的是真话，即"我说我正在说谎"是真的，句中的谎话与真话相矛盾。如果我说的是假话，即"我说我正在说谎"是假的，句中的谎话是假的，那么逻辑上，我说的是真话，与假设中假话相矛盾。

一切知识都是后天形成的，知识是人创造的。古希腊哲学家克塞诺芬尼所说：人们都是仿照自己的样子塑造神的，埃塞俄比亚人说他们的神是狮子鼻、黑皮肤；色雷斯人说他们的神是蓝眼睛、红头发。他甚至讽刺说，倘若马和狮子都有手，而且像人一样都能用手画画和塑像的话，马一定会画出或塑成马形的神像，狮子则会画出或塑成像狮子的神像。

大卫·休谟继承了克塞诺芬尼的认知论，同时又对人的认知进行质疑，"我可以大胆地提出一个没有例外的概括命题说，这种因果关系的知识在任何例证下都不是由先验的推论得来的；这种知识所以生起，完全是因为我们根据经验，看到某些特殊的物象是恒常的互相连合在一块的。"① "在不参考于经验时，我们在一切自然作用方面开始所想象、所造作的一个特殊结果固然是任意的，但是我们在因果之间虽假设有一种纽带或联系来结合它们，并且使那个原因不能产生出任何别的结果来，但是我们也必须认为那种纽带是任意的。"② "如果有一些论证使我们信托过去的经验，并以此为我们将来判断的标准，那这类论证一定只是或然的，一定是只关涉于实际的事情和实在的存在——按照我们上边的分类讲。但是我们对于这类推论所下的解释如果是坚实的、满意的，我们一定会看到此处所说的这些论证是不存在的。我们已经说过，关于实际存在的一切论证都是建立在因果关系上。"③ 休谟提出经典的因果悖论来论证自己的观点："我们通常所讲的太阳晒热了石头，太阳是石头热的原因，石头热是太阳晒的结果，一点都不怀疑，我们认为我们把握到了客观物质世界的因果律——因果关系。但是休谟经过严格的分析，认为这种说法是不正确的。如果要实事求是地看，也就是把经验派的原则贯彻到底，我们就只能看到太阳晒是一个事实，石头热是另外一个事实，虽然太阳晒在前，石头热在后，但是你怎么知道

---

① 大卫·休谟. 人类理解研究. 商务印书馆, 1981: 35.
② 大卫·休谟. 人类理解研究. 商务印书馆, 1981: 38.
③ 大卫·休谟. 人类理解研究. 商务印书馆, 1981: 44.

太阳晒是石头热的原因、石头热是太阳晒的结果呢？我们看到的石头、太阳都是事实，但是我们没有看到原因和结果这样的概念，原因和结果、因果性这都是抽象概念，那你凭什么说客观世界有一个原因和结果？"休谟的说法具有很强的哲理性，太阳晒不一定是石头热的原因，石头热也有很多原因，尽管太阳在晒，但很可能石头热是因为别的原因，比如有人用火把它烧热了，或者说用开水把它烫热了，等等。但是像烧热石头和开水烫热石头这种事不常见，最常见的就是太阳晒热石头，所以我们看到石头热又看到太阳出来，就习惯地联想到是太阳晒热了石头。① 休谟的怀疑论或不可知论是人类思想史上的一次巨大的解放，人们不再像以前那样迷信经典的科学理论，给人注入挑战权威的精神动力。

讨论完大卫·休谟的怀疑论，再看《道德经》第一章和庄子的混沌之死。我们会发现两者与大卫·休谟的怀疑论之间是相通的。"道可道，非恒道；名可名，非恒名；无名天地之始，有名万物之母。"道是客观世界，人在具备认知能力之后，开始对客观世界进行命名，但是人掌握的知识具有局限性，对客观世界的认知是有限的、不完全的，同时人的认知是在不断变化的，就会不断变化对世界的命名。"无名天地之始，有名万物之母。"在人开始命名世界之前，世界不在人的命名范畴，在人第一次进行命名的时候，开始进入命名万物的时代。混沌之死的含义与《道德经》第一章的含义是相同的，混沌是未知，是天地之始，当人开始根据自己的理解给混沌开窍的时候，混沌成为人心中的混沌，成为人的认知。

综上所述，任何人的观点都是在人类文字和语言含义之下的表达，人的认知是存在局限性的。正如马克思所说，任何真理都是相对的，都是有条件的，人们认识的发展也是无限的，人们只能不断地接近无限发展的客观世界，永远不会穷尽它。

现在再看说谎者悖论。"我说我正在说谎，请问我说的是真话，还是假话。"说谎者悖论的关键之处，人类给"谎"赋予了特定的含义，如果"谎"没有含义，那么就不会产生这个逻辑错误了。即使我们继续在现有的字义和语言环境

---

① 邓晓芒. 康德论因果性问题. 浙江学刊，2003，02：34－41.

下考虑说谎者悖论，按照马克思相对真理的观点，我们所说的所有话语都是相对真理，在绝对真理的标准之下，所有人话都可能在未来被人否定。因此，"我说我正在说谎"，这句话在绝对真理面前是一句真话。

讨论"我说我正在说谎"悖论之目的是表明个人的认知哲学观点：人类的字义和语言的体系环境是人们认知的限定条件，即人类的一切认知都是在字义和语言环境下的认知；人所表达的一切观点都建立在已有文字基础上，人逃脱不了文字和语言的语义范畴。

我们虽然不知道自己掌握的知识是绝对正确的，但是我们必须树立对待知识的正确态度：一是请尊重所有人的理论，给各种理论一个轻松存在的环境。二是不要轻易迷信某种理论，也不要轻易否定某种理论。三是请多动手进行实践，验证自己心中的理论。四是物质世界或者精神世界都是存在规律的，这种规律等待人类去发现。五是敢于否定前人的经典理论，用实践和思维逻辑创造属于自己的可以取代前人的理论，理论的进步都是通过否定前人理论而实现的。六是在没有确切的证据驳斥前人的理论时，请你相信前人的理论，并在实践中验证、修正前人的理论。

二、人之本质论

自苏格拉底以来，人们一直探索人的本质，人们对人的本质的定义一直都在变化。古希腊哲学三贤苏格拉底、柏拉图、亚里士多德的经典言语引导着人的行为，"认识你自己""人应当知道自己无知""身心和谐发展的理想人格""人的本性是以大写的字母写在国家的本性上的"。蒙田的"世界上最重要的事情就是认识自我"，笛卡尔的"我思故我在"，亚当·斯密的"经济的动物"，帕斯卡尔"人的尊严就是思想"，康德"人能够具有'自我'的观念"，卡西尔说"我们应当把人定义为符号的动物来取代把人定义为理性的动物"，费尔巴哈"人是人的最高本质、人的理性是人的本质"，马克思"人直接地是自然存在物""人的本质不是单个人固有的抽象物，在其现实性上，它是一切社会关系的总和"。现在看来，先贤因知识储备的短板对人的本质认识存在局限性，但是我们依旧能够深深地感受到先贤反躬自问和深深思索的精神。

知识属性 1. 自然科学知识 2. 社会科学知识	社会属性 （社会对个人的评价）
生命属性	精神属性 1. 人欲 2. 恐惧 3. 学习 4. 思考

图 3.1　人的本质结构图

　　人的本质有两种分类，一是动物性，即人和动物都具有的属性，生命属性和精神属性（大脑控制意识）；二是知识属性，即人具备的自然科学知识和社会科学知识；三是社会属性，即社会对人遵守社会规则情况的评价。

　　人是生命体，具有呼吸、体温、脉搏、血压等四大体征，具有生长、发育、繁殖、代谢、应激、运动等表现形式。通俗地讲，人的生命属性就是活着，为了维持活着的生命状态人需要不断地摄入能量。眼睛（视觉）、耳朵（听觉）、鼻子（嗅觉）、舌头（味觉）、皮肤（触觉）、神经（痛觉）是人的感觉器官，能够感觉外界的刺激，将这些刺激传送至中枢神经系统，形成各种感觉和反射。体育运动，尤其适量的体育运动是维持人体生理机能正常运行的最佳手段。

　　精神属性是人的另一原始属性。人的生命属性以肉体的形式表现，而精神是一种看不到的属性（目前人们发现了脑电波，但是无法将脑电波绘成精神世界）。人的精神属性也可称为精神世界，是人们对人自身意识的一种认知。精神世界不包括五感，它属于人的思考范畴。大脑是人的精神世界载体，人的一切意识都来源于大脑对外界刺激的反映。意识是一种现象，有真与假之分。一个意识的真假，由个人和他人相互作用，在实践进行反复检验，最后形成个人认识与他人认识的统一，形成个人与他人的共识。在个人的意识与他人的意识之间不能达成共识时，容易产生分歧，个人总是坚信自己的意识是正确的、真实的，他人的认识是虚假且错误的。在双方未能达成共识时，请双方放下无休止的争论，用实践证明自己的意识是否正确。如果双方的分歧是关系到生死存亡的大事，还是执行民主决策，搁置分歧，共同应对危机。

人的精神属性来源于生存本能，最初是欲望和恐惧。可以推断想象，在未形成人类社会之前，人的生产力水平极端低下，此时人只有一个生存需求，即获得生存所需物品和保证种族延续，人的生活都以生存为中心，人的脑海里想得最多的事情就是寻找事物，眼中看到物品时的第一反应是"这个物品能不能吃"？在获得足够的物品时，人便会兴高采烈地欢呼；在不能获得足够的物品的时，恐惧和危机便袭上人的心头。

现代人的精神世界具有社会特性，这是在生产力水平大幅度提高、摆脱生存危机之后的产物，这是在人类发展历史进程基础上推断所得。从已有的考古资料来看，地球的年龄大约为 46 亿年，而人类的历史有 50 万年、100 万年、300 万年三种说法，而有文字记载的时间最久的古埃及文明也发生在 6000 年以前。我们能看到的历史都是有文字记述的资料，在没有产生文字资料的时代只能根据考古发现的物品对人类生存环境进行推断。6000 年以前人类活动的文明遗迹非常稀少，创造的文明更是屈指可数。从人类进程创造文明的数量来看，从古埃及到当代，人类在 6000 年时间内创造的科技文明数量超过在此之前人类创造的所有文明的总和；从文艺复兴到当代，人类在 300 年时间内创造的科技文明数量超过在此之前人类创造的所有文明的总和。因此，人类文明发展存在跨越式发展特点，6000 年前人类发明了文字，通过文字记录各种生产生活经验，提高了人的生产力水平，为文明进步奠定了坚实的基础；300 年前文艺复兴带来了近代科技，人的生产力水平又有了质的飞跃，形成了近代科技文明。同样，人的精神世界构建也存在阶段性发展的特点，人类只有解决生存危机才能大幅度提升精神世界。在未解决生存危机之前，人类所有的意识都是生存和寻找食物，而且多数的时间都会用于寻找食物，此时没有过多的时间和精力考虑精神层面的事情。① 在解决生存危机之后，人类有了足够多的剩余食物，确保一部分人能够从事非觅食类活动，如祭祀仪式、文字创造、工具制造等等。人类的精神世界由单纯的生存特性转向社会特性。

欲望、恐惧、学习和思考是人脑原始的本能的精神反应。欲望是动物生理性需求，"食色，性也"，吃饭和繁衍是人的原始本能，是人类的原始欲望。恐惧是人类自身意识对可能危及自身安全刺激的反射。热爱学习是人的生命本性，人总会对一些稀奇古怪的东西产生好奇与新鲜感，从而产生学习和研究的意识。思考是在遇到问题时的一种天然的反应。举一个最简单的例子，幼儿出生后能够自主吮吸母乳，觅食是人的生理本能，为了生存下去人在饥饿时总有进食的欲望；当幼儿睁开双眼，开始用自己的眼睛观察世界，尽管幼儿还不能说话，但是他已经在脑海里开始学习大人们的行为；在幼儿具备行动能力后，大人在幼儿面前刚放下玩耍的玩具，幼儿会捡起玩具模仿大人的动作。人在身体发育成熟之后，在荷尔蒙激素的驱使之下，男性和女性都会产生强烈的性欲，使得性需求日复一日更趋强烈，这种欲望是种族延续的需要。学习让人改造自然世界的经验得到延续，各种知识或技术能够代代相传。思考让人创造了文字和数学，创造了人类社会的字义体系。

欲望、恐惧、学习和思考是人类精神世界的基础层级，那么热爱和快感引导人类形成精神世界的第二层级。快乐感觉是人的至高体验，这种感觉可以由肉体激发，也可以由精神激发。② 人解决生存危机之后，追求精神上的满足成

---

① 从 1941 年开始，地处中原的河南就开始出现旱情，收成大减，有些地方甚至已经"绝收"，农民开始吃草根、树皮。到 1942 年，持续一年的旱情更加严重，这时草根几乎被挖完，树皮几乎被剥光，灾民开始大量死亡，在许多地方出现了"人相食"的惨状，一开始还只是吃死尸，后来杀食活人也屡见不鲜。白修德拍下了多幅野狗从沙土堆中扒出尸体来啃的照片。在当地传教士的陪同下，他走访了许多村庄，访问了许多灾民。从灾民的口中，他才知道吃人已不鲜见，问题只在于是吃死人还是吃活人，不少灾民都声辩自己只吃死尸，没有吃过活人。一个父亲被控把自己的两个孩子杀掉吃了，这位父亲辩解说是在孩子死后才吃的。还有一个农民被控杀掉别人送给他的八岁儿童，因为在他家屋旁的大坛子里发现了小孩的骨头。这位农民也辩白说是小孩先死。http：//fj. people. com. cn/n/2015/0831/c181466 - 26189268. html.

② 精神愉悦是一种状态，个人达到这种状态的方式千差万别。有人爱财，有人爱物，有人爱玩，等等。

为人的主要追求。① 在认知欲望的驱使下，人们开始对食物之外的物品充满兴趣，不停地开始寻找让自己心理满足的事物。"江山易改，禀性难移"。精神世界一旦形成，具有坚固特性，性成难移。世界观、人生观、价值观成形之后，外力很难改变个人的思想观念。但从个人层面来看，通过历练和反思，个人还是能够改变精神世界的。

知识属性是社会对个人自身具有知识水平的评价。知识是人类对物质世界以及精神世界探索的结果总和，也可以成为人类实践活动的经验总结。学校是传授知识的场所，但是它只能传授一部分知识。近代科学从哲学中分离出来之后具备了指导实践的强大理论，"科学技术是第一生产力"，知识成为分析个人的重要维度。知识是个人本身具备的，其水平只能通过个人表达才可为他人所知。知识属性分为两个类型，一是自然科学知识，二是社会科学知识。自然科学是研究无机自然界和包括人的生物属性在内的有机自然界的各门科学的总称；社会科学是用科学的方法研究人类社会的种种现象的各学科的总称。

社会属性是社会对个人行为方式的评价，属于社会价值观的范畴。人的思维水平决定其行动水平，人的行为反映其思维水平。社会对人的道德评判、法律评判都是社会标准。我国古代的"三纲五常""三从四德""孝子贤孙""贞节牌坊""科举考试"、洛克的绅士教育、阿尔弗雷德·阿德勒的人格教育，礼貌、忠诚、明智、节制、勇气、正义、慷慨、怜悯、仁慈、感激、谦虚、单纯、宽容、纯洁、温和、真诚、幽默等美德，贪食、色欲、贪婪、伤悲、暴怒、懒惰、自负、傲慢等原罪，这一切都是社会道德评价的结果。人的品行评价是一种社会评价，是社会人无法摆脱的外部生活环境。

三、人的本质属性之间关系

世界是物质的，物质决定人的意识，人的意识是物质的反映。实践是产生人类意识的主要方式，但不是唯一方式。幻想或数学计算也是人的一种意识，虽然也有实践经验作为基础，但是主要来源于思维推断。生理属性、心理属性、知识属性、社会属性是人的本质的四个维度，它们是人的四个侧面，是人的肉

---

① 精神上满足有两种状态，一种是由心理失衡变为平衡，另一种是精神快乐体验。

体和精神的统一。

人的肉体是意识（精神世界）的载体，意识是指挥肉体行动的司令部。虽然意识能够指挥人的行为，但是人的行为并不是全部由意识掌控。最典型的例子是膝跳反射，膝跳反射是指在膝半屈和小腿自由下垂时，轻快地叩击膝腱（膝盖下韧带），引起股四头肌收缩，使小腿作急速前踢的反应。膝跳反射是应激性反应，大脑能够意识到叩击、前踢的感觉，却不能控制踢腿的行为。因此，人存在无意识的行为。意识对人体作用体现在身体锻炼，人通过思考制定的各种身体锻炼计划，有目的地促进身体成长。

环境造就人本身，也造就了人的精神世界。精神世界决定人的行为取向。人的精神世界一旦形成，就会非常牢固；它由人脑自发构建，并会在外界刺激下自发修正。"每个人被改变，都是出自自己的内心"。

幼儿出生后并未建立精神世界，只是具有生存的本能，通过进食维持自己的生存。幼儿拥有大脑，大脑的学习功能帮助幼儿建立自己的精神世界。① 幼儿出生会受到父母、亲友、他人、玩具等外部环境的刺激，这些刺激是多方面的，是不确定的，幼儿最初意识仅有生存，希望获得足够的食物和保护，在感到饥饿、不安全、不舒服时就会啼哭，寻求大人的关爱。幼儿天生具有学习欲望和好奇心，而且具有强烈的表达欲望，在成人语言刺激下，幼儿也开始"呀呀"发声，表达自己的欲望。② 因此，幼儿精神世界非常简单，里边只有生存、认知和追求快乐的欲望。幼儿会直接表达自己的需求，而且要求他人必须满足自己的需求。在需求不被满足时幼儿并没有好的应对方式，当幼儿看到其他幼儿在需求未得到满足时的哭闹行为时，在下次需求未被满足时很有可能会采取哭闹的策略。

认知的本能会不断推动幼儿学习外界环境的知识，也帮助幼儿构建自己的

---

① 精神世界不是人类独有的，其他动物也具有精神世界。动物只要拥有大脑，能够思维，就能建立精神世界。狗有狗的精神世界，猫有猫的精神世界，人有人的精神世界。

② 幼儿天生缺少安全感，内心有获取他人关注的渴望，希望时刻得到他人关注，随时满足自身的各种欲望。

精神世界①。人类精神世界的核心是生存和心理满足感，幼儿也不例外。进食满足了幼儿的生存需求，玩玩具和与他人交流给幼儿带来了心理满足感。

人的精神世界也分为原始状体和成熟状态两个层级的，其由其他人根据个人的行为方式进行判断。原始状体和成熟状态最大区别在于个人欲望不能得到满足时能否坦然面对。孔子曰："吾十有五而志于学，三十而立，四十而不惑，五十而知天命，六十而耳顺，七十而从心所欲，不逾矩。"精神世界的成熟标准是不惑，即明辨是非、不疑惑，契合社会的主流意识的评价标准。

人的精神世界成熟是外界环境刺激的结果，是知识、社会环境刺激的结果。外部环境对幼儿精神世界的刺激有三种方式：一是放任式的刺激，即成人不对幼儿行为进行任何约束，任凭幼儿自我吸收外界的知识，自我完善精神世界；二是强制灌输式的刺激，即成人时刻对幼儿宣讲价值理念，建立符合成人心中设定的精神世界；三是潜移默化式的刺激，即成人不强制向幼儿灌输精神意识，以引导的方式帮助幼儿建立精神世界。幼儿的精神世界只能称为原始状态，他们的很多行为违反了主流社会的价值观念。幼儿出生后对人类社会一无所知，只能通过自身学习获得这些知识。人在社会中生活，不可避免地接触和吸收社会各种价值观。幼儿不具备社会分辨能力，很容易被社会中坏的价值影响，容易形成错误的精神世界。

被环境影响形成"错误"精神世界的最典型的案例是"狼孩事件"。② 1920年在印度加尔各答东北的一个名叫米德纳波尔的小城，人们常见到有一种"神秘的生物"出没于附近森林，往往一到晚上，就有两个用四肢走路的"像人的怪物"尾随在三只大狼后面。后来人们打死了大狼，在狼窝里终于发现这两个"怪物"原来是两个裸体的女孩。一个大的年约七八岁，小的约两岁。这两个小女孩被送到米德纳波尔的孤儿院去抚养，还给她们取了名字，大的叫卡玛拉，小的叫阿玛拉，到了第二年阿玛拉死了，而卡玛拉一直活到1929年。这就是曾经轰动一时的"狼孩"一事。据美国《自然史》杂志刊登的一篇书评说，"狼

---

① 精神，它存在于的人的头脑中，以意识、观念、理想、价值等方式展现，它只能依靠人的内心去体念，精神的这种抽象性，决定了它给人以虚幻的感觉。

② "错误精神世界"并不是说狼孩的精神世界是错误的，而是以人的社会标准规定其精神世界为错误。狼孩的生活习性是其精神世界的反映，在狼看来，其精神世界是正常的。

孩"的发现者、孤儿院的主持人辛格在他所写的《狼孩和野人》一书中，详细地记载了他和妻子一起如何努力把这两个像狼的女孩转化为人的经过。据记载，本文提及的印度"狼孩"刚被发现时用四肢行走，慢走时膝盖和手着地，快跑时则手掌、脚掌同时着地。她们总是喜欢单独活动，白天躲藏起来，夜间潜行。怕火和光，也怕水，不让人们替她们洗澡。不吃素食而要吃肉，吃时不用手拿，而是放在地上用牙齿撕开吃。每天午夜到清晨三点钟，她们像狼似地引颈长嚎。她们没有感情，只知道饥时觅食，饱则休息，很长时间内对别人不主动发生兴趣。不过她们很快学会了向辛格的妻子去要食物和水，如同家犬一样。只是在一年之后，当阿玛拉死的时候，人们看到卡玛拉"流了眼泪——两眼各流出一滴泪"。据研究，七八岁的卡玛拉刚被发现时，她只懂得一般 6 个月婴儿所懂得的事，花了很大气力都不能使她很快地适应人类的生活方式，2 年后才会直立，6 年后才艰难地学会独立行走，但快跑时还得四肢并用。直到死也未能真正学会讲话：4 年内只学会 6 个词，听懂几句简单的话，7 年时才学会 45 个词并勉强地学几句话。在最后的 3 年中，卡玛拉终于学会在晚上睡觉，她也怕黑暗了。很不幸，就在她开始朝人的生活习性迈进时，她死去了。辛格估计，卡玛拉死时已 16 岁左右，但她的智力只相当于三四岁的孩子![1]

"狼孩"的事例说明：一是人类的知识与才能不是天赋形成的，而是后天社会实践和劳动的产物；二是环境造就人本身，人的生活环境直接影响人的行为方式；三是人天生具备学习能力，能够在生活环境中模仿周围人员的行为方式。

很多学者用康罗·洛伦兹的"关键期"理论解释狼孩与正常人的差异。所谓"关键期"也称为敏感期，是指孩子成长历程中环境影响能起最大作用的时期。也就是说，孩子的某种能力存在一个非常重要的"关键期"，在这段时期，这种能力如果有很好的体验（感受、训练等），这项能力就会发展得很好；相反，如果再这段时期内孩子对这项能力没有好的体验，孩子今后这项能力就比较弱，甚至完全丧失这项功能。[2] 例如：2 到 3 岁是独立性发展的关键期，也是口头语言发展的关键期；3 到 4 岁是求知欲发展的关键期；5 岁左右是掌握数概

---

① 周国兴. 狼孩的启示. 化石. 1977，04：14－15.
② 李玉宝，明雪梅. 早期教育中的几个理论问题. 学前教育研究，1996，03：26－29.

念的关键期，等等。狼孩在七八岁之前一直与狼生活在一起，虽然在回归人类后获得辛格的悉心教育和照料，由于错过了个人发展的关键期，她也不可能再发展到正常的智力水平了。

关键期理论解释狼孩现象并不具有说服力，没有证据表明狼孩大脑的重量小于正常人类水平，其大脑结构与人类正常大脑有差异。其实，狼孩未能回到正常的人类水平的原因不是错过"关键期"，而是未能实现自身精神世界的改变。狼孩与狼生活期间，建立了类似狼的精神世界，形成了狼的行为习惯。在狼看来，狼孩是正常的，是同类。在人看来，狼孩是不正常的，存在行为缺陷。狼孩回归人类社会遇到的最大挑战是精神世界的差异性，它从一个自我感觉的狼群世界来到了一个奇怪而陌生的人类社会，惊恐不安充斥着狼孩的整个世界。当狼孩发现人类对自己没有敌意时它开始平复自己的不安情绪，变得与人友善，但是狼孩依旧保持狼的习惯，用狼的生活习性在人类社会生活，用自己那坚固的狼性精神世界感知人类社会。"由狼性精神世界变为人性精神世界"是狼孩回归人类社会的最大难题，由于狼孩在被发现之前未与人类生活过，它学习的是狼语，对人语一窍不通，与人的行为习惯格格不入。当我们用狼语对狼孩说"吃饭""打猎""玩耍"时，狼孩会变得非常兴奋；当我们用人语对狼孩说"吃饭""打猎""玩耍"时，狼孩毫无反应。改变意味着自我扬弃，狼孩在习惯狼的世界之后更希望保持原有的生活方式，在满足自我生存需求之后，狼孩很难对人类社会组织、技能学习、语言、伦理等方面的社会知识产生丝毫兴趣，狼孩不希望改变自身固有的习惯。因此，狼孩未回归人类社会的原因是其认同狼的精神世界，更愿意生活在已经成形的狼孩精神状态之下。狼孩不愿意回归人类社会与人类不愿意以狼的习性生活，两者的道理是相通的。我们将这种现象称为生活与思维习惯惯性，或者称之为精神世界惯性。

一个人由出生到全盘接受社会主流价值观念是一个长期的过程。个人在精神世界成形之后，会通过吸收外界知识来不断地改进其精神世界。现在的你和三年前的你，是同一个人，但是精神世界却不相同。人是在不断变化发展的，并会在实践中不断改进自己。

精神世界成形之后的最大问题是个人价值观与社会价值观的冲突。人生来都是平等的，每个人形成的精神世界也没有高低贵贱之分，但在社会价值观的评判之下，将人分为懒惰的人、不思进取的人、偏激的人、圆滑的人，等等。每个人的精神世界都会遭到社会价值观的评头论足，社会价值观为每个人贴上了不同类型的标签。

综上所述，人的生理属性表现为人的肉体；人的心理属性被命名为精神世界，在人的本质属性中居于统帅地位，人的精神世界是在外界环境和社会知识的影响下建成的，指挥着人的一切行为（无意识行为除外），知识属性和社会属性是社会对心理属性指挥之下的人的行为的评价。精神世界具有稳固性，一旦成形，很难改变，人们都愿意在已经成形的精神世界之下生活。除非人的内心发生变化，否则其精神世界会维持在原有的状态之下。

第三节　人才培养需要遵循的原则

情感复杂是人的特性，人因为具有复杂的情感而变得精彩。教育是将人培养成为有益于社会的人才，实施教育活动要以人性为出发点。

一、错误人才培养观点

尊师重教是我国的优良传统，"万般皆下品，唯有读书高"。父母都希望自家孩子成龙成凤，对孩子教育投入不遗余力，但在现实生活中，父母对教育认识存在很多误区。

1. "不要让孩子输在起跑线上"就是给孩子报大量的兴趣班

20世纪90年初期中国工程院院士韦钰提出"不要让孩子输在起跑线上"。二十多年过去了，这句话被人不断地从各个角度进行解读，人们对此的争论依旧。韦钰解释是：在世纪之交，由于脑研究的最新成果不断涌现，许多国家都紧急调整了儿童早期发展政策。强调"中国教育不能输在起跑线上"是指必须重视早期教育，但是"不要让孩子输在起跑线上"绝不是指让孩子早些认字、背诗、读英语，而是父母要给孩子提供一个稳定的、温暖的、健康的、互动的环境。①

　　"不要让孩子输在起跑线上"是一个理念，"稳定的、温暖的、健康的、互动的环境"也只是一个笼统的目标，从字面含义上找不到实现此理念的措施和方法。但之后"不要让孩子输在起跑线上"被妖魔化，我国主流媒体在错误的引导方面也起到了推波助澜作用。"学好数理化，走遍天下都不怕""2 岁半时会背 30 多首毛泽东诗词，3 岁时能数 100 个数，4 岁学会 400 多个汉字"，媒体给公众树立一个学习科学文化知识的标杆，给大众传播"让孩子及早学习各类知识"的暗示，催生了"神童"热潮。

　　国人对"神童"的直观定义是早慧。《册府元龟·总录部·幼敏》记述"识洞于未萌，智表于先见，心计足以成务，口辩足以解纷"，战国时期秦国大臣甘茂之孙甘罗十二岁时为秦相吕不韦的宾客；唐高宗显庆六年年仅十一岁的杨炯被举为神童；王勃六岁即能写文章，文笔流畅，被赞为神童；骆宾王七岁能诗，号称神童；刘晏自幼天资颖悟，方七岁，举神童；晏殊从小聪明好学，五岁就能创作，有神童之称。《儿世说》《幼童传》《世说新语》《太平广记》都记载有大量的神童。

　　父母都希望自家孩子成为神童，这是父母在内心中的一种心愿。"文革"结束之后，我国教育战线进入拨乱反正时期，人才培养和人才选拔进入重建模式，凯洛夫的教育教学方法重新进入课堂，在 20 世纪 80 年代以来灌输式教育成为我国主要教学方式。课外班和兴趣班打着提高学生学习成绩和开发孩子潜能的旗号，极大地满足家长"望子成龙、望女成凤"的心理需求；而学校教育面向全体社会大众，在课程设置和对学生兴趣培养方面无法面面俱到。面对利益多元、需求多元的家长和学生，课外班确实能够在培养学生艺术素养和体育特长方面发挥积极作用。家长为学生报课外班另一个目的是为了提高孩子学习成绩，学生放学后还要去课外班继续学习考试科目。这时出现了一个现象：学校一直为学生减负，课外班却一直为学生加负。尽管打着开发孩子潜能旗号的课外班已经持续近 30 年的时间，但是还没有出现一个成功人士是由课外班培养成才的案例。王安石的《伤仲永》对神童培养进行警示性的结论："彼（仲永）其受

---

　　①　徐蓓. 别再误读那条"起跑线". 解放日报，2015－01－23（13）.

之天也，如此其贤也，不受之人，且为众人矣。今夫不受之天，固众人；又不受之人，得为众人而已邪？"

"不要让孩子输在起跑线上"的理念并没有错，美国也倡导尽可能早地给予幼儿大脑开发。奥巴马政府也宣称：提高学前教育质量、扩大学前教育机会是最为明智的投资之一。幼儿期是人形成社会、文化、学术最初认知的重要时期，人的大脑正在形成，幼儿的潜能开发程度决定其未来在学校和社会能否取得成功，美国已经实施头脑启蒙计划（Head Start）表明，接受学前班和托儿班教育的幼儿更容易在学校和社会取得成功，并且有效避免学校期间成绩差距。

"不要让孩子输在起跑线上"最大的问题是重视孩子的知识灌输而轻视孩子的人格塑造。2012 年教育部发布的《3—6 岁儿童学习与发展指南》明确指出：幼儿的学习是以直接经验为基础，在游戏和日常生活中进行的，要珍视游戏和生活的独特性，最大限度地支持和满足幼儿通过直接感知、实际操作和亲身体验获取经验的需要，严禁"拔苗助长"式的超前教育和强化训练。

"不要让孩子输在起跑线上"的重点是培养孩子正确的人生观、价值观和世界观，培养孩子的坚忍不拔、吃苦耐劳、善于交流合作的品质，良好的习惯更有利益于孩子在未来的竞争中取得优势。

2. 各大名校争夺高考状元

每年高考分数公布之后各大名校就会爆发"状元争夺战"。2015 年高考重庆文科状元刘同学，在成都游玩后原本计划坐动车返渝，却遭两名牌高校争夺、一方派专车相接，反而耽搁了时间。[1] 2013 年某省一名文科状元在得知自己的成绩后就被某高校招生组老师接到一家酒店，避免被其他校抢走。2015 年某省理科状元被某高校招生组凌晨 4 点驱车从家中接到此高校所在地。2015 年某省的文理科状元被某高校招生组"劫"到该校所在地，不仅参观了风景名胜和大学校园，还与教授面对面交流。[2]

在名校拉下脸皮争夺状元的怪相之下，中国校友会网、《大学》杂志和21世纪人才报等联合编制《中国高考状元职业状况调查报告》（2007 年、2008 年、

---

① 杨朝清. "争抢状元"该降温了. 人民日报，2015 – 06 – 25（05）.
② 文中列举案例是为了说明高校争夺高考状元的怪现象，故在文中隐去姓名。

2009 年、2011 年、2013 年、2014 年、2015 年）显示：高考状元整体职业发展高于非状元群体，高考状元工作较为体面、经济收入较高，拥有较高的社会地位，从事的职业大多属于"高薪职业"；高考状元并非"全军覆没"，专业领域"职场状元"频现；总体而言，社会对高考状元的职业成就期望过高，对状元的教育资源投入与其职业贡献及个人职业成就不成正比，高考状元的教育投资回报率并未达到社会预期。在专业技术领域内，高考状元的职业成就较高，出现数位顶尖人才和杰出人才，但尚未出现世界级顶尖学者，无人获得诺贝尔奖、菲尔兹奖、沃尔夫奖、阿贝尔奖和邵逸夫奖等国际科学奖励，有 3 人当选中国两院院士，有 1 人入选国家千人计划。相对而言，经商和从政不是高考状元所长；在政界中，高考状元职业发展相对普通，出现市长和局长级人物，但未出现省部级以上官员。在商界打拼的状元中，出现了千万富翁和亿万富豪企业家，但未现商界顶尖人才，至今无人登上胡润福布斯新财富等中国富豪榜。事实证明，高考状元职业发展既没"全军覆没"也非"下场悲惨"，社会应客观理性对待；高考状元成才规律与常人无异，既不需要给予太高的期望，也无须过分苛责、误读或歪曲，社会应给与更多空间和时间。①

　　一边是名校不择手段抢夺高考状元，一边是高考状元并未取得人们预期中的成就。曾在高考中站在金字塔顶的高考状元，在进入职场之后却很少能再登社会的金字塔顶，导致此现象的原因是：高考评价方式与社会评价方式是截然不同的两种方式，高考以科目考试为主，考察一定范围内有限的知识要点，高考状元是当年掌握高考知识点最熟练的人。而社会成功人士的评价标准比高考复杂得多，社会是分阶层、分职业的，社会成功人士是走在社会阶层金子塔尖的那群人。高考状元是国家对 12 年寒窗苦读的学子所学知识的检验成果，是对学生 12 年学习成果的阶段性评价。而社会成功人士的评价不单单是学生 12 年的学校学习经历，而是对人一生奋斗经历的评价，成为社会成功人士不是 12 年的学校学习经历就能满足的。

　　高考选拔出的状元只能代表其在高考中获得优胜，这并不是确保其在未来

---

① 高考状元职场并非"全军覆没"，状元投资回报率未达社会预期. http：//www. cuaa. net/cur/2013gkzydc/.

社会中取得优胜的保证。在未来社会竞争中取得优胜的关键点是群体协作能力和行业专业知识，这里的很多知识不是学校教授的，而是学生毕业后在社会中闯荡才能习得。因此，高考状元未能成为社会成功人士也在情理之中。

3. 读书改变命运

"读书改变命运"这句话的含义是"知识改变命运"或"教育改变命运"或"高考改变命运"或"学历改变命运"。在 1977 年高考恢复之后，我国进入改革开放的新阶段，经济建设成为国家的中心工作，但是原有计划经济的指令性政策模式依旧困扰着我国经济发展和社会进步，最典型的就是城乡二元制结构体制。

城乡二元制结构体制引发了两个问题：一是户籍壁垒。1958 年 1 月全国人大常委会第九十一次会议讨论通过《中华人民共和国户口登记条例》，将城乡两部分居民分成了两种不同的社会身份，严格限制农村人口向城市流动，拥有城镇户口享有粮油肉等配给、招工等权利，享有教育、医疗等优待。二是以农补工剪刀差。工业品价格总是长期大幅度地高于其价值，农产品价格总是长期大幅度地低于其价值，促进实现城市工业化建设的经济目标。① 在城乡二元制结构中城市居民天然处于优势地位，国家以农业补充工业，以乡村补充城市。在 20 世纪 80 年代中期，我国放开了农业户口转城市户口的限制，但是农民在城市立足主要方式还是通过升学考试，以大学毕业生的身份将农业户口转为城市户口，享受城市户口的福利。因此，"读书改变命运"的含义是指农村学生通过升学考试进入城市，转变自己的阶层身份。

20 世纪 90 年代中期，我国经济开始转型，开启国有企业职工下岗潮，企业职工不再是终身制。2000 年我国终止了大学毕业生分配制度，国家不再对大学生进行统一安排。同时国家放开了人口流动政策，大批农民工进入城市，城市户口不再具有绝对优势，降低了读书改变个人阶层身份的效果。

读书改变命运的最大挑战是"阶层固化"问题。我国高校分为重点高校和普通高校两种类别。用人单位，特别是能够提供高工资的名企，在招聘时优先考虑重点高校的毕业生，普通高校的毕业生很难获得名企的青睐。重点高校的

---

① 胡逢祥. 剪刀差理论与价格改革. 中国农村经济，1991，05：48 - 52.

学生更容易获得高收入工作岗位，进入社会的高收入阶层。从北京大学的生源结构为例，1978—1998 年，家庭出身为农民的学生比例在 20% ~40% 之间，尤其是 80 年代，农村学生在 30% 以上；居住地在农村的学生比例除个别年份，集中在 20% ~30% 之间，80 年代中后期比例较高；两套数据在 90 年代中后期以后均有下降。2000—2005 年的数据，农村户口的新生比例在 15% 上下呈平稳的直线。除去统计口径的误差外，研究可以确定：北大农村新生比例下降始于 90 年代中期以后，2000 年以后，农村户籍新生的比例在 10% ~15% 之间。① 2013 年北京大学公布当年新生农村生源比例达 14.2%。

在现行高考模式下，能够在高考中取得优异成绩的唯一途径是大规模重复性训练，帮助学生提高熟练程度和反应速度。经济条件优越的家庭，可以把子女送到师资力量更强的学校和培训机构，可以雇佣更富有经验的教师进行更有针对性的强化训练，为学生优质的大量的重复训练提供保障，帮助自己的孩子提高考试成绩；而那些经济条件差的家庭，能够让子女接受教育已经勉为其难，又怎么可能提供额外的辅导与训练呢？农村学生高考成绩低的另一个原因在于师资。20 世纪 80 年代后期和 90 年代初期，随着国家落实知识分子政策，优秀教师陆续返回城市，造成农村优秀师资的流失；进入 21 世纪后，由于"超级中学"的崛起，又有一大批优秀的农村教师被高薪和其他优厚条件吸纳进城市，进一步削弱了农村的师资力量和教育质量。优秀师资"只出不进"的结果必然导致了农村学生在高考竞争中处于整体性的劣势。②

读书可以改变一个人的修养和境界，获取重点高校的学历也有利于进入高收入的社会阶层。现在最大的问题是农村生源很难进入改变个人命运的重点高校。农村的学生很难通过读书改变自己的命运。

二、对心理学经典理论的批判

1874 年威廉·冯特出版了《生理心理学原理》，这部著作是冯特从事生理

---

① 刘云杉，王志明，杨晓芳. 精英的选拔：身份、地域与资本的视角——跨入北京大学的农家子弟（1978—2005）. 清华大学教育研究，2009，05：42 - 59.

② 北京大学考试研究院院长秦春华. 重点大学农村学生比例为何上不去. 光明日报，2015 - 09 - 08（013）.

心理学教学和研究工作的总结，把心理学牢固地确立为有实验课题与实验方法的实验科学，标志着近代心理学创立。随着心理学研究的不断深入，心理学分化为构造主义、行为主义、格式塔、精神分析、认知学派、人本主义等六大学派。这些学派每家的理论都有独到的见解，也存在很多的不足。

1. 人的心理并非只是意识和经验

构造主义心理学理论由威廉·冯特创立，由爱德华·布雷福德·铁钦纳进行了完善。构造主义心理学的最大贡献是创造了心理学的实验方法，即实验内省法。构造主义心理学强调应用客观实验技术，而不主张主观的内省。其主要观点为：第一，只有训练有素的观察者才能进行内省，坚持反对使用未受过训练的观察者。第二，对于初学者来说，最好是根据记忆来进行内省描述，这样内省就变成了回忆，内省考察变成了事后考察。而老练的观察者则会养成一种内省态度，因而他在观察进程中不仅可以在心里默记时而不干扰他的意识，甚至还可以做笔记，犹如生物学家眼睛看着显微镜同时还能做笔记一样。第三，自我观察包括注意和记录两部分。注意必须保持最高度的集中，记录必须像照相一样地精确。第四，内省者必须在情绪良好、精神饱满和身体健康时，在周围环境安适、摆脱外界干扰时，才能进行观察。第五，内省必须是公正而无私地描述意识状态自身，而不是描述刺激本身。①

构造主义心理学的最大问题是理论体系过分严密，对实验对象的要求过于苛刻，只允许训练有素的人员参与实验，将一般的人员排除在实验之外。另外，构造主义心理学采用内省方法研究意识的构造，只将意识和经验定为研究对象，过分注重人的意识和感觉。

2. 人的行为不是一连串的数学公式

美国心理学家华生是行为主义心理学的创立者，他将行为和引起行为的环境影响分析为两个简单的要素，即刺激（S）和反应（R）；他主张心理学应该摒弃意识、意象等太多主观的东西，只研究所观察到的并能客观地加以测量的刺激和反应；他认为，人的全部行为，包括身体活动，也包括通常所说的心理

---

① 向前. 构造主义心理学的内省法述略. 湖南农业大学学报（社会科学版），2005，03：101－102.

活动，都不外乎是一些物理变化引起的另一些物理变化而已。[①] 爱德华·托尔曼改进了华生的心理学理论，在个体所受刺激与行为反应之间存在着中间变量，这个中间变量是指个体当时的生理和心理状态，他在"刺激—反应"过程中加进一个中介变量（O），使行为主义的模式成为"S—O—R"，中介变量是介于环境刺激和行为反应之间的心理过程与有机体所作出的行为反应，具体表现为认知、期望、目的、假设和嗜好等。克拉克·赫尔创立了内驱力学习理论，列出 17 个公设和 17 个系论，并且还运用了一系列的高等数理公式、术语和逻辑符号来标志所要研究的行为机制，他认为内驱力是有机体组织需要状态引起的刺激，是有机体一切行为反应的动力，可以由生物需求被剥夺时间的长短或所激起的行为的强度、力量等客观指标来加以确定。[②] 阿尔伯特·班杜拉提出了自我效能感理论，个体在每一发展阶段所具有的自我效能感，一方面是此前各发展阶段的社会化的结果，另一方面又影响到他在当前各项活动中的功能发展，并接受其生活实践的影响，从而表现出在不同年龄阶段上的发展特征。[③] 斯金纳提出了操作条件反射学说，强化刺激既不与反应同时发生，也不先于反应，而是随着反应发生。有机体必须先作出所希望的反应，然后得到"报酬"，即强化刺激，使这种反应得到强化。在教学方面教师充当学生行为的设计师和建筑师，把学习目标分解成很多小任务并且一个一个地予以强化，学生通过操作性条件反射逐步完成学习任务。

行为主义心理学理论将人当作实验的研究对象，不重视人的情感和精神世界对个人行为的影响作用，在实验中强调观测人的客观行为，是丢掉人心里感受的心理学。人的心理是一个复杂的过程，并非如数学公式一般精确。

3. 知觉只是心理的一个组成部分

1912 年德国心理学家韦特海默发表了文章《移动知觉的实验研究》，来描述似动现象，研究人的知觉和创造性思维。知觉组织遵从相似、接近、闭合、共同命运等原则，韦特海默在批判传统逻辑观点和联想主义基础上提出，创新

---

① 逯平平. 行为主义的创始人——华生. 大众心理学，2011，11：45 - 46.

② 华尔曼，希尔加特，谢循初. 赫尔的新行为主义. 现代外国哲学社会科学文摘，1962，03：17 - 22.

③ Bandura, A. The self - efficacy mechanism in human agency. American Psychologist. 1982.

是打破旧的完整认知后建立的新的完整认知。1922 年库尔特·考夫卡发表《知觉——完形说引论》，系统阐述格式塔心理学理论，知觉经验是整体性反应。不能由感觉元素的集合或者仅仅是各部分的总和来解释，他认为身体的发展和心理的发展是同时展开的，是先天和环境相互作用的结果。格式塔将人的直接经验和行为作为研究对象，直接经验是人对外界刺激因人而异的反应，行为分为个体在环境中的行为和身体内部的行为，即显明行为和细微行为；其研究方法为整体观察法和实验现象教学法。

格式塔心理学以感觉现象研究为初始点，重视人的感觉体验，并将这种体验作为格式塔，符合人的认知习惯。但是格式塔心理学没有构建严密的理论框架，理论偏重人最直接的感觉感受，忽视人的更深精神层面的感受。

4. 精神世界统领整个心理世界

精神分析学派是西格蒙德·弗洛伊德在精神医疗实践中，对人的病态心理经过无数次的总结、多年的累积而逐渐形成的。1899 年弗洛伊德的著作《梦的解析》，被认为是精神分析心理学正式形成的标志。弗洛伊德最早提出了人格理论，认为人格分为意识、前意识和潜意识三个层次，由本我、自我和超我三个部分组成。本我是指原始的、与生俱来的潜意识的结构部分，遵循快乐享受原则，是人的原始欲望。自我介于本我与超我之间，代表理性和机智，遵循的是"现实原则"，按照现实原则和逻辑、常识来行事，符合社会需要。超我是由于个体在生活中，接受社会文化道德规范的教养而逐渐形成的，由"要求自己行为符合自己理想的标准"自我理想和"规定自己行为免于犯错的限制"良心组成。本我、自我和超我三个部分在人格结构中相互交织，形成一个有机的整体。

弗洛伊德根据性敏感带的变化将个体的人格发展划分为 5 个阶段：口唇期、肛门期、性器期、潜伏期和生殖期。口唇期是从出生到出生的第二年，这个阶段对婴儿口腔的刺激，如吮吸、咬和吞咽等，是性满足的主要来源。肛门期是从 1 到 3 岁，这一阶段性敏感区转到肛门，儿童关心与肛门有关的活动，大便是他们最大的一种乐趣。性器期是从 3 到 5 岁，这个阶段生殖器成为性敏感区，儿童的兴趣在于生殖器，喜欢抚摸或显露生殖器并有性欲幻想。潜伏期是 5 到 12 岁，儿童失去对与性相联系的活动兴趣，而把他们的能量集中在其他的事情上，例如学校的课业，良好的习惯，他们意识到男女间性别的差异，将自己局限在与自己同性的团体中，没有表现出对异性的兴趣，故称之为潜伏期。生殖期是从 12 岁到 20 岁，到了青春期，随着生理发育的成熟，生殖器成为主导的性敏感区，个人的兴趣逐渐地从对自己身体刺激的满足转变为异性关系的建立与满足。

弗洛伊德所创立的精神分析学，开创了人类自我认识的崭新领域。卡尔·古斯塔夫·荣格在弗洛伊德精神分析理论基础上创立了荣格人格分析心理学理论，认为心理能量是一种普遍的生命力，不是性本能，并将心灵作为研究对象；心灵是思维、情感、行动等一切意识到的，一切潜意识的内容，心灵是由意识（自我）、个体潜意识（情结）和集体潜意识（原型）等三个层面所构成；意识是人格结构的最顶层，是心灵中能够被人觉知的部分，如知觉、记忆、思维和情绪等；个体潜意识是指一切被遗忘的记忆、知觉和被压抑的经验，以及属于个体性质的梦等，等同于弗洛伊德的前意识；集体潜意识是人格或心灵结构最底层的潜意识部分，包括世世代代活动方式和经验库存在人脑结构中的遗传痕迹。爱利克·埃里克森提出社会心理发展的人格渐成理论，从生物、心理、社会环境三个方面考察自我的发展，认为自我发展最初是通过心力内投和投射的过程产生的，继而是通过自居作用，再后是通过社会集体理想同一性的形成而实现的，把心理的发展划分为 0 ~ 1 岁获得基本信任感克服基本不信任感的口唇—感觉期、2 ~ 3 岁获得自主感而避免怀疑感与羞耻感的肌肉—肛门期、4 ~ 5 岁获得主动感而克服内疚感的运动—性器期、6 ~ 12 岁获得勤奋感而避免自卑感的潜伏期、13 ~ 19 岁获得同一感而克服同一性混乱的青少年期、20 ~ 24 岁获得亲密感而避免孤独感的成年早期、25 ~ 64 岁获得创造力感避免"自我专注"的成年中期、64 岁至死亡获得完美感而避免失望感的成年晚期等八个阶段，指出每一阶段的特殊社会心理任务；并认为每一阶段都有一个特殊矛盾，矛盾的顺利解决是人格健康发展的前提。这八个阶段紧密相连，每一个阶段都有明确的任务，并且每个阶段都建立在前一阶段之上。

精神分析心理学理论具有非常大的争议，在实践中遇到了巨大的挑战，人的本能并非是潜意识，性感受不是人的唯一感受，社会集体意识不是人天生具备的，年龄阶段与心理成熟期不能一一匹配。精神分析心理学是人类对自身精神的一次深思，认识方面存在很多不足，在未来还需要继续完善。

5. 认知是心理学的基础

认知心理学将人的认识过程作为研究对象，不过多涉及人的情感因素。1885 年赫尔曼·艾宾浩斯出版《记忆》一书，认知心理学成为心理学研究的重要分支，他借助实验和统计方法，首次发现保持与遗忘的规律，即学习后经过的时间越长保持越少，遗忘速度呈先快后慢的趋势，并且绘制艾宾浩斯遗忘曲线。1890 年威廉·詹姆斯出版《心理学原理》，里面包含感觉、知觉、大脑功能、习惯、意识、自我、注意、记忆、思维、情绪等十章，以经验形而上学为基础，充分运用彻底经验主义的方法，加强了信念、意图、兴趣和目的等价值因素在认知活动及其结果中发挥的作用，认为人实质上可以接受的知识只有"实践知识"。[①]

让·皮亚杰认知发展理论摆脱了遗传和环境的争论，他认为认识既不起因于主体（儿童），也不起因于客体（环境），而是主体与客体之间的相互作用，他将儿童和青少年的认知发展划分为感知运动、前运算、具体运算和形式运算等四个阶段。婴儿出生至 1.5~2 岁是感知运动阶段，出现了符号功能的开端和表象的唤起或"思维"，尚不能从事某些基本形式的推理，不会将多种形态的运算联系起来。2 岁至 7 岁是儿童的前运算阶段，儿童拥有了思维的工具，可以接受图像、文字和简单概念，在自我中心状态中缺少守恒的概念，不能完成可逆性运算。7 岁至 12 岁是儿童的具体运算阶段，儿童掌握了造作符号、物体的能力，具备了最初的运算结构，他们只涉及关系和数，或涉及简短成分，涉及空间和时间上的连续体，但是没有达到命题逻辑的一般水平，不仅能思考具体的问题，而且能推论语言的假设。他们的思维开始接近成人的思维。皮亚杰认为，儿童心理发展的阶段先后次序是固定不变的，不能跨越也不能颠倒，所有的儿童都遵循这样的发展顺序，但发展阶段出现的年龄可因儿童的社会环境、文化教育的差别而加速或推迟。

认知心理学的另一分支是纯粹性的学习研究。爱德华·切斯·托尔曼设计了小白鼠明津实验，认为小白鼠通过迷宫获取食物时在脑中形成了认知地图。认知地图是动物在环境中的"符号"和动物的"推理性期待"之间所习得的，

---

① 董山民. 我不得不改变我的出发点. 中国社会科学报, 2015-10-27（002）.

是动物对环境有了"顿悟"之后所建立的综合知识在动物头脑中所形成的类似现场的地图。约翰·华生"小阿尔伯特"实验，说明大脑发生的生理的和心理的变化都不重要，当一个刺激和另一个刺激配对出现后，会导致人产生因果联系，从而影响人的行为。

赫伯特·亚历山大·西蒙提出人类解决问题的过程是一个搜索的过程。"溯因推理在实际科学发现过程中呈现为运用启发式搜索的问题解决过程。这个过程是从经验数据到假说的推导过程；不是对所有已知的经验事实进行概括后得出结论，而是根据部分事实推导出假说。其推导过程具有猜测性，结论具有似然性和假说性质。"①

当代认知心理学以脑、认知、记忆、自觉、注意为研究对象，观测人脑对世界物质的反映，关注人的智能，更多反映人体生理现象。认知心理学不再过多关注人的情感认知，对失去人的情感的认知研究是最不像研究人类心理的心理学。

6. 人的心理世界充满情感

1911 年阿尔弗雷德·阿德勒和弗洛伊德决裂，抛弃了弗洛伊德的性本能和潜意识，把目光转向社会文化环境和外在因素，他反对弗洛伊德把性本能视为人类行为的根本动力，而是将人的社会性视为行为的动力，例如自卑感与补偿、社会兴趣、创造性自我和追求优越等都是人类行为的根本动力。尽管阿德勒的理论体系并不完善、缜密，但他是最早将人的社会性带入精神分析的人物，是人本主义心理学的先驱。

亚伯拉罕·马斯洛是近代人本主义心理学理论的创立者，他在《人的动机理论》中宣称，动机理论是承袭詹姆斯和杜威机能主义传统，与韦特海默、戈德斯坦等格式塔心理学的整体论相融合，与弗洛伊德、阿德勒等精神动力学相融合，动力理论是人本主义心理学的基础，他认为人作为一个有机整体，是永远不能满足的动物，具有多种动机和需要，包括生理需要、安全需要、归属与爱的需要、自尊需要和自我实现需要。五种需要是一般人具有基本需要，随着

---

① 樊阳程. 论赫伯特·西蒙对归纳问题的认知解答. 科学技术哲学研究，2011，06：32－36.

优先层次结构往上，满足的比例递减。要想更加真实地描述这个层次序列，就应该在这个优势层次序列中逐级减小满足的百分比。或许一般公民大概满足了85%的生理需求，70%的安全需求，50%的爱的需求，40%的自尊需求，10%的自我实现需求。卡尔·兰塞姆·罗杰斯认为每个人都以自我为中心，具有一种固有的、先天的维护自我、提高自我、"自我实现"的动机，最大限度地实现自我潜能。

人本主义心理学探讨了人的本性和价值，以人性为作为研究对象，为心理学打开一个更为广泛的研究空间。但是人本主义心理学假设每个人都有"自我实现"的需求并不符合现实，忽视了人的动物属性，过分拔高了个人的理想追求。

三、人的成长规律

人性探讨之目的是为了更好地实施教育活动。以人为本的教育就是符合人性的教育。尽管人性由生理属性和社会属性构成，但是新出生的婴儿并不具备社会属性，更多是生理属性。生理属性为人先天具有，社会属性是人后天衍生。教育活动自婴儿在母亲的子宫中已经开始实施，因此，人的成长规律是教育活动遵循的根本原则。

1. 教育要促进学生身体的健康成长

人刚出生时处于婴儿状态，经过十几、二十几年的成长才进入成人状态。从婴儿到成人，人的生理特征具有明显的变化。生理学家根据人的身体结构、功能及其心理发育的特点，将人的生长发育过程分为胎儿期（从受精卵形成直到出生）、新生儿期（从出生后脐带结扎至出生后28天）、婴儿期（从出生后28天到年满1周岁）、幼儿期（从1岁到3岁）、学龄前期（3岁到入学前）、学龄期（从7岁到青春期）、青春期（女孩从9～12岁到17～18岁，男孩从10～13岁到18～20岁）、成年期（青春期结束至60岁）和老年期（60岁至死亡）等十个阶段。虽然人的成长阶段有年龄划分，但是具体到个人时每个人并非严格按照年龄进行发育。因此，施教不能根据年龄进行组织，而是应该根据个人的发育状况进行组织。

对个人来说，施教活动始于受精卵成形，但是没有确凿的证据能够证明胎教对个人的成长具有明显的帮助。此时最好的教育就是母亲保持好的心态和充足的营养。每个母亲都要以平和的心态和健康的身体迎接宝宝的到来。

新生儿出生到爬行阶段（有个别新生儿是不爬的），即新生儿期。从出生到爬行是一个巨大的变化，新生儿在爬行之前的活动能力有限，尽管会翻身，但是活动范围有限。新生儿生长发育标准一般的是身高和体重，而身高和体重并非组织施教活动的依据，儿童的手、眼、耳等器官功能的发育状况才是组织施教活动的依据。这个时期是新生儿变化最大的时期，新生儿的睡眠时间由 20 小时变为 16 小时左右，1 个月的新生儿基本上攥着拳头睡觉，2 个月时就能手乱抓、脚乱蹬，3 个月就能够翻身，4 个月就会吃玩具，6 个月就能坐立（这是一般情况，不是每个新生儿都会严格按照月份发育）。至于新生儿的具体锻炼方式，可以参考新生儿被动操，这个运动是经过医疗部门编排，有新生儿 1～2 月、2～6 月、7 月以上等三个版本。每套新生儿被动操的时间有限定，每天做 1～2 次，以防新生儿过分疲劳。除了新生儿被动操，最关键的是训练新生儿的手眼协调能力，大人可以拿适合宝宝手抓的玩具鼓励宝宝练习手抓动作，当然这个练习的时间也不要太长。除了逗着小孩玩，家长有时间时多抱新生儿玩一下，让新生儿多看看周围环境。虽然没有证据表明做新生儿被动操、被家长抱在怀里时间长的新生儿更加聪明，但是家长有时间还是要多和新生儿说话、交流，这有利于新生儿早开口说话。

新生儿爬行到走路阶段，即婴儿阶段。与新生儿相比，婴儿具有更强的活动能力，由于婴儿天生充满好奇心，看到自己喜欢的玩具就会停下来研究一番，而且在出牙的时候会咬玩具，拧瓶盖、按按钮、抓球球都是婴儿爱玩的游戏。尽管这时的婴儿多数还不会说话，最多会发出"嗒嗒、啊啊、呀呀"的叫声，如果家长一直坚持言语刺激，婴儿会逐渐听懂家长的话语，配合家长完成玩具分类、合作吃饭等任务。

从直立走路到跑跳阶段，即孩童阶段。孩童在直立走路后，特别有跑的欲望，刚能够走路时会走得特别快，家长谨防孩童跌倒磕碰。孩童的手和腿的力量一天天加强，家长可以带着孩子四处转转、帮助孩子拉单杠。在能够完成跑和跳活动之后孩童已经具备了人的基本活动能力，只是因为力量差异，还不能完成成人的一些高强度动作。

从新生儿到孩童再到成人，一定要遵从适量活动原则，不要让孩子过度劳累。小孩子的骨骼的弹性和韧性较大，易变形，澳大利亚、英国、美国三个国家不约而同地将 6 岁以下儿童每日推荐运动量定为"至少运动 3 小时"，2011 年美国医学研究所建议，儿童看护人员每小时应该让孩子进行至少 15 分钟的轻度、重度或高强度运动。这也就相当于儿童每天在清醒的 12 小时内应运动 3 小时。①

除了保证正常身体训练，孩童教育还要抓住语言刺激和维持愉快心态。②小孩子从出生后在很长一段时间不能与家长进行交流，成人并不知道小孩子心中的想法，但是小孩子非常乐于与大人交流，小孩子很容易被逗得"咯咯"直笑。当家长们不关注小孩，不与小孩交流的时候，小孩的笑声就会少很多。孩童教育的关键是让孩童的生活充满笑声。

进入成人阶段，施教活动只要保证学生身体健康即可，活动量足够即可。学校的跑、跳、球类和体操类运动完全可以满足学生运动量的要求。另外，婴幼儿教育的理念和观点并不是写给孩子们的，而是写给家长的，希望能对家长的孩童教育有所帮助。

未成年人教育的最大问题是近视率和肥胖症。从 1985 年开始我国每 5 年对学生体质情况进行调研。2010 年教育部公布了第六次全国学生体质与健康调研结果显示：第一，各学段学生视力不良率仍然居高不下。7～12 岁小学生为40.89%（其中城市为 48.81%，农村为 32.98%），比 2005 年增加 9.22 个百分点；13～15 岁初中生为 67.33%（其中城市为 75.94%，农村为 58.74%），比2005 年增加 9.26 个百分点；16～18 岁高中生为 79.20%（其中城市为 83.84%，农村为 74.59%），比 2005 年增加 3.18 个百分点；19～22 岁大学生为 84.72%（其中城市为 84.14%，农村为 85.30%），比 2005 年增加 2.04 个百分点。第二，

---

① 专家推荐小孩 6 岁前每天运动 3 小时为佳 . http：//she. 21cn. com/tese/baby/a/2013/0911/17/23954634. shtml.

② 没有证据表明语言刺激和拥抱能够提高孩童的智力水平，个人坚持智力水平属于天赋。但是知识和经验来源于后天训练，所有的智商测试都是后天经验测试，特别是逻辑测试，但是数学逻辑能力是可以通过后天的训练获得，而且这种能力伴随年龄的增长会不断提高，因此所谓的智商测试并不能够反映大脑的真正智力水平，而是测试大脑经过训练后的逻辑能力和理解能力。

学生肥胖和超重检出率继续增加。7~22岁城市男生、城市女生、乡村男生、乡村女生肥胖检出率分别为13.33%、5.64%、7.83%、3.78%，比2005年分别增加1.94、0.63、2.76、1.15个百分点；超重检出率分别为14.81%、9.92%、10.79%、8.03%，比2005年分别增加1.56、1.20、2.59、3.42个百分点。①《2013年全国学生体质与健康调研结果》显示，在学生体质健康状况总体有所改善的同时，也存在一些问题，主要有：大学生身体素质继续呈现下降趋势；视力不良检出率居高不下，继续呈现低龄化倾向；肥胖检出率持续上升。② 德智体美全面发展是施教的目标，将学生的近视率维持在一个低的水平和保持学生的健康体型是教育的基础目标，教育不能损害学生的身体健康。

2. 施教要顺应学生的精神世界

精神世界是人的意识总和。每个人在出生之后就会拥有一个精神世界。精神世界是先天的、内生的，是每个人在外界各种刺激下构建，学术研究中将精神世界表述为心理学。教育有明显的意识倾向，学校教育活动更多体现为"上所施、下所效也"。

教之根本在"施"，卡尔·兰塞姆·罗杰斯提出"以学生为中心"的教育观，建立良好的师生关系和课堂气氛，启发学生的主观能动性、自主性和创造性。他认为，学生的学习是一种经验学习，它以学生经验的生长为中心，以学生的自发性与主动性为学习动机。教师在教学中的作用不是指导而是帮助，他们把每一个学生都当作具有自己的独特经验和情感的人，而不是等待接受某些知识的容器。③ 罗杰斯"以学生的自发性与主动性"的学习动机只是一厢情愿，在现实教学中，学生自发性学习需要与学校试图教授于学生的知识并不完全一致，实现满足学生需求的想法显得过于理想化。

施教之目的是让学生获得经验或知识，实现此目标的前提是学生愿意学、真心学。学生具有独立的精神世界，对于是否学习教师传授的知识会有自己的选择。学习能够给学生带来心理体验，学生精神世界的最高境界是将学习作为

---

① 教育部关于2010年全国学生体质与健康调研结果公告. http://www.moe.edu.cn/publicfiles/business/htmlfiles/moe/s5948/201109/124202.html.

② 2014年全国学生体质健康调研结果. 中国学校卫生，2015，12：4.

③ 周杰. 倾听教学研究. 华东师范大学，2012.

精神享受，最低境界是将学习当作精神痛苦。在心理体验最高境界到最低境界中间还有非常大的缓冲区域，只要学习未给学生带来负面体验，学生便愿意学习施教内容。因此，施教不能违背学生的精神世界，教师顺利施教的前提是教师顺利走入学生的精神世界，并能获得学生认可，最低限度是学生对教学活动不反感。

面对拥有自我意识的学生，教师要特别注意与学生之间的关系，教师在教学活动中不经意的一句话、一次批评、一次表扬都可能改变一个学生的人生。

第一，尊重学生，教师要将学生摆在同自己相平等的地位，这是施教过程中教师遇到的最大挑战。无论传统的知识传授者，还是罗杰斯所说的"学习的促进者"，与学生相比，教师总是处于优势地位。教师很难面面俱到地照顾到每一名学生，特别容易忽视那些成绩不好、课堂上不活跃的学生。学生虽然思想还不成熟，但是已经具备了独立的精神世界，他们渴望拥有与教师平等交流的机会，希望教师能够倾听自己的心声。当前教师以传授知识为主要目标，对学生的精神世界关注不够，尤其是普通高中和高校，教师按照教学任务传授知识，很少关注学生的精神诉求。教师尊重学生，要把学生当作独立个体，在处理关系学生自身利益的事情时要和学生多商量，倾听学生对事情的看法和意见，让学生亲身体会到尊重。

第二，处事公正，构建平等、亲密、合作的班级团体。学生进入学校后被编入班级，不可避免地成为以班级形式组成团体中的一员。教师在班级团体处于绝对引导的地位，负责引导学生完成团队协作和个人成长等任务。做好班级协作工作，构建平等、亲密、合作的班级团体，其关键是建立班级规矩，凝聚班级的向心力。在学校中班级的活动及遇到的问题多数都比较简单，在处理学生之间的矛盾时教师要一碗水端平、不偏不倚，对当事学生采用统一的处罚措施，教师可以凭借公正的处事方式获得学生的认可。实施班级集体共治模式，对于涉及班级利益的事项实施民主决策，在征得全体班级成员的同意后才能付诸实施。

第三，具有热爱学生的心。教师在学校中与学生朝夕相处，对学生性格的形成也会起到重要的作用，学生会不自觉地模仿教师的处事方式。教师要用爱心对待学生，不能简单、粗暴地对待学生，关心和爱护每一名学生。学校中总会有小部分学生学习成绩不好、课堂不活跃、班级活动不热情、与教师交流互动少等。这部分学生是最需要教师关爱、关心、关注的群体，更加需要教师帮助和鼓励；教师要引导这部分学生融入学校集体生活、体验人生价值、塑造友爱、团结、助人、积极向上、乐观等品质。

3. 不适合施教的状态

人是一个复杂的生命体，学习也是一种生命活动。施教是将外界经验输入人的大脑，自然摆脱不了被抵触的命运，学生难免出现不想学习的状态。

第一，身体疲劳时不适合施教。身体疲劳是人的一种生理状态，有两个因素可能导致身体疲劳。一是过度的劳动。人体在运动、体力劳动及工作时间过长后会感到疲劳，在进行大量的脑力劳动之后也会感到身体疲劳。二是病痛折磨。生病会耗费人的大量精力和体力，人在生病之后也容易出现身体疲劳的情况。无论正常的身体疲劳，还是生病后的身体疲劳，一旦出现这种状况，个人不能参加学习活动，需要进行身体修养，在消除身体疲劳状态后才能重新开始学习活动。

身体疲劳具有明显的生理特征。一是全身疲惫，四肢乏力，周身不适，活动迟缓，特别嗜睡。二是听力下降，记忆力下降，注意力不集中，头脑反应迟钝，头晕头痛。健康的身体是学习的根本，身体出现疲劳状况时万万不可学习。身体疲劳的症状明显，易于分辨，一旦出现，修养为先。

第二，学生对学习产生反感时不适合施教。学生是学习的主体，施教的前提是学生对所教授的知识不反感。学生产生厌学心理后万万不可施教。

根据心理健康教育概论中对厌学症的定义，厌学症的主要特征是对学习毫无兴趣，视学习为负担，把学习作为一件痛苦的事情，不能从事正常的学习活动，经常逃学或旷课，严重的会导致辍学。造成厌学症的原因很多，如家庭教育和学校教育的失误，家庭对学生的期望过高，教师不当行为对学生的挫伤，同学之间的嘲讽，自身知识基础薄弱等等。这些外界的不良刺激影响了学生的学习兴趣，导致学生在学习过程中心理烦躁，在教室中如坐针毡，对学习毫无兴趣，视学习为人生最大痛苦。因此，学生产生厌学心理切不可施教。

第四章

多样化人才培养的导向与目标

随着人类社会的不断进步，教育在整个社会中的地位越发重要。优先发展教育和把教育摆在社会体系的基础地位，成为世界主要发达国家和国际组织的共识。

第一节　人才培养以服务经济社会为导向

正如邓小平所说，当今世界，国际竞争实际上是经济和科技为基础的综合国力的竞争，归根到底是人才的竞争，也是教育的竞争。[①] 人以认识世界和改造世界为己任，经济活动和科技活动都是人类改造世界的活动，教育承担传播知识和经验的职能，承担为经济社会发展提供人力资本的功能。

一、国家意志决定教育培养人才的战略选择

人才是一个具有时代内涵的定义，随着人类意识的变化而不断变化，人才内涵也有特定的历史局限性。在封建专制时代，国家选才是为了维护皇帝的专制统治，当发生战乱的时候能够打仗的将领就成为急需人才，当国家建设时治国理政的人才就成为国家急需的人才。

1. 教育为国家富强民族强盛提供人才

走入世界近代史，教育是实现国家富强和民族昌盛目标的唯一途径。如果

---

① 　邓小平文选．人民出版社，1993：120．

说孙中山先生创办的黄埔军校为中国革命培养了大量的军事人才，那么民国时的高校为则为中国科技发展培养了大量科技人才，钱学森、朱光亚、于敏等"两弹一星"功勋多数都出自于民国时的高校。中国革命和新中国社会主义建设所取得的巨大成就与近代中国教育的快速发展密不可分。中国近代史是一部救国图存史，教育事业出现了一批有理想有作为的教育家和实干家。正如张伯苓先生所说，自强之道端在教育，我之教育目的在以教育之力量，使我中国现代化，使我中华民族能在世界上得到适当的地位。① 近代中国是从封建旧社会转向民主新社会的一个历史过程，封建旧思想和民主进步思想相互交织，教育不但要传播科学技术，还要革新人的教育思想。教育救国先要革新青年人的思想理念。鲁迅根据物质与精神"将生存两间，角逐列国是务"的形势，提出中国的出路"其首在立人，人立而后凡事举"。② 蔡元培实践教育救国理论，"康党所以失败，由于不先培养革新之人才，而欲以少数人弋取政权，排斥顽旧，不能不情见势绌。"③ 在执掌北京大学之后，蔡元培采取兼容并包的教育方针，学术方面追求高深严谨，学派上让其充分自由发展，学校管理上实施教授治校，学生自我管理，开启了民主教育先河。

新中国成立后，党和国家高度重视教育事业，以国家力量支持教育事业发展。为提高国民素质，服务经济社会，在教育领域我国实施了"扫盲"、科教兴国、教育强国三大战略。

1949 年底我国第一次全国教育工作会议提出，教育"为生产建设服务""为无产阶级政治服务"，主要任务是提高全国人民文化水平。1950 年我国第一次工农教育会议提出"推行识字教育，逐步减少文盲"，在全国范围内推行速成识字法，开始有计划有步骤地扫除文盲。1955 年中共中央发布《扫除文盲的决定》，制定了扫盲的原则、对象、标准和目标。1978 年国务院发布《关于扫除文盲的提示》，提出"一堵、二扫、三提高"的扫盲工作方针。1982 年颁布的《中华人民共和国宪法》规定"扫除文盲"。1993 年《中国教育改革和发展纲

---

① 周贝隆. 百年回首试论"教育救国". 教育发展研究, 1999, 04：40 - 43.
② 坟·文化偏执论. 鲁迅全集. 第 1 卷. 人民文学出版社, 1982.
③ 绍兴推广学堂议. 蔡元培全集. 第 1 卷. 中华书局, 1984.

要》提出"在 20 世纪末，全国基本扫除青壮年文盲"。2001 年江泽民向全世界宣布：中国基本扫除青壮年文盲。

1995 年江泽民同志在全国科技大会上提出实施科教兴国的战略，确立科技和教育是兴国的手段和基础的方针。党和国家把教育摆在优先发展的地位。2010 年国务院颁布《教育规划纲要》，开始实施教育强国战略。在国家强有力的政策支持下，国务院发布《社会力量办学条例》，对社会力量办学实行积极鼓励、大力支持、正确引导、加强管理的方针；发布《关于加快发展民族教育的决定》，支持少数民族和民族地区教育事业。教育部先后实施面向 21 世纪教育振兴计划，实施"跨世纪素质教育工程"、"跨世纪园丁工程"、"高层次创造性人才工程"、"211 工程"、"985 工程"、"现代远程教育工程"、"高校高新技术产业化工程"、"对口支援西部地区高等学校计划"、义务教育经费保障新机制、教育扶贫工程、营养改善计划。2011 年我国全面实现普及九年义务教育和扫除了青壮年文盲，2012 年国家财政性教育经费占 GDP 的比例达到 4%。

同中国一样，美国也非常重视国家教育政策选择，一直将教育作为保持国家竞争力优势的保障。1957 年苏联成功地发射了第一颗人造地球卫星，美国整个社会为之震惊，社会公众认为美国的技术、军事和人才方面全面落后于苏联，美国第一次将教育政策定为国家战略。1958 年美国通过《国防教育法》，资助家庭贫困的本科生和研究生完成学业，借鉴世界其他国家的教育经验，改革美国的教学方法和教材。20 世纪 60 年代美国对基础教育课程进行改革，促进美国数学、自然科学和外国语方面的教学改革。教育帮助美国取得美苏争霸的胜利。20 世纪 80 年代在日本经济咄咄逼人的刺激之下美国开启了学校重建运动，1983 年美国国家高质量教育委员会发表了《国家处于危险之中：教育改革势在必行》的报告：美国面临巨大的危机，我们在商业、工业、科学和技术上的创造发明的领先地位正在被世界各国的竞争者赶上。1993 年威廉贝·内特、戴安·拉维奇等 37 位权威人士共同签字发布《国家仍处于危险中》的报告，指出美国国家高质量教育委员会的教育建议并没有转化为真正的行动。进入 20 世纪 90 年代之后，美国在国际组织的 TIMSS 和 PISA 测试中成绩排名靠后，引起美国教育界的又一次反思，小布什政府签署《不让一个孩子掉队》，奥巴马政府实施了"力争上游计划"。

如同奥巴马在赢得未来计划中所说的一样，美国经济的实力与美国教育体系实力密不可分。美国经济要在全球市场中取得成功，对熟练的、适应性强、有创造性的劳动力的需求比任何时候都迫切。美国 21 世纪的成功关键在于美国的教室里面，美国人要在加强教育制度改革力度方面达成共识，确保美国的学生获得未来事业成功的关键能力，确保每个美国人都有一个光明而美好的前景。

2007 年欧美国家爆发了"次贷危机"，其经济发展陷入停滞状态，欧美国家也将教育作为恢复经济活力的重要手段。2010 年欧盟通过"欧洲 2020 战略：实现聪慧、可持续性和包容性增长（Europe 2020：A strategy for smart, sustainable and inclusive growth）"（简称"欧洲 2020 战略"），发展基于知识和创新的经济，发展资源更有效、更绿色、更有竞争力的经济，经济的高就业凝聚社会合力。其中关于教育政策的共识有改善青年人的就业能力、降低学生的辍学率、提高学生的学业完成率和就业率、改善教育质量、倡导终身学习等。为实现经济复苏和发展，欧盟国家在欧盟 2020 战略框架下纷纷出台了本国的教育政策。

德国政府实施"为了儿童的特殊需求"，增加 0 ~ 3 岁幼儿托管场所，为家长提供托管幼儿的机会；支持幼儿园的发展，开发幼儿保育教师培训课程，开发幼儿发展课程，提高早期婴儿语言和智力开发，改善幼儿教育质量，尤其提高移民家庭的幼儿教育。德国政府签发"高等教育协议 2020"，专门为高等教育提供 21 亿欧元资金，用于创新和科研，以提高国际前沿研究的知名度和年轻人的研究能力；支持大学生跨科流动，通过国际大学间合作，帮助学生留学及获取双学位；签发"基础教育协议"，减少功能性文盲；同时为失业人员的孩子提供福利和补贴，确保其可以继续参加基础教育，并为低收入家庭学生提供补助和培训框架，方便这些学生接受更高级的培训；签发"国家培训协议"，承诺为年轻人提供合适的技能培训场所，为就业市场的弱势青年提供职业训练机会，帮助非熟练和半熟练的青年人完成向熟练工人角色的转变。①

法国政府对本国教育体系进行改革，以求改善人才结构。一是改革基础教

---

① German：National Reform Programme2011—2013. http：//ec. europa. eu/europe2020/europe – 2020 – in – your – country/deutschland/countng – specific – recommendatims/index _ en. htm.

育质量，特别是小学和初中，努力降低学生的失学率，并对学生升学资格进行严格监测，为高等教育提供合格的培养对象；二是加强职业培养，改善职业培训质量，职业学校学生可以自主学习课程和实习，增加职业教育人才培养的弹性。法国政府改善人才培养的第二项政策是开启卓越高校计划，聚合高等教育和科研机构，改善机构科研设施，提升机构实力，推动出现了5至10个一流的多学科的高校和科研机构集群；同时赋予高校完全自主权，给予高校人员任用权和财务权；另外，成立针对高校和科研机构的评价机构，监测高等教育质量，反思教育结果和方法，把握国际定位，促进高校和科研机构发展；支持大学生国外留学，为学生提供国际交流基金，并寻求伙伴国家的大学文凭互认，以此来促进学生流动。

科技创新是推动经济发展的动力，这已经成为世界各国的共识。缺乏创新会危及国家经济增长模式，阻碍国家的竞争力。一个国家教育系统的质量直接决定其创新能力、技能培训能力和社会的凝聚力。

2. 信息化技术浪潮为教育带来了新的挑战

人是一个国家的根本，一个国家真正的财富是人力资本。当今世界各国之间的竞争日趋激烈，哪个国家具有人才优势将占据世界竞争的制高点。科学技术是第一生产力，科技进步必然带来经济的增长。第一次科技革命给人类带来了蒸汽机、电机、计算机，工厂代替了手工作坊，机器代替了手工劳动，工业和服务业成为人类发展主要产业。信息化技术被称为第四代技术革命，为世界各国发展带来了新的机遇和挑战。技术进步必然会引起教育活动变革，包括教育理念、教学组织方式、教育体系等多个方面。

建设学习型社会已经成为世界主流的意识形态，成为许多国家、地区、社会团体推进和实施教育改革和发展的指导原则，教育必须担负起时代赋予的建设学习型社会的历史重任。随着互联网技术的广泛应用，构建"人人皆学、处处能学、时时可学"的学习型社会有了强有力的技术保障。学习型社会由美国学者罗伯特·哈钦斯于1968年首次提出，特别强调终身教育和学习型社会两个概念，学习型社会是未来社会形态的构想和追求目标。

教育在学习型社会建设方面分为学历教育和非学历教育两个部分。在我国学历教育是指受教育者经过国家教育考试或者国家规定的其他入学方式，进入国家有关部门批准的学校或者其他教育机构学习，获得国家承认的学历证书的教育形式。学历教育一般为国家教育主管部门批准的、参加全国统一入学考试录取入学的全日制脱产、函授、远程教育、电大开放式教育，毕业后可以获得毕业证书、结业可以获得结业证书、肄业可以获得肄业证书。学历教育包括普通小学、成人小学、普通初中、职业初中、成人初中、普通高中、成人高中、中等职业学校（包括普通中专、成人中专、职业高中、技工学校）、普通本专科、成人本专科、网络本专科、研究生（硕士、博士）等。非学历教育是指各种培训、进修，参加非学历教育的学员完成学业，考核合格，由学校或培训单位发给培训结业证明。

传统教育活动要有教师、学校和学生，优质教育资源需要优质的师资和优质的办学条件，而优质天然具有稀缺性。这就导致优质教育资源与人们对教育的需求之间存在天然的矛盾。随着教育普及程度的不断提高，"有学上"不再是教育事业发展的主要矛盾，人们更加迫切的需求是"上好学"。

计算机、互联网、卫星传输等技术在教育中的应用引发教育体系的变革。信息技术打破传统实地学习的教育组织模式，促使学校和课程教学虚拟化。信息技术对教育的影响不是改变了学历资格框架，而是教学的组织方式。目前网络课堂已经成为现实。从组织者来看，组织网络课堂的主体有企业、学校和政府。从课程来看，所有在学校讲授的课程都能找到相关的网络视频。互联网技术的发展和家用计算机的普及，互联网连接资源平台与终端用户，采用多媒体方式进行远距离系统教学和通信联系。

第一，依托互联网构建学习资源平台。互联网最大的特点是相互连通，能够不受空间限制来进行信息交换，对有价值的信息进行整合存储，可以通过视频、音频、图片、文字等多种介质传播信息。互联网学习平台建成之后只保留质量最好的网络课程，通俗的说法是"只有第一，没有第二"，互联网将人类带入信息爆炸的时代，人们在网上学习必须面对冗余的垃圾信息，个人在网上自主学习的最大愿望便是获取最优质的课程；对于网路课程的组织者来说，这条规则同样适用。企业开发网路平台的目的是追逐收益，客户的点击量是企业获取广告收益的主要来源，为获得高点击率，企业有创建优质视频课程的内在动力。互联网学习平台还有另外一个优势，便是课程组织形式多种多样；互联网课程可以单独提供教师讲授课程知识点的视频，也可以提供讲授、课后作业、学习材料相混合视频，还可以提供视频、文字、教材等多种材料。

第二，网络课程教学能够实现师生交互性教学。与电大、卫星电视教学相比，网络课程将教学过程搬上网络，通过互联网交互技术，实现教师和学生之间的实时互动。借助网络交互学习平台，学生在观看课程视频时可以充分表达自己对课程内容的质疑和批评等意见，教师对学生的意见进行同步解答。师生互动能够激发学习者自主学习的热情，教师将自己在课程教学中的实践经验直接传递给学生，学生可以获取和运用知识，发挥自身的想象力和创造力，挖掘自身的思维潜能。

以互联网技术为基础构建的网络学习课堂，突破了传统课堂的空间限制和教师数量限制。学生在网络上学习时不受时间和空间限制，可以在任何时间和任何地点参与课程学习。网络学习平台构建了以学生、教师、交流平台和学习资源等多个方面相互交织的学习网络，能够保证数万甚至数十万学生同时参与课程学习。同时在网络学习的学生可以参与课程学习过程中的问题讨论环节，每个学生都可以针对问题表达独特见解。这有利于学生多角度思考问题，帮助学生更好地掌握课堂内容。

二、促成社会价值观认同是教育第一要务

价值观是基于人的一定的思维感官之上而做出的认知、理解、判断或抉择，也就是人认定事物、辨明是非的一种思维或取向，从而体现出人、事、物一定的价值或作用；在阶级社会中，不同阶级有不同的价值观念。[①] 价值观是一种意识形态，具有多样性。价值观的类型有个人价值观、家庭价值观、集体价值观、学校价值观、工厂价值观、政府价值观等。社会主流价值观是社会公众对意识形态的认可度，也是社会公众处事的规则。

个人价值观是其所处历史阶段的反映，具有明显的历史局限性。人类的社会生活方式和劳动生产方式、人们所处的历史阶段决定人的价值观，劳动生产力制约着他们在其中进行活动的生产方式，而有什么样的生产方式，便有什么

---

① 袁贵仁．价值观的理论与实践：北京师范大学出版社，2013.

样的社会关系。人们的生产方式、社会关系等构成了社会的基本架构，并决定着其社会意识。价值观是一种社会意识，而且是影响个人意识的主要因素。正如马克思所说，人民群众创造了历史，创造意识形态和风俗习惯、社会心理等，社会意识一旦形成，便反过来成为制约着人的活动的客观力量。

1. 我国教育要培养社会主义的建设者和接班人

在新中国成立之初我国明确教育为社会主义建设服务的方针。我国社会主义价值观教育紧紧围绕社会主义建设中心。1956 年社会主义改造完成之后，我国进入社会主义初级阶段，开始了社会主义教育实践。

1957 年毛泽东在《关于正确处理人民内部矛盾的问题》中提出："我们的教育方针，应该使受教育者在德育、智育、体育几方面都得到发展，成为有社会主义觉悟的有文化的劳动者。"1958 年中共中央、国务院《关于教育工作的指示》进一步明确教育方针："教育为无产阶级的政治服务、教育与生产劳动结合。"社会主义觉悟教育成为学校教育的重要组成部分，成为扫清封建主义、资本主义残余思想的主战场，成为树立社会主义新风尚的主阵地。社会主义价值观教育渗入日常的教材内容，与日常教育教学活动紧密结合。

1956 年教育部编订并颁发了适合四二制小学使用的各科教学大纲，出版总署和教育部共同编辑出版了语文、算术、历史、地理、自然、唱歌、图画、体育等 8 科教材。各科教材内容与社会主义价值观教育紧密结合，有利于发扬爱国主义精神，具有正确的思想性和政治性。如小学语文课本有《八角楼上》《新中国第一个女拖拉机手》《学习白求恩》《诚实的孩子》《石油城》《多收了三五斗》等。小学音乐课本有《我爱北京天安门》《劳动最光荣》《好孩子要诚实》《我们多么幸福》《党的关怀亲亲的哩》等。初中思想政治课程《青少年修养》《政治常识》，高中思想政治课程《社会科学常识》《社会主义建设》。"文革"期间，贫下中农宣传队进驻学校给学生作忆苦思甜报告，教师带领学生学习先烈舍己为国、先人后己的故事。所有学校课程都致力于培养学生的社会主义觉悟、优良的品质和作风。同时社会舆论宣传无产阶级人生观，推出了申纪兰、时传祥、王进喜、于化虎等工、农、兵学习的榜样，全社会都倡导"为人民服务"的社会主义风尚，培养学生爱国、爱民、爱党、奉献、勤劳、向上等优良作风，自私、自利、懒惰成为批判的对象。家长也认同学校的价值观教育，配合和支持学校的思想教育工作。工厂、农村、军队、学校、商店，工农商学兵各条战线都掀起了社会主义建设的高潮，"先公后私""舍小家顾大家""为人民服务"成为社会主流价值观，也成为培养学生的主流价值观。

在改革开放之前，我国全面实施公有制，全国实施整体运行，社会是单一的公有制性质的意识形态，几乎没有私人利益。改革开放之后，我国的社会价值观呈现多元化。从国内来看，党中央确立社会主义初级阶段基本路线："以经济建设为中心，坚持四项基本原则，坚持改革开放。"生产资料私有制和公有制并存，社会允许一部分人先富起来。收入分配方式以按劳分配为主体，多种分配方式并存。大量农村人口涌入城市，城乡二元制开始解体。从国际来看，我国积极参与国际事务，不仅引进国外资金，也引入国外先进的管理经验和经营方式，西方的社会公共事务管理方式也开始影响人们的思想观念。生产资料所有制和收入分配方式的多样化、西方意识形态的入侵，直接冲击了人们的价值观，也冲击了学校的价值观教育。在改革开放之前封闭的单一社会价值观形态已经很难得到社会的认同。

改革开放之后，我国学校价值观教育进入改革的过程。在以经济建设为中心的建设方针指导下，社会阶层和社会体制发生了巨大变化，原有的以公有制为基础的学校价值观教育体系已经不能适应社会主义建设的中心任务，整个社会需要构建价值观教育，学校也需要构建价值观教育。

1985 年中共中央发出《关于改革学校思想品德和政治理论课程教学的通知》，对学校思想品德和政治理论课程进行改革，树立以"五讲四美"（讲文明、讲礼貌、讲卫生、讲秩序、讲道德；心灵美、语言美、行为美、环境美）和"五爱"（爱祖国、爱人民、爱劳动、爱科学、爱社会主义）为中心的社会常识（包括法律常识）和社会公德教育。1986 年中共十二届六中全会审议通过的《中共中央关于社会主义精神文明建设指导方针的决议》指出："社会主义精神文明建设的根本任务，是适应社会主义现代化建设的需要，培育有理想、有道德、有文化、有纪律的社会主义公民，提高整个中华民族的思想道德素质和科学文化素质。"

新时期学校价值观教育吸收了改革开放前价值观教育优点，坚持培养社会主义接班人的教学目标，保留了政治理论教育，同时也增加新的价值观教育内容。一是增加"人生观、世界观、价值观"三观教育的内容，加强对学生的理想信念教育；二是增加公民教育内容，价值观教育要培养有社会公德、有文明行为习惯、遵纪守法的社会公民。学校价值观教育不再是单纯的社会主义觉悟教育，加入更多道德认识、道德情感、道德行为的内容。

1988 年中共中央颁发了《中共中央关于改革和加强中小学德育工作的通知》，"德育必须遵循中小学生身心成长的规律，对中学生、小学生分别提出不同的要求。对低年级学生还要有故事性。要寓德育于丰富多彩的活动和社会实践之中。"我国的价值观教育进入新的探索阶段，特别是中小学德育得到了加强和改进，国家制定德育的大纲、教材和学生行为规范，德育工作开始走上了序列化、规范化和科学化的轨道。① 2007 年胡锦涛在全国优秀教师代表座谈会上的重要讲话提出，"坚持育人为本、德育为先，把立德树人作为教育的根本任务"。2013 年中共中央办公厅印发《关于培育和践行社会主义核心价值观的意见》，提出，"围绕立德树人的根本任务，把社会主义核心价值观纳入国民教育总体规划，贯穿于基础教育、高等教育、职业技术教育、成人教育各领域，落实到教育教学和管理服务各环节，覆盖到所有学校和受教育者"。

经过改革开放以来三十多年的探索，我国学校形成了一套价值观教育的理论体系和实践体系，更新了价值观教育的观念，调整了价值观教育的目标、内容，加强了价值观教育的师资队伍。

从实践层面来看，我国学校的价值观教育还存在很多不足。学校价值观教育方法呆板单一，主要以"灌输式"教育为主，价值观教育以教科书内容进行死板式的宣教，一味地进行说教和灌输，在文化多元和价值多元的当代，照本宣科式的教育很难对学生产生好的效果。"从幼儿到大学，我们毫不间断地注重于儿童品格的培养，无论是教学还是学校其他工作，都注意其可能促进儿童道德的发展。然而，现实同样也不容置疑地告诉人们，我们在儿童道德培养上并没有取得与之相应的效果。"②

---

① 赵闻光.鼓劲奋进——中国教育学会第三次全国学术讨论会侧记.教育研究，1990，02.

② 陆有铨，戚万学.关于我国道德教育的几点思考.华东师范大学学报（教育科学版），1990，02.

价值观教育是人才培养的重要内容，教育必然包含价值观教育。我国是社会主义国家，教育多样化要践行社会主义核心价值观，培养学生认同"富强、民主、文明、和谐"的国家建设目标、"自由、平等、公正、法治"的社会共同认识、"爱国、敬业、诚信、友善"的个人行为准则。

学校要设置培养学生正确的价值观的专门课程，价值观教育课程以社会主义核心价值观为中心。在价值观教育课程体系中，价值观教育是整体性、连续的，根据学生的年龄阶段和行为认知阶段设置价值观教育课程。

价值观的结构和形成有其自身规律，讲究"知行合一"，内化于心，外化于行。我国价值观课程教学注重"知识灌输"，强制性的教育方式容易引起学生的反感。学校价值观教育与社会生活价值理念脱节，削弱了学校价值观教育的说服力和吸引力。价值观教育要走出困境，就要回归生活，贴近社会现实、贴近学生的生活，把生活世界所蕴藏的价值观理念和行为作为价值观教育的素材。

价值观课程教学以知识讲解和亲身体验为主，不但有正式的课堂讲解，而且还要开展学生喜闻乐见和各种联系实际的活动，组织各式各样以感受价值观的学校活动，如主要是学习研究小组、社会现象研讨会、观看电影等，以加深学生对价值观的感悟。学生在学习价值观的课程时，会亲身感受价值观在社会生活中的表现形式，用社会生活经验认同社会价值观，让社会主义核心价值观教育深入学生的生活，潜移默化地塑造学生正确的价值观。

2. 主要发达国家的民主教育

英、美、法、德、日、韩等主要发达国家也实行价值观教育。英、美、法、德的价值观教育具有鲜明的资本主义民主特点，强调自由、民主、平等、人权等价值理念，日、韩两国的价值观教育除了西方民主教育之外还带有儒家价值观的特色，强调个人修养和家庭观念。在文化传统方面，英国注重情感培养；法国强调自由平等的法兰西精神；德国则强调国家利益和个人义务，提倡义务论；美国更注重权利观、品格和法制教育，提倡运用批判性思维等等。部分发达国家还将社会价值观写入本国法律或宣言。如法国《宪法》第二条规定："共和国的口号是：自由、平等、博爱。"美国《独立宣言》："人人生而平等，造物者赋予他们若干不可剥夺的权利，其中包括生命权、自由权和追求幸福的权利。"

当代发达国家的价值观教育起源于欧洲启蒙运动，经历美国进步主义教育运动和欧洲的新教育运动后逐步成形。欧洲启蒙运动是当代教育思想一次大解放，指导了进步主义教育运动和新教育运动之实践；进步主义教育运动和新教育运动是对欧洲启蒙运动思想一次巩固，稳定和强化了价值观教育思想。

在欧洲启蒙运动中约翰·洛克的"绅士教育"具有明确的价值观教育特点。他明确提出"一切德行与美善的原则"："当欲望得不到理智的认同时，我们要具有克制理智所不允许的欲望的能力""让孩子从婴儿期就克制自己的欲望，不要让这种欲望变成渴望""给孩子树立尊重和耻辱的观念""让孩子懂得礼貌，内心建立善良慈爱的规则"。约翰·洛克从人的自然成长角度叙述人才价值观教育观点，教育的目的就是培养绅士，即有德性、有学问、有能力、有礼貌的人。在约翰·洛克的教育体系中"绅士"既是人才培养的目标，也是价值观念。

让·雅克·卢梭是在欧洲启蒙运动中继约翰·洛克之后叙述价值观教育的思想家，他深受约翰·洛克教育思想的影响。卢梭虽然没有从事教师职业（约翰·洛克还当过大学教师），但是写出了不朽的教育思想名篇《爱弥儿》。卢梭在《爱弥儿》中强调将爱弥儿培养成一个"自然人"，而不是专制国家的"公民"。卢梭的"自然人"有明显的价值取向，情感上"自然人"保持纯真的天性而自由发展；行为上"自然人"能够克服欲望，遵守理性和良心指引，成为自己的主宰而不受外界诱惑；思想上"自然人"具有独立思考的能力，不为任何其他偏见、欲念、权威所控制；生活上"自然人"尽到社会成员的责任，并能在城市中谋生。卢梭"自然人"体现了欧洲启蒙运动的自由、民主、平等的价值理念，培养有道德情怀、独立思考的人。

欧洲启蒙运动是一场思想解放运动，是一场人性解放运动，引发了社会制度的变革。欧洲启蒙运动直接影响价值观教育，要求培养适应现代民主社会的新人。

沿着约翰·洛克和让·雅克·卢梭开辟的价值观教育理念，裴斯泰洛齐、夸美纽斯、赫尔巴特、福禄贝尔、第斯多惠等人开始了教育实验，并将价值观教育贯穿教育实践的整个过程。从现代价值观教育角度来看，上述先贤的价值观教育不可避免地带有历史局限性，比如倡导宗教信仰、报偿观念，比如机械的教材灌输式教法等。即便如此，我们还是很难否认先贤们对价值观教育的推动作用。先贤的教育实践经验为后世价值观教育提供宝贵的借鉴经验，为后世的教育实践奠定了良好的思想理论基础。

19 世纪末至 20 世纪初北美的进步主义教育和欧洲的新教育运动是价值观教育的第二次实践高峰，一举奠定了现代价值观教育的理念和模式。19 世纪末欧洲进入快速工业化时期，新的经济与政治状况需要具有民主思想和科学知识的人才，传统的只能提供人格修养和文法修辞的贵族学校已经不能适应社会需要，人们对新式人才的需求导致新教育运动的兴起。

1889 年英国教育家塞西尔·雷迪创办的阿博茨霍尔姆学校是欧洲教育界公认的第一所新学校。随后约翰·赫顿·巴德利在英国建立的贝达尔斯学校，埃德蒙·德穆林在法国建立罗歇斯学校，赫尔曼·利茨在德国先后建立了伊尔森保学校、豪宾达学校和比伯尔史泰因学校，蒙台梭利在意大利创办"儿童之家"，乔治·凯兴斯泰纳在德国倡导劳动学校。欧洲的新式学校在管理、教育和教学方面具有自由和民主的色彩，实行全校师生自治，师生之间的关系不是命令和服从的关系，而是平等互爱合作的关系。学校把学生的各种活动与学习融为一体，把价值观教育寓于民主生活之中，培养学生自由、平等、民主的价值观。

在欧洲教育家探索新教育模式的同时，美国的进步主义教育学者们也在进行教育实践的探索。旧式学校培养不出当时社会所需要的具有科学地思维和行动的优秀公民。弗朗西斯·韦兰德·帕克是美国进步主义教育运动的奠基人，提出"教育要使学校适应儿童，而不是使儿童适应学校"的教育原则。1875 年帕克在马萨诸塞昆西学校开始实验新式教育，创造了昆西教学方法，引入团队活动、讲授科学和艺术知识、非正式教学等。约翰·杜威于 1896 年创建芝加哥实验学校，提出"教育即生活"和"学校即社会"，学生要"从做中学"也就是"从活动中学"、从经验中学，学生从学校获得的知识与生活过程中的活动联系了起来，个人行为、性格和态度等方面必须通过社会环境的中介作用的发展。在价值观教育方面，美国进步主义教育同欧洲的新教育运动的理念是一致的，都是培养适应社会的人，在民主社会就要培养具有民主、自由精神的人。

世界主要国家都将价值观纳入学校教育，价值观内容融入了本国学校的课堂教学，国民自入学之初便开始接受价值观的教育。生活化是主要发达国家价值观教育的最大特点。美国以内隐的方式推动价值观教育，尽管不会公开宣扬对学生进行价值观教育，但是美国会将国家的主流价值观渗透到整个课程中，甚至是学校的文化中，以课外活动、咨询服务和宗教活动等多种方式进行广泛渗透。澳大利亚将价值观内容编入国语课，将价值观引入学校教育，通过多种途径开发学校文化，组织培养学生价值观的活动，观察学生有关价值观的行为，听取家长对学校价值观教育的意见建议。新加坡将价值观教育写入了法律，从小学到大学都专门设置价值观课程，并会要求家庭中的长辈对学生进行价值观方面的教育指导。英国将价值观教育作为国家的义务，国家领导人会在公开场合宣传英国的核心价值观，并将价值观教育作为本国的历史传统流传下去，把价值观融入社会生活的方方面面。日本专门设置德育课程进行价值观教育，注重组织学生进行价值观教育的活动，要求家长身体力行地践行价值观，学校、家庭、社会三位一体引导学生树立正确的价值观。

第二节　多样化人才需要具备的能力

实施价值观教育是为了统一社会思想。教育服务经济社会的本质是培养具有服务经济社会能力的多样化人才。人在社会中具有多重身份，自然需要具备多种能力。

一、识字

识字是人的基础能力，关系到个人的发展。最初教育普及和读书识字是同等含义。普鲁士腓特烈·威廉一世实施义务国民教育之目的是教授国民具备读写能力。1948 年第三届联合国大会通过《世界人权宣言》，将受教育权作为人类的基本权利，其中识字是最根本的学习工具。1990 年联合国开发计划署构建人类发展指数时选取代表人类知识维度的指标就是成人识字率。

识字的基础是语言和文字，它对推动人类文明进步具有非常深远的意义。恩格斯于 1876 年在《自然辩证法》一书中写道：语言是从劳动中并和劳动一起产生出来的，这是唯一正确的解释，拿动物来比较，就可以证明。动物之间，彼此要传达的东西也很少，不用分音节的语言就可以互相传达出来。其实，由于年代久远，人们无法对语言的起源进行考证。1866 年巴黎语言学会成立时在其章程中明文规定"不接受任何有关语言起源方面研究的文章"。

语言的起源无法考证，文字起源同样也存在争议。亚里士多德认为文字是代表语言的符号，汉代扬雄认为文字是人们对事物表达的符号。学界认可文字是一种符号，对是否代表语言的符号却存在争议。人类的社会活动将语言和文字捏合成一个统一体，每个文字都有发音，人们说的话都有相对应的文字。《中国大百科全书·语言文字》中关于"文字"定义是在语言和文字相互交融后的含义："语言的书写符号，人与人之间交流信息的约定俗成的视觉信号系统。这些符号要能灵活书写由声音构成的语言，使信息送到远方，传到后代。"

识字能够给人们带来生活的便利。一位文盲曾经诉说不识字的痛苦，他在城里坐公交车时坐过车站，下车后不知道自己所在的位置，也不知道该坐哪辆车回家，他问旁边的人"这是哪个地方"，旁人说"你不会看站牌啊"，他听后心里倍受打击。还有一位青年文盲，外出打工不敢独自外出，怕自己走丢；回老家时要朋友送站，不然不知道进哪个检票口；不会用手机发短信，只会使用电脑看电影。不识字给个人生活造成极大的不便利，识字能够改善人们的生活。个人具备识字能力后能够读书看报，通过书本了解国家的政策方针、民主法制、卫生健康、生产技术等知识，改变个人落后的生产方式、生活陋习，提高个人的生活质量。

识字加速了人类文明的传播。中世纪被称为欧洲历史上黑暗时代，自西罗马帝国灭亡（公元 476 年）到文艺复兴和大航海时代（15 世纪末到 17 世纪），欧洲文明在一千多年的时间里缓慢前行，超高的文盲率是其中一个重要的原因。欧洲文艺复兴时期之后先进思想能够快速传播，其中重要的原因是识字人口的增加。造纸术传入欧洲之后，用于记述人类文明的书籍被大量印刷和传播，降低了人们学习文化知识的成本，教育普及的成本降低，人们可以很方便地读书识字。识字人口的增加加快了人类文明的传播速度，推动人类文明的发展。

国际社会很早就认识到识字的巨大作用，将识字作为推动人类摆脱贫困、走向幸福的工具。联合国历次宣言和公约中，有关扫盲的宣言占据很大的比例，如 1964 年的联合国发展十年扫除文盲宣言、1987 年的国际扫盲年、1990 年世界全民教育宣言、2000 年联合国千年宣言等，这些宣言有的直接针对扫盲，有的将扫盲作为宣言的部分内容。联合国宣言对扫盲行动作用更多体现在倡导方面，对全球扫盲工作发挥指导性的作用，缺少对全球扫盲工作的支持机制。从我国扫盲工作的经验来看，扫盲工作需要政府统一部署和政策支持，还需要财政资金的长期投入。

识字是人类追求幸福生活的必要条件，也是走上正常社会生活的基础。识字是个人的基本权利，是脱贫致富和推动人类发展的重要手段，是全民教育和终身学习的基础，惠及人类、文化、社会、政治和经济等多个领域。

二、社会交往

交往是一个沟通过程，心理学中对交往的定义为："大众或个体运用一定手段或形式把某种信息传送给他人的过程。"英语的 communication，俄语的 общение，德语的 kommunikation，都表示交往，意指"交流、通讯、通信、传达、沟通、联络"等多种含义。从词源上考证，"交往"一词来源于拉丁文 "communis"，意思是指"共同的或使共同的"。1968 年版《国际社会科学百科全书》对"交往"解释主要有十多个方面，比如，心灵的、语言的以及大众传播介质等等方面的含义。现代汉语词典对交往的定义是"相互来往"。①

"人的本质并不是单个人所固有的抽象物。在其现实性上，它是一切社会关系的总和。"② 人不是冷冰冰的机器，而是有思想、有感情、有人格的活生生的"社会人"。作为一个具有复杂社会性的成员，金钱、物质、态度等都会对人的积极性产生重要影响，但是起决定因素的不是物质报酬，而是人的态度和心理感受。人生活在复杂的社会中，必定与社会各方面的要素发生关系，这自然少不了与其他人进行交往。个人从在娘胎的那一个时刻便与他所处的世界出现交集，与周围的人发生人际关系。社会交往能力对个人成功至关重要，美国著名成功学大师戴尔·卡耐基说："专业知识在一个人成功中的作用只占15%，而其余的85%则取决于人际关系。"因此，社会交往能力也是人的基本能力之一。

---

① 李鹏飞. 社会哲学视野中的社会交往探究. 中共中央党校，2015.
② 马克思，恩格斯. 马克思恩格斯选集（第1卷）. 人民出版社，1995：56.

社会交往指的是人在生产及其他社会活动中发生的相互联系、交流和交换。人是社会交往的主体，以表现交往的媒介为手段，如声音、手势、肢体动作、网络信息等，向其他成员表示自己意图的一种方式。社会交往只能在人类社会中发生；人与动物也可以发生交往，但是不能称为社会交往。社会交往是伴随人类社会的产生而产生，伴随着社会发展和进步而不断发展。因此，社会交往具有明显的时代性和地域性，受风土人情的影响。

社会交往是社会人的内在属性，是指人与人相互交往过程中的相互反馈，人出生后进入社会便开始了自己的社会交往之旅。社会交往不是凭空发生，必须有载体或者事项，并且满足人的一定目的。比如考察团队合作能力的"二人三足"游戏，把活动人员分为若干参赛队，参赛队用带子把队员相邻的一条腿绑在一起，站在起跑线后，听到口令，一起跑向终点，然后返回，先返回终点的为胜利者。上述的"二人三足"游戏是社会交往的载体，参赛队队员、教练是活动的主体，完成社会交往游戏便是社会交往的过程，游戏目的是为了考察团队协作能力。社会交往能力不同于人际关系能力。社会交往能力与人际关系能力既有相互区别，又有相互联系。两者的相似之处是都是人与人之间发生相互来往关系；而不同之处是，人际关系能力强调社会伦理中的角色定位，社会交往能力强调社会活动中的角色定位。

这时有人可能会觉得社会交往能力是人自然形成的能力。正如马克思所说，"人们在生产中不仅仅影响自然界，而且也相互影响。他们只有以一定的方式共同活动和互相交换其活动，才能进行生产。为了进行生产，人们相互之间便发生一定的联系和关系。"[①] 不管是主动或被动，只要人在社会中生活或生产，存在交互活动就会拥有社会交往能力。

不可否认，人与人之间最简单的交流聊天属于社会交往，但是社会交往含义比人的简单的聊天复杂得多。社会交往具有复杂的外延，并有低级和高级之分。在家庭中家长与孩子之间的交流、在生活圈中朋友之间的交流都是属于最基础层次的交往，而高层级的社会交往需要专业知识，如国事交往、行政交往等。

---

① 马克思，恩格斯. 马克思恩格斯选集（第1卷）. 人民出版社，1995：344.

社会交往讲究正常化和合理性，遵守社会规则是正常社会交往的前提。"这些规则或法则（以复杂的组合方式）各自对人在社会背景中的行为赋予意义、使之合法、加以管理甚至予以认可"。① 规则是社会交往过程需要遵守的底线，需要交往双方共同遵守。从概念上来看，规则是冷冰冰的抽象名词，不容易让人理解。通俗地讲，社会交往第一层次的规则是风俗习惯，交往时要尊重交往对象的风俗习惯；第二层次的规则是道德底线，交往时要尊重交往对象的社会道德；第三层次的规则是交往事项的惯例和有关规定，与交往对象完成活动事项需要遵守的规矩。

随着社会的发展，社会交往的各种规则也会不断发生变化，具有社会交往能力需要理解交往对象的各种规则，与交往对象正常而愉快地交流。另外，社会交往的工具也在逐渐变化，在互联网技术出现和家庭计算机普及之后，掌握信息网络交往能力也成为时代对人的基本要求。

三、获取收入

英语的 income 表示收入，意思是"劳动、商业、财产所获取的收益"。马克思对收入的论述有两个内容，一是创造财富，二是工资。马克思提出："财富的本质就在于财富的主体存在。""劳动是创造商品价值和人类财富价值的终极源泉，没有人的劳动，一切物质要素都不可能自发地对价值创造产生影响。"② 并同意黑格尔关于财富的论述，"每个人在为自己取得、生产和享受的同时，也正为了其他一切人的享受而生产和取得。在一切人相互依赖全面交织中所含有的必然性，现在对每个人说来，就是普遍而持久的财富。这种财富对他说来包含着一种可能性，使他通过教育和技能分享到其中的一份，以保证他的生活；另一方面他的劳动所得又保持和增加了普遍财富。"③ 马克思对工资的论述"劳动力的发挥即劳动，耗费人的一定的肌肉、神经、脑等等，这些消耗必须重新得到补偿。支出增多，收入也得增多。"④

---

① 麦考密尔，魏因·贝格尔. 制度法论. 周叶谦译. 中国政法大学出版社，1994：20.
② 马克思. 1844 年经济学哲学手稿. 人民出版社，2000.
③ 黑格尔. 法哲学原理. 范扬，张企泰译. 商务印书馆，1961.
④ 马克思. 资本论（第 1 卷）. 人民出版社，2004：177.

马克思关于收入的论述具有哲学抽象的特点，语言晦涩而深刻，解释了财富的本质属性和收入来源。获取收入的能力是为了保证人的生存。从生理机能上来看，人类需要依靠食物而生存，食物是维持人类生存的唯一物品，但是食物不等同于收入，收入是一个价值概念。

收入是一个人类社会特有名词，是人类社会发展到一定阶段才会出现的名词。在经济高度发达的商品社会，人具有鲜明的职业性，只有很少的一部分人从事生产食物的工作，多数人都是从事非生产食物的工作。在自给自足的原始社会，所有人都为生存而战，原始人的主要工作就是寻找食物以维持种族的延续；到了现代商品经济社会，人们的劳动生产率大幅度提高，用更少的劳动力却生产出更多的粮食，解放更多的劳动力参加提高人们物质生活水平的制造业、服务业，提供了更多的社会商品，人类由自给自足的自然经济跨入商品高度发展的社会经济。

在高度发达的商品经济，生存依旧是人类的第一需要。在马斯洛所提出的人的需求层次理论中第一层次是生理需求，如衣、食、住、行等。"我们首先应当确立一切人类生存的第一个前提，也就是一切历史的第一个前提，这个前提是人们能够'创造历史'必须能够生活。但是为了生活，首先就需要吃、喝、住、穿以及其他一些东西。因此，第一个历史活动就是生产满足这些需要的资料，即物质生活本身"，① 实际上"价值这个普遍概念是从人们对待满足他的需要的外界物的关系中产生的"。② 人的一切生产活动都是在自身肉体生存的前提下才能进行，如果没有了生命的支撑，那么所有的活动都失去了物质承载体。生存是人的自然需求，是人作为动物的一种本能。

"物质生活的生产方式制约着整个社会生活、政治生活、精神生活的过程。"③ 人类在商品经济社会扮演职业角色，是由生产力发展阶段决定，而不是由人自身的需求决定，扮演职业角色创造物质和精神财富去满足社会和他人的需要，通过商品经济交换获得收入，然后购买满足自身需要的商品。个人劳动

① 马克思，恩格斯．马克思恩格斯选集第1卷．人民出版社，1995：78－79.

② 马克思，恩格斯．马克思恩格斯全集（第19卷）．人民出版社，1963：406.

③ 马克思，恩格斯．马克思恩格斯选集（第2卷）．人民出版社，1995：32.

获取收入实质上扮演了商品交换的媒介作用，收入等同于马克思政治经济学中的货币。

个人获取的收入是满足社会或其他个人需要而得到的货币，个人在商品经济高度发达的社会通过收入购买满足自身需要的物品。个人只要生活在高度发达的商品经济社会，就不能脱离人的社会属性，为了满足自身的生存需求而获取收入。

四、创新能力

在汉语词典中"创新"一次的含义是"抛弃旧的，创造新的"。从字义来看，创新是一个中性词，"抛弃旧的，创造新的"，其中"旧的"不一定是错的，"新的"不见得就是正确的。在经济发展学中，约瑟夫·熊彼特第一次提出了"创新"的概念，"创新是把一种新的生产要素和生产条件的'新结合'引入生产体系"，内容包括"引入一种新产品；采用一种新的生产方法；开辟新市场；获得原料或半成品的新供给来源；建立新的企业组织形式"。

1. 创新型人才不能被大规模培养

20 世纪 90 年代前后我国已经开始倡导培养创新型人才，那时文献也会使用创造型人才来代替创新型人才。1995 年江泽民在全国科技大会上指出，"创新是一个民族进步的灵魂，是国家兴旺发达的不竭动力"，在第三次全国教育工作会议上他又提出，"面对世界科技飞速发展的挑战，我们必须把增强民族创新能力提高到关系中华民族兴衰存亡的高度来认识。"1998 年他又在新西伯利亚科学城会见科技界人士时指出"创新的关键在人才，人才的成长靠教育"。培养创新型人才成为我国教育工作的重要任务。国际上只有美国明确提出培养学生的创新能力。2002 年美国制订了《"21 世纪素养"框架》，"21 世纪素养"的学习与创新技能维度含有创造性和创新能力。

创新能力是创新型人才必备的能力，创新型人才一定具有创新能力。创新的形式分为两类，一是理论创新，二是应用创新。在加入国家、时代的限制后，创新也有了另外层面的含义。如美国已经开发出一项新的技术，中国还不掌握这项技术，经过独立研发中国也掌握了这项技术，对中国来说，这项技术就是一项创新。创新的时代性是指，古人开发了一项技术，经历战争或者其他事件的影响，这项技术失传了，后人经过研究又重新掌握了这项技术，但是后人不知道古人曾经掌握这套技术，在后人看来这项技术也是创新。

关于创新型人才的定义，学术界没有形成统一的认识，主要有三种观点。一是思维说。创新型人才具备批判和反思思维，敢于批判旧有的成规，将已有的知识和经验进行改组或重建，创造出与旧思维成果有显著差异的思维成果。二是精神说。创新型人才具备大无畏、开拓进取的精神，富有挑战的勇气，有较强的永不满足的求知欲和永无止境的创造欲望。三是成果说。创新型人才具有解决问题、开创新事业的能力，对社会物质文明和精神文明建设做出创造性贡献，产出创新性成果。学者对创新型人才的认识不同、了解不同，观点也就不同，创新型人才的内涵和外延还需要进一步地探索。

在漫长的人类历史中成功的大批量培养创新人才的案例还没有出现。重大的理论创新出现不具有规律性，人们不能预测出现创新的时间、地点和人物。以欧洲哲学家为例，苏格拉底（公元前 468～399 年）、柏拉图（公元前 427～347 年）、亚里士多德（公元前 384 年～322 年）、伊壁鸠鲁（约公元前 341～270 年）、皮浪（约公元前 360～270 年）、奥古斯丁（公元 354～430 年）、弗兰西斯·培根（1561～1626 年）、笛卡尔（1596～1650 年）、斯宾诺莎（1632～1677 年）、洛克（1632～1704 年）、莱布尼茨（1646～1716 年）。从古代到中世纪，在哲学方面有理论创新的人才没有大批量地出现过，这些人才都是分时间段出现，而且是以个体的形式出现。

我国在培养创新型人才方面进行了很多教育实践。1978 年中科院少年班成立，经历近 40 年的发展，培养近 2000 余名学生，却没有取得重大理论创新的人才。1985 年西安交通大学创办了少年班，2006 年创办了钱学森班，其历届毕业生中也没有出现取得重大理论创新的人才。2009 年教育部实施了"珠峰计划"，培养基础学科拔尖学生，依旧没有取得重大理论创新的学生。

创新型人才的概念存在争议，历史上没有大批量创新型人才的局面，教育实践也没有培养大批的创新型人才。因此，学校的教育是不可能大批量培养创新型人才的。

2. 创新能力是附着在个别人身上的能力

虽然我们不可能知道谁会成长为创新型人才，但是我们知道创新型人才一定会出现。历史上取得重大理论创新的人才是稀少的，客观上的确是存在的。创新型人才牛顿曾说过一句经典的名言：如果我比别人看得更远，那是因为我站在巨人的肩上。创新型人才要站在巨人的肩膀上，巨人是指学科领域最前沿和最先进的知识。创新型人才创造新知识的同时必然批判旧知识，创造重大理论必然批判旧理论。

历史上有几个时间段密集出现重大理论创新，出现了一批创新型人才。一是公元前400年前后的古希腊哲学思潮，出现了苏格拉底、柏拉图、亚里士多德、伊壁鸠鲁、皮浪等哲学巨匠。二是古代中国战国时期的百家争鸣局面，出现儒家、道家、墨家、法家、兵家、名家、阴阳家、纵横家、杂家、农家、小说家、方技家等12个著名的学术流派。三是欧洲启蒙运动时期，出现孟德斯鸠、伏尔泰、休谟、康德、卢梭、霍布斯、洛克等思想家，出现哥白尼、布鲁诺、伽利略、帕斯卡尔、波义耳、牛顿等科学家，出现维萨留斯、塞尔维特、哈维等生理学家。四是19世纪末20世纪初的物理学大发展，出现居里夫人、爱因斯坦、玻尔、薛定谔、普朗克等一批物理学家。

思想史和科技史上的巨匠不是学校有目的性培养出来的，他们是外界环境熏陶和自身努力的结果。思想史和科技史出现的创新人才具有周期性，在某个时间段创新型人才会"井喷式"地涌现，更长的时间段却是一个缺少大师的时代。

取得理论突破的创新型人才出现方式符合马克思哲学原理的发展观、由量变到质变的过程。理论创新是由低级到高级、由简单到复杂的上升的前进的运动，实质上是新理论的产生和旧理论的灭亡的过程。重大理论突破是一个漫长的过程，最终结果是个人提出了否定前人并且能够得到后人认可的理论，理论创新的载体是人，过程是前人理论与后人理论之间相互否定、相互融合、相互转化的过程。光的"波粒二象性"最具有理论创新的代表性，1675年的艾萨克·牛顿撰写《解释光属性的解说》，认为光是由粒子或微粒组成的，并会因加速通过光密介质而折射，但他也不得不将它们与波联系起来，以解释光的衍射现象。1678年克里斯蒂安·惠更斯写了《论光》一文，其中宣布了他在1676至1677年发展出来的光的波动理论，即光波动说，给出波的直线传播与球面传播的定性解释，并且推导出反射定律与折射定律。1801年托马斯·杨进行了一次光的干涉实验，即著名的杨氏双孔干涉实验，并首次肯定了光的波动性。1818年菲涅耳在巴黎科学院举行的一次以解释衍射现象为内容的科学竞赛中以光的干涉原理补充了惠更斯原理，提出了惠更斯－菲涅耳原理，完善了光的衍射理论。1865年詹姆斯·克拉克·麦克斯韦发表《电磁场的动力学理论》，大胆地断定，光也是一种电磁波。1888年海因里希·赫兹做实验发射并接收到麦克斯韦预言的电磁波，证实麦克斯韦的猜测正确无误，光波动说开始被广泛认可。1901年马克斯·普朗克发表《论正常光谱中的能量分布》研究报告，他提出量子假说，为了从理论上得出正确的辐射公式，必须假定物质辐射（或吸收）的能量不是连续地，而是一份一份地进行的，只能取某个最小数值的整数倍，这个最小数值就叫能量子。1905年爱因斯坦发表《关于光的产生和转化的一个试探性观点》，认为光是由分离的粒子所组成，光也是由小的能量粒子（光量子）组成的，并且量子可以像单个的粒子那样运动，成功解释了光电效应。1916年美国物理学者罗伯特·安德鲁·密立根做实验证实了爱因斯坦关于光电效应的理论。光的"波粒二象性"的理论研究前后经历二百多年的时间，期间创新型人才不断否定前人的理论，虽然当代已经认可了光的"波粒二象性"，但我们依旧不能否认后世创新型人才的新理论存在否定光的"波粒二象性"理论的可能性。

创新能力的评价标准还未统一，人们只是观察到出现创新型人才的现象，知道哥白尼、牛顿、爱因斯坦都是创新型人才，也知道哥白尼、牛顿、爱因斯坦等人的成长经历，但却不知道未来会出现哪些创新型人才。创新型人才接受了学校教育，但不是学校教育能够批量生产的。

"否定旧理论，提出新理论"是创新的表面现象，其结果发生需要具备两个条件：一是理论创新的基础知识储备，即事物产生质变之前量变的足够积累。二是具有不断探索新事物的人。这些人要具备产生理论创新之前的知识储备、高度的归纳和抽象能力，并且愿意从事理论创新工作。

第三节　多样化人才的类型

能力是人才的自身内涵，由个人的行为表现。教育培养多样化人才是当前生产力水平和经济基础决定的。多样化人才能够更好地推动人类进步和社会发展。

一、人才与职业

在现代汉语词典中，人才是指德才兼备的人，有某种特长的人，相当于英语的"talent"。在古代，人才是两个词，在《说文解字》中，才，草木初生的样子。人才连用时主要指人的才能，如汉王充《论衡·累害》："人才高下，不能钧同。"晋葛洪《抱朴子·广譬》："人才无定珍，器用无常道。"上述两处人才的含义是人的才能。在《六书正伪》中，才，木质也。在地为木，既伐为才。砍伐的树木能够使用即为才，意指人长成能用为才，具有特殊才能为人才。职业是个现代词语，在《汉语大辞典》中，职业是指个人在社会中所从事的作为主要生活来源的工作。

目前人才和职业虽然是两个概念，但是联系很紧密。人才都会有一份职业（包括自由职业者），从事某个职业的人却不见得是社会公认的人才。从人才和职业的演化过程来看，人才和职业是伴随社会发展而形成的概念，是社会进步的产物。

原始社会是人类的第一个社会形态，人类生产力水平很低，生产资料都是公有制的，各个成员以血缘为纽带连接在一起组成氏族公社，氏族成员之间完全平等，任何人都没有特权，氏族公社的管理具有民主、自治的性质，氏族成员共同组织为生存而斗争，原始社会没有人才和职业的观念。

上古时期我国氏族部落实行禅让制，在启建立夏朝之后世袭制代替了禅让制。[①] 在夏商周三代中，夏朝的文献资料较少，不能确定其政治、经济、文化情况。商代和周朝的文字记录较多，所有文字中未能见到有人才培养和选拔的资料。只有到了春秋和战国时期才有了选拔人才的记载。《孟子·生于忧患，死于安乐》记载，"管夷吾举于士，孙叔敖举于海，百里奚举于市。"《墨子·兼爱》"贤者为政则国治，愚者为政则国乱。"《孟子·公孙丑》"贤者在位，能者在职，国家闲暇。"战国时的贤者等同于现代治国人才。如果我们将封建官僚作为职业，那么只能承认出现职业的事实，但还没有形成职业的观念。

古代人没有职业的观念，但是有阶层划分，如官、民和奴。社会也出现了分工，"士农工商"是我国最早关于社会阶层的记载。《春秋·榖梁传》"古者有四民：有士民、有商民、有农民、有工民。"《管子·小匡》"士农工商四民者，国之石民也。"《汉书·食货志上》云："士农工商，四民有业，学以居位曰士。"《韩非子·五蠹》"其学者，则称先王之道以籍仁义，盛容服而饰辩说，以疑当世之法，而贰人主之心。其言古者，为设诈称，借于外力，以成其私，而遗社稷之利。其带剑者，聚徒属立节操以显其名，而犯五官之禁。其患御者，积于私门，尽货赂，而用重人之谒，退汗马之劳。其商工之民，修治苦窳之器，聚沸靡之财，蓄积待时，而侔农夫之利。此五者，邦之蠹也。""商工"在战国时期已经出现，是指专门从事商业和手工业的人。"商工"既是职业人士，也是阶层，"士农工商"并无高低贵贱之分。明末清初学者顾炎武认为"士农工商谓之四民，其说始于管子"，是指春秋时期齐国宰相管仲最先订下"士农工商"的次序。其中商人阶层最低，秦朝时商人不能穿丝绸衣物，汉朝时申报不实没收家财，唐朝时商人不能入朝为官，直到明朝中后期出现绅商才改变商人的地位。

职业分化经历由兼职到专职的一个过程，社会分工是导致职业分类的主要原因。恩格斯在《家庭、私有制和国家的起源》一书中曾对社会分工进行描述，原始社会后期的三次社会大分工：第一次社会大分工发生在野蛮时代的中级阶

---

① 奴隶社会是否存在，这是学术界争论的焦点。社会有奴隶，不代表就是奴隶社会。夏朝国民有王、官员、国民、奴隶，汉朝有皇帝、官员、奴婢，夏朝的奴隶与汉朝的奴婢质上没有区别。因此，关于夏朝为奴隶社会和汉朝为封建社会的论断并没有依据。

段，畜牧业与农业的分离；第二次社会大分工出现于野蛮时代的高级阶段，手工业与农业的分离；第三次社会大分工发生在文明时代的门槛，原始社会瓦解、奴隶制社会形成时出现的一个不从事生产而专门从事商品交换的商人阶级。恩格斯对社会分工的划分还是存在一些缺陷，没有证据表明畜牧业、手工业、商业、农业四者之间的分离存在先后顺序。

社会分工的另一个好处是提高劳动生产率，在手工作坊中，产品的生产被分为若干环节，工人只能负责其中一个环节，提高了工人的熟练程度，工人的大规模协作产生规模效益，获得更多的收益。亚当·斯密在《国民财富的性质和原因的研究》中以针厂为例进行详细的描述，"一个人抽铁线，一个人拉直，一个人切截，一个人削尖线的一端，一个人磨另一端，以便装上圆头。要做圆头，就需要有二三种不同的操作。装圆头，涂白色，乃至包装，都是专门的职业。这样，扣针的制造分为十八种操作。有些工厂，这十八种操作，分由十八个专门工人担任。固然，有时一人也兼任二三门。我见过一个这种小工厂，只雇用十个工人，因此在这一个工厂中，有几个工人担任二三种操作。在这样一个小工厂的工人，虽很穷困，他们的必要机械设备，虽很简陋，但他们如果勤勉努力，一日也能成针十二磅。从每磅中等针有四千枚计，这十个工人每日就可成针四万八千枚，即一人一日可成针四千八百枚。如果他们各自独立工作，不专习一种特殊业务，那么，他们不论是谁，绝对不能一日制造二十枚针，说不定一天连一枚针也制造不出来。他们不但不能制出今日由适当分工合作而制成的数量的二百四十分之一，就连这数量的四千八百分之一，恐怕也制造不出来。"分工成为可能之后，劳动者的专门化也成为自然，"一个劳动者，如果对于这职业（分工的结果，使扣针的制造成为一种专门职业）没有受过相当训练，又不知怎样使用这职业上的机械（使这种机械有发明的可能的，恐怕也是分工的结果），那么纵使竭力工作，也许一天也制造不出一枚扣针，要做二十枚，当然是绝不可能了。但按照现在经营的方法，不但这种作业全部已经成为专门职业，而且这种职业分成若干部门，其中有大多数也同样成为专门职业"。①

中国古代也出现了商人和手工业者的记述。《尚书·酒诰》有对商朝商人的

---

① 亚当·斯密. 国民财富的性质和原因的研究（上册）. 商务印书馆，1972：6－9.

记录，"殷人肇牵车牛，远服贾用，孝养厥父母"，文献记述了商人的行为，但无法确定是否为专职的商人。汉朝《越绝书·越绝外传记宝剑第十三》记述铸剑工匠的事迹，"欧冶子因天之精神，悉其伎巧，造为大刑三、小刑二：一曰湛卢；二曰纯钧；三曰胜邪；四曰鱼肠；五巨阙"。早在春秋战国时代，"士农工商"已经成型，这种格局一直延续到近代社会。

真正促进职业分化的动力是工业革命所推动的机器大生产工厂，机器代替了人工，解放了生产力。18 世纪 60 年代织布工詹姆士·哈格里夫斯发明了"珍妮机"。1764 年"珍妮机"装有 8 个锭子，1784 年已增加到八十个纱锭。四年后英国的"珍妮机"达到两万台。1764 年至 1790 年，英国的仪器修理詹姆斯·瓦特改进了蒸汽机技术，开发了分离式冷凝器、汽缸外设置绝热层、用油润滑活塞、行星式齿轮、平行运动连杆机构、离心式调速器、节气阀、压力计等一系列新技术，解决活塞动作不连续而且慢、蒸汽利用率低两大问题，蒸汽机的效率提高到原来纽科门机的 3 倍多，最终发明了现代意义上的蒸汽机。蒸汽机将热能转化为动能，为工业生产提供了巨大的动力，开始被大范围地应用于机械厂、炼钢厂、面粉厂、纺纱厂和其他工厂，提高了生产效率。1761 年英国原棉输入为 40 万镑，1800 年增至 5600 万镑，1815 年增至 10000 万镑；棉布生产 1796 年为 2100 万码，1830 年增至 34000 万码；生铁生产 1740 年为 17000 吨，1796 年增至 125000 吨 1806 年上升为 25000 吨。① 蒸汽机的另一个巨大的贡献是促进了采矿业和运输业的发展。1797 年理查德·特里维西克发明了可移动的蒸汽机，这种蒸汽机被用在了采矿业和运输业。1807 年美国人富尔顿制成了第一艘实用的明轮推进的蒸汽机船"克莱蒙"号。1829 年乔治·史蒂文森驾驶"火箭"号蒸汽机车跑出了 56 公里/小时，超过骏马每小时 47 公里的时速。第一次工业革命是技术发展史上的一次巨大革命，也是人类社会的一次重大变革，它开创了以机器代替人、以煤炭热能代替人力和畜力的时代。

19 世纪中期第二次工业革命给人类带来了电气技术，人类进入电气化时代。1831 年法拉第发明了圆盘发电机。1832 年毕克希发明了手摇发电机。1867 年德

---

① 周呈芳. 论工业革命的社会后果. 内蒙古大学学报（哲学社会科学版），1989，01：86
 －97.

国的西门子发明了自励式直流发电机。1873 年齐纳布·格拉姆研发出了第一门电动机。发电机和电动机成为真正能用于工业生产的发电设备，电动机代替蒸汽机，人类正式进入电气化时代，又一次提高了劳动生产率。以美国为例，1869 年美国开通了从东海岸到旧金山贯穿全美的铁路，这表明美国的制造业已经达到了前所未有的发达水平。1880 年比 1860 年的铁路长度增加了三倍，到 1920 年又增加三倍。煤炭开采、钢铁生产、电力供应、石油加工，以及制糖、肉类加工、农业机械制造等一系列工业部门均发展繁荣起来。①

除了提高劳动生产率，工业革命对社会的第二个影响是加速了城市化。以美国为例，1820 年美国城市化率为 7.2%，城市人口约为 69 万；1920 年美国城市化率达到 51.2%，城市人口达到 5200 余万。工业化引发城市化，大工业需要集聚大规模工人进行生产，密集的工厂吸引乡村人口进入城市。城市化同样会引起产业高度化，如果说工业化对产业高度化的影响主要在第二产业，那么城市化对产业高度化的影响则主要在第三产业。城市化的过程不仅是人口转移和集聚的过程，更是大量基础设施建设、公共服务投入，以及社会事业投入的过程。随着大量的人口聚集，城市的道路需要拓宽，城市的绿化面积需要扩大，城市的公共基础设施需要增加。基础设施建设只是城市建设的硬件，在城市建设过程中还需要软件的提升，表现在公共服务投入和社会事业投入的增加。整体而言，公共服务和社会事业投入的规模随着城市人口的增加而不断扩大。同时，城市生活与农村生活的差异也会产生一些全新的产业，这是因为随着人们收入水平的提高、闲暇时间的增多，人们追求更为丰富多彩的物质消费和精神享受，由此促进了城市文化教育、体育娱乐、医疗保健、旅游、法律诉讼等行业的发展。②

第一次工业革命时期，许多技术发明都来源于工匠的实践经验；第二次工业革命时期，自然科学的新发展与工业生产紧密地结合起来，科学在推动生产力发展方面发挥更为重要的作用，科技以第一生产力的面目走入人类社会。第二次工业革命中出现了许多新兴工业，如电力工业、化学工业、石油工业和汽

① 金碚. 工业革命进化史. 南京政治学院学报，2015，01：01－09.
② 谢全萧. 城市化与产业结构演变的理论研究. 学习与探索，2014，05：100－103.

车工业等。

两次科技革命对人类社会进程产生了积极影响。科学技术在人类生产中的应用，极大地提高了人类的生产效率，为人类提供更多的商品，提高了人类的生活水平。高速发展的物质文明刺激了产业分化、行业细分和职业定型。职业成为一个现代名词进入人类社会。

二、职业范围与类型

经济基础即社会核心生产力为基础的经济结构总和，是指一定社会中占统治地位的生产关系的总和。生产力决定了经济基础，社会生产力发展到什么程度，就会产生什么样的经济基础。[①] 科技革命引发了工业化和城市化，而工业化和城市化又引发社会结构的变动，引发了社会对人才需求的变动，工业化时代需要的是职业化人才。职业是经济体系的细胞，产业结构是经济体系的骨架，活动部门是经济体系的血肉。

1. 经济体系是产生职业的机体

职业是经济高度发达的产物，人类进入农耕文明时出现了第一产业，人类进入工业文明时出现了第二产业，人类进入都市文明时出现了第三产业。产业分化是人类文明的进步，产业的高度发达加速了职业不断细分。

产业结构是整个经济体系的骨架，体现为国民经济部门结构。在世界经济发展史上，人类经济活动的发展有三个阶段。第一阶段是农业经济阶段，人类的主要活动是农业和畜牧业；第二阶段开始于工业革命，以机器大工业的迅速发展为标志，纺织、钢铁及机器等制造业迅速崛起和发展；第三阶段开始于20世纪初，大量的资本和劳动力流入非物质生产部门。费夏将处于第一阶段的产业称为第一产业，处于第二阶段的产业称为第二产业，处于第三阶段的产业称为第三产业。英国经济学家科林·克拉克在费夏产业分类方法基础上对三次产业进行大量分析，研究三次产业结构。

---

① 湖北省辩证唯物主义与历史唯物主义编写组. 辩证唯物主义与历史唯物主义（修订版）. 湖北人民出版社，1983：249 – 250.

我国历次"三次产业"的内容

	第一产业	第二产业	第三产业
1985 年	农业	工业和建筑业	除第一产业、第二产业以外的其他行业。
2003 年	农、林、牧、渔业	采矿业，制造业，电力、燃气及水的生产和供应业，建筑业	除第一产业、第二产业以外的其他行业。
2012 年	农、林、牧、渔业（不含农、林、牧、渔服务业）	采矿业、制造业、电力、热力、燃气、水生产和供应业、建筑业	除第一产业、第二产业以外的其他行业。

三次产业出现是一个历史的过程，也是一个与时俱进的过程，并伴随经济结构的调整不断地变化。

1985 年第一产业是指农业，农业包括种植业、林业、牧业、副业和渔业；2003 年第一产业是指农、林、牧、渔业，去掉副业；2012 年第一产业是指农、林、牧、渔业（不含农、林、牧、渔服务业）。第一产业结构变化是经济结构变化的一个过程，1985 年我国农业还是以传统的种植、放牧、捕鱼、伐木、采摘、打猎为主，2003 年支持农业发展的机械制造、农资等划入第一产业，2012 年支持农业良种、农资、农技、信息、流通、金融、保险等多方面服务被列入了第三产业。产业结构调整是经济发展的结果，也将会引发个人职业的变化。

与第一产业变化情况类似，我国也在不断调整第二产业的结构。1985 年第二产业包括工业和建筑业，其中工业包括采掘工业、制造业、自来水、电力、蒸汽、热水、煤气。2003 年第二产业包括采矿业，制造业，电力、燃气及水的生产和供应业，建筑业。2012 年第二产业是指采矿业、制造业、电力、热力、燃气、水生产和供应业、建筑业，其中采矿业不含开采辅助活动，制造业不含金属制品、机械和设备修理业。

1985 年、2003 年、2012 年三个版本的《三次产业划分规定》对第三产业规定是"除第一产业、第二产业以外的其他行业"。虽然三个版本对第三产业的表述一致，但是第三产业的内涵却不相同。

1985 年第三产业分为流通部门和服务部门两个大类，具体又可分为四个层次。第一层次：流通部门，包括交通运输业、邮电通讯业、商业、饮食业、物资供销和仓储业。第二层次：为生产和生活服务的部门，包括金融、保险业、地质普查业、房地产、公用事业，居民服务业，咨询服务业和综合技术服务业，农、林、牧、渔、水利服务业和水利业，公路、内河（湖）航道养护业等。第三层次：为提高科学文化水平和居民素质服务的部门，包括教育、文化、广播电视、科学研究、卫生、体育和社会福利事业等。第四层次：为社会公共需要服务的部门，包括国家机关、政党机关、社会团体以及军队和警察等特殊部门。

2003 年第三产业取消了层次划分，包括交通运输、仓储和邮政业，信息传输、计算机服务和软件业，批发和零售业，住宿和餐饮业，金融业，房地产业，租赁和商务服务业，科学研究、技术服务和地质勘查业，水利、环境和公共设施管理业，居民服务和其他服务业，教育，卫生、社会保障和社会福利业，文化、体育和娱乐业，公共管理和社会组织，国际组织等行业。

2012 年第三产业进行重新划分，包括批发和零售业，交通运输、仓储和邮政业，住宿和餐饮业，信息传输、软件和信息技术服务业，金融业，房地产业，租赁和商务服务业，科学研究和技术服务业，水利、环境和公共设施管理业，居民服务、修理和其他服务业，教育，卫生和社会工作，文化、体育和娱乐业，公共管理、社会保障和社会组织，国际组织，以及农、林、牧、渔业中的农、林、牧、渔服务业，采矿业中的开采辅助活动，制造业中的金属制品、机械和设备修理业。

在经济体系中，产业是纲，行业是目，经济活动单位是从事经济活动的组织，是提供职业岗位的实体。国民经济行业分类分为四个层次，即门类、大类、中类、小类。小类是国民经济行业分类的核心层，其经济活动的同质性最高，它构成了全社会经济活动中可供观察和度量的最小的产业活动类别的全部内容；中类是活动性质相近的小类活动的综合类别，它是链接小类与大类的过渡分类；大类构成国民经济重要的经济部门，也构成全社会经济活动的结构性框架；门类是国民经济行业分类的初始框架，是活动性质相近的各经济部门的综合类别。从大类开始，行业分类依据经济活动的不同特征进行分层归类。所依据的活动特征主要有：产品的生产工艺；产品加工和制造的原料、材质；产品的用途：

劳务的服务对象；劳务的服务功能；劳务的服务方式等。① 2012 年《国民经济行业分类》第一产业为 4 个大类；第二产业为 2 个门类和 36 个大类；第三产业为 15 个门类和 3 个大类。国民经济行业分为 20 个门类，96 个大类，432 个中类，1094 个小类。所有人的经济活动都会被纳入经济管理中，从事的职业也依托行业。

2. 经济活动单位是产生职业的载体

经济活动单位是岗位的提供者，也是产生职业的载体。个人进入劳动力市场时必然会选择一项职业或多项职业。个人从事的职业都能归入经济活动单位。

根据国家统计局《统计单位划分及具体处理办法》的定义，国民经济统计的单位包括法人单位、产业活动单位、个体经营户。法人单位包括五种类型：企业法人、事业单位法人、机关法人、社会团体和其他成员组织法人、其他法人。产业活动单位是指位于一个地点，从事一种或主要从事一种社会经济活动的组织或组织的一部分。个体经营户是指生产资料归劳动者个人所有，以个体劳动为基础，劳动成果归劳动者个人占有和支配的一种经营组织。个体经营户包括个体工商户、民办非企业单位。

在产业、行业、经济活动单位确定之后，我们便可以很方便地确定工作的岗位。经济活动单位的岗位是个人就业的目标，也是个人的就业选择。例如：2016 清华大学公共管理学院教学科研系列教授岗位招聘，清华大学属于第三产业教育行业大类高等教育中类普通高等教育小类，其招聘的岗位是学校科研岗位的教授职位。

经济活动单位所提供的岗位具有各自的特色，企业法人、事业单位法人、机关法人、社会团体和其他成员组织法人、其他法人，这些单位设置的岗位各不相同。职业分类与国家经济分类既相互联系，又有所区别，经济活动单位部分岗位可以归为职业，职业涵盖整个经济系统。

2015 版《中华人民共和国职业分类大典》的职业分类结构为 8 个大类、75 个中类、434 个小类、1481 个职业。8 个大类分别是：第一大类：国家机关、党群组织、企业、事业单位负责人；第二大类：专业技术人员；第三大类：办事

---

① 新标准中有关经济活动单位的概念、原则. 中国统计，2003，02：11 - 12.

人员和有关人员；第四大类：商业、服务业人员；第五大类：农、林、牧、渔、水利业生产人员；第六大类：生产、运输设备操作人员及有关人员；第七大类：军人；第八大类：不便分类的其他从业人员。

职业分类以经济活动单位管理层级、工种性质和行业类型对大类进行划分。第一类是国家机关、党群组织、企业、事业单位担任领导职务并具有决策、管理权的人员，这类工作人员是在入职多年以来经过升职才能获得岗位。第二大类是从事科学研究和专业技术工作的人员。第三大类是在国家机关、党群组织、企业、事业单位中从事行政业务、行政事务工作的人员和从事安全保卫、消防、邮电等业务的人员。第四大类是从事商业、餐饮、旅游娱乐、运输、医疗辅助及社会和居民生活等服务工作的人员。第五大类是从事农业、林业、畜牧业、渔业及水利业生产、管理、产品初加工的人员。第六大类是从事矿产勘查、开采，产品生产制造，工程施工和运输设备操作的人员及有关人员。第七大类是军人。第八大类是其他无经济活动单位聘用且不便分类的人员。

职业分类以行业、经济活动单位、岗位性质为出发点，对所有从事经济活动人员职业性质的一次划分。职业分类只是针对岗位，还不能完全反映经济活动的真实情况。如中国科学院院士某某，担任某大学学校领导，他既属于第一类事业单位负责人，又属于第二类从事科学研究和专业技术工作的人员。职业分类对初入职人员的职业选择具有指导意义，也是教育培养人才的指导目标。

三、职业资格

职业是生产力发展的结果，是私有制出现后社会分工的结果。科技革命发生之后，工业化和城市化进程加速，出现了许多新行业，职业分类更加细化。个人选择的职业分为无门槛、职业培训和资格准入三种类型。

1. 没有门槛的职业

职业出现有先后，在现代职业体系中许多古老的职业没有入门门槛。最典型的代表是农民工。"农民工"一词最早是由社会学家张雨林教授 1983 年提出，是指在本地乡镇企业或进入城镇务工的农业户口人员。农民工分为两类：一类是离开居住地前往他乡务工的农民，另一类是不离开居住地在本地务工的农民。

学历不高是农民工的最大特点。国家统计局发布《2015 年农民工监测调查报告》显示，农民工中，未上过学的占1.1%，小学文化程度占14%，初中文化程度占59.7%，高中文化程度占16.9%，大专及以上占8.3%。初中及以下文化程度的农民工所占比例达到74.8%。农民工总量2.8亿人，其中外出农民工1.7亿人，所占比例为60.7%；本地农民工1.1亿人，所占比例为39.3%。

农民工在第一产业中从业的比重为0.4%。农民工在第二产业中从业的比重为55.1%；其中，从事制造业的农民工比重为31.1%，从事建筑业的农民工比重为21.1%。农民工在第三产业就业的比重为44.5%；其中，从事批发和零售业的农民工比重为11.9%，从事居民服务、修理和其他服务业的农民工比重为10.6%。

农民工的职业以体力劳动为主。劳动是人维持自我生存和自我发展的唯一手段，分为脑力劳动和体力劳动两大类。脑力劳动和体力劳动都是身体和意识的统一体，只是体力劳动耗费人的大量体力，而脑力劳动耗费的体力只需要维持人的生命状态。从用工单位类型来看，家政服务、工程建筑、饮食服务、文化传媒、商贸流通、工矿企业、工厂产业、机关团体、农业技工、临时用工等为农民工从业的领域。多数岗位是保安、保姆、保洁、护工、瓦工、农作物种植工等。农民工的工作岗位以体力劳动为主，基本没有入门的门槛。

2. 需要岗前培训的职业

在工业革命发生之前，职业类型较少，职业经验传授以"师徒制"为主，即老师带领徒弟进行学习、工作，使学生更好、更快地融入职业。如在成为官员之前个人要在官学教师、私塾教师或家庭教师指导下学习儒家经典著作，在成为铁匠之前要在铁匠师傅指导下练习打铁，在成为商人之前要在店铺学习买卖货物等。

工业革命发生之后，初次登上历史舞台的大工业需要更多的技术工人，企业、工厂会对入职前的员工进行职前培训。20世纪60年代，美国经济学家舒尔茨和贝克尔创立人力资本理论，职前培训成为多数经济活动单位的常规项目。比如华为的新人培训，培训分为入职引导、岗前实践、在岗培训三个环节，周期为3~6个月。华为采用"721"法则进行员工培训，即70%的能力提升来自于实践，20%来自于导师的帮助，10%来自于真正的学习。入职培训的时间为5天，主要是围绕企业文化展开，内容是公司出台政策和制度缘由和目的，任正非在华为创业之初写的《致新员工书》，一部新员工必看的电影《那山，那人，那狗》。在入职之前，华为会组织导师和新人奔赴各地，做软件训练营。而训练营设计的内容仍是遵循"721"法则，公司会将研发流程、研发规范、培训材料发给他们先自学两天，训练开始时会由专业讲师进行案例教学，帮助员工了解这些流程规范。之后，再用大约 3 天的时间去演练，这就是"7"的部分，并且会拿真实的场景和项目，让学生在机房里提前做编程。3 天的最后一天会针对之前培训的内容进行考核，检验他的成果。在能力提升中锻炼"7"的部分。新员工全部在导师的带领下，在一线实践，在实战中掌握知识。①

华为的新员工培训只是大型公司培训案例之一。IBM、沃尔玛、中国工商银行等企业都会对新员工在入职前进行培训。岗前培训让企业感受到人力资本的溢出效益，其好处体现在以下几个方面：一是增加新员工对单位的认同感，了解企业目标、经营理念、企业精神、企业价值观、企业行为规范等。二是知识及技能培训，内容包括基本专业知识技能、工作程序与方法、业务流程等，帮助员工掌握正确的方法，降低因知识经验缺乏而出现的工作失误的发生率。三是端正新员工的心态，岗前培训让新员工获得被重视感，在和谐的气氛中相互介绍，减少同事之间的陌生感，减少心理的不适应感，尽快进入工作角色。

总之，新员工岗前培训已经为成功企业的必备环节，是企业所冒风险最小、收益最大的战略性投资，可以提高企业的竞争力、凝聚力、战斗力。岗前培训帮助新员工熟悉工作环境，让他们轻松愉快地成为企业中的一员；其次，岗前培训帮助新员工了解必要的知识和技能，了解企业的运作程序，使他们熟悉企业的设施和岗位责任，提高他们的主人翁意识，引导他们主动服从和参与企业的管理。

3. **必须具备准入资格的职业**

职业资格证也称为职业许可，是对个人从事某些特殊行业的职位应具备条件的要求。职业资格标准又称职业技能标准，是在职业分类的基础上，根据职业的基本特征、技术工艺、设备材料以及工作环境等要求，对劳动者的专业理

---

① 钮嘉. 华为：做让新员工快速融入的培训. 中国邮政报，2014 – 08 – 27.

论知识和技术操作能力提出的综合性水平规定，是劳动者培训和考核的基本依据。[1]

职业资格证书是从业的最低标准，个人只有获得这类证书才能从事职业。我国的职业从业资格证书经历从过多过滥到逐渐规范的过程。1993 年中共中央下发的《关于建立社会主义市场经济体制若干问题的决定》中提出："要制定各种职业资格标准和录用标准，实行学历文凭和职业资格两种证书制度。"同年，原劳动部颁布《职业技能鉴定规定》，我国启动了职业资格鉴定程序，首批进行职业技能鉴定社会化管理工种共有 50 个，涉及 7 个行业。2000 年劳动和社会保障部颁布《招用技术工种从业人员规定》，重新整理了职业准入资格，进行职业技能鉴定社会化管理工种增加到 90 个。职业技能鉴定社会化管理推动了职业教育培训，提高劳动者素质，促进劳动者稳定就业和体面就业，增强企业和行业竞争力，推动经济社会发展等，发挥了积极作用。但是，随着产业升级和经济发展部分职业技能鉴定已经不能适应时代发展，2015 年人力资源社会保障部决定废止原劳动保障部《招用技术工种从业人员规定》（劳动保障部令第 6 号）。2014 年至 2016 年 6 月，国务院分六批取消了 319 项国务院相关部门设置的职业资格，人社部同时取消了地方自行设置的各类职业资格。

从职业资格性质上看，包括准入类职业资格和水平评价类职业资格两类。准入类职业资格是对涉及公共安全、人身健康、人民生命财产安全等的特殊职业，依据有关法律、行政法规或国务院决定设置；水平评价类职业资格是对社会通用性强、专业性强、技能要求高的职业，根据经济社会发展需要设置。对于准入类职业资格，劳动者必须持证上岗；对于水平评价类职业资格，劳动者可根据需要，自愿参加评价鉴定。[2] 准入类职业资格由国家有关法律、行政法规或国务院决定设置，具有强制性，由政府统一组织考试。在清理完成之后，各个部委还保留 37 项从业资格考试，具体如下：

注册设备监理师、注册核安全工程师、注册测绘师、注册安全工程师、环

---

① 陈宇. 中国的职业分类、标准、鉴定和证书. 中国职业技术教育，1998，04：8 – 10.

② 人社部决定废止《招用技术工种从业人员规定》全力助推创业创新. 中国劳动保障报. 2015 – 11 – 16.

境影响评价工程师、注册监理工程师、注册安全工程师、注册建筑师、注册一级建造师、造价工程师、注册电气工程师、注册公用设备工程师、注册化工工程师、注册环保工程师、注册土木工程师（水利水电工程）、注册土木工程师（港口与航道工程）、注册土木工程师（岩土）、注册城市规划师、注册结构工程师、注册计量师、执业药师、出版专业技术人员、一级注册消防工程师、人民警察基本级执法资格、教师从业资格、医师从业资格、司法从业资格、会计从业资格、道路客货运输驾驶员、执业兽医、广播电视编辑记者、播音员、主持人、执业药师、花卉园艺师、专利代理人、导游。

　　我国从严管理职业资格考试，对国务院部门设置实施的没有法律法规依据的准入类职业资格，以及国务院行业部门和全国性行业协会、学会自行设置的水平评价类职业资格一律取消；有法律法规依据，但与国家安全、公共安全、公民人身财产安全关系不密切或不宜采取职业资格方式管理的，按程序提请修订法律法规后予以取消。职业资格考试注重专业化和职业化，规范我国劳动就业市场，提升更多产业、岗位的劳动和工作品质，保证从业人员质量。

第五章

中庸式的施教方式

以人为本是人才培养的理念和规则，而践行以人为本育人理念的方式是教育活动组织方式，即施教方式。以人为本的施教方式以受教者的学习规律为立足点，通过科学地设计施教活动，是对各科目教学组织方式的高度抽象。

第一节　学习的特性与施教

学习是人的天赋能力，施教是有目的性的教化活动。学习具有独特规律，教与学是教师和学生共同配合完成的一项任务，教师认真教和学生认真学是施教活动的两个侧面。施教以学习规律和人的本质属性为基础，建构符合学生本性的教学方式。

一、学习的阶段性和长期性

学习是个人将外界的各种知识内化于心的一个过程。这里的外界并非仅指学校教育，还有家庭和社会。

1. 阶段性是儿童认知的最大特点

学习能力是人的天赋能力，只要人内心愿意去学，很容易学习到自己内心喜欢的知识或技能。知识是人类一切经验的总结，具有自身的逻辑结构。①

　　教师在传授知识之前必须要有材料作为知识的载体。文字是记录知识的载体，也为人类传授知识提供了基础条件。文字是人类最独特的发明，现在还没有发现其他的动物拥有文字，或有动物使用文字进行经验传授。人的一切经验都是后天习得，出生之时人只是具有生存本能，以后的所有经验都是环境刺激的结果，至于未来个人发展到何种水平，是其所处社会环境、自身天赋、内心接受程度三者共同作用的结果。

　　知识拥有独特的结构体系。杰罗姆·布鲁纳和约瑟夫·施瓦布发起的学科结构运动是对知识结构体系的一次探讨。学科结构运动的主旨是探讨和确定主要学科的基本要素及该学科特有的研究方法。布鲁纳的课程观非常具有典型性，他认为以结构方式呈现学科和知识，每一种知识或每一门学科都有其特殊的结构，存在一系列概念、原则和方法。课程与教材要适合儿童发展的阶段，能够按照儿童理解的方式加以组织和表达，任何学科都可以用某种方式有效地教给处在任何发展阶段的儿童，课程使用不同的深浅程度，使任何年龄阶段的学生获得对特定学科一定范围的基本概念的理解。第三，学科应使用自身的逻辑语言，用特定的学科本身的事实、符号、准则、规则以及特定的联系方法。第四，还应当使学科教材能够为学生提供经济的、多产的和有力的结构。② 布鲁纳认为教学应遵从螺旋式上升的课程结构，先呈现大的概念（最一般的），然后在不断提高抽象水平上进行系统的学习。

　　布鲁纳的课程实验影响了美国课程设置，其课程结构体系聚焦于学科，建立了以学科结构为基础的学术中心课程，追求学科结构性和认知结构性的统一。在人类文明体系中，知识不同于学科，它是人类一切精神文明和物质文明的总和，是人类一切经验的总结。

　　文字和符号是一切知识的基础，文字体系和符号体系是一切知识的母体。文字和符号有两重含义：一是图画含义，即文字的形状；二是人类赋义，即人

---

① 本文将人类的经验总结称为知识。按照哲学的观点，知识并不是绝对正确的，随着人们不断地探索，总会用新的知识代替旧的知识。传授知识是教育的重要目标，在这种情况之下，教育只能传授在当时情景下被认为是正确的知识。

② 盖青．美国20世纪教育实验研究．广东教育出版社，2010：121 – 122.

类给予文字的特定含义。从图画含义来看，知识是一切文字和符号按照特定规则形成的组合。从赋义来看，知识具有特定的含义。

儿童在出生之后除生存本能之外不具备任何经验，大脑为儿童提供了天生的认知能力。新生儿对社会经验的认知与家长的刺激明显相关。刚出生的新生儿不会说话，不能使用人类的语言向大人表达自己的意愿。[①] 让·皮亚杰认知发展阶段论是对儿童认知理论的一次创新，从各种实验结果来看，儿童发展确实具有阶段性，但是与皮亚杰的阶段性并不相同。

儿童的认知发展阶段与年龄之间的关系并不紧密，而与儿童所受的刺激高度相关。狼孩、鸟孩、熊孩、狗孩等"毛克利症"的极端案例即为例证。因此，讨论儿童的认知发展阶段的前提是儿童生长在人类社会中，并能够得到人类语言和文字的正常刺激。在出生之后大人对儿童语言刺激的时间长度决定儿童开口说话的早晚程度。现实中多数语言发展迟缓的儿童的主要原因是大人对儿童说话时间过少，未能给予儿童足够的语言刺激，儿童语言发育能力迟缓。

根据知识的逻辑结构，人的认知阶段可分为单纯语言模仿、字形与含义相匹配、知识累积，而且三个阶段是连续的。此处的认知阶段与儿童年龄并不相关，而是与儿童所能表达的知识密切相关。

第一，单纯语言模仿阶段。因儿童在具备语言能力之前不能进行表达，尽管能够明显感觉儿童记住了很多物体和名词，但是儿童并不能用人类的语言表达物品的名称。在能够发声之后儿童能够对记忆的物品进行言语表达。例如：我们指着一个黄色的牌子对儿童说"黄色"，这时儿童也会跟着说"黄色"，此时儿童并不知道黄色在人类语言世界中代表的具体含义，只是如鹦鹉学舌一般说黄色。还有一个更具有说服力的例子：儿童的妈妈对着儿童的姥姥喊"妈"，这时儿童跟着对姥姥喊"妈"。

说话和识图相匹配是儿童认知的第一阶段，尽管儿童还不能知道成人口中语言的具体含义，但是他们已经能够模仿成人的话语。

第二，字形与含义相匹配阶段。儿童在反复练习话语之后会逐渐熟悉口中的名词，由单纯性的图形含义表达过渡到成人的字义体系概念。文字在文化体

---

① 幼儿出生之后就会表达自己的意愿，会用哭声引起大人的注意。

系中有特定含义，我国的字分为象形、指事、会意、形声、转注、假借等六类，词语分为名词、动词、形容词、数词、量词、代词、副词、介词、连词、助词、叹词、拟声词等 12 类。在单纯语言模仿阶段，在我们说"你好"时，儿童也会跟着说"你好"，我们问儿童"你好"是什么意思？儿童会一脸的茫然，此时的儿童只是单纯语言模仿，在他们的意识中，"你好"就是"你好"，是一种声音，没有特殊含义。

字、义、物或事三者在儿童脑中匹配是一个漫长的过程，例如数字"1"，我们喊"yi"，儿童也会跟着喊"yi"，我们指着"1"问儿童，"1"是什么意思，儿童开始一脸茫然。字、义、物或事三者匹配锻炼的是理解能力，任何学科知识都是个人在获得字、义、物或事三者匹配经验之后才能学习。字、义、物或事三者匹配也是后天反复记忆练习的结果。

第三，知识累积阶段。儿童获得字、义、事物三者匹配经验之后便能够进入知识累积阶段。人类依托各种规则将文字化成语句、段落、体系，用来记录和传播知识。

知识体系有严格的逻辑框架，自然科学尤其明显。字、词、符号作为概念，作为知识体系的基础层次。学科更多是字、词、符号规则的集合，利用这种集合向儿童或成人传播特定的含义。

通过正常的训练，一般人在儿童时代就能具备单纯语言模仿和字形与含义相匹配两个阶段的能力。随着人类认知的不断进步，自然科学知识和社会科学知识已经成为一个庞大的体系，对一般人而言，终其一生只能积累一小部分自然科学知识和社会科学知识。

2. 学习的长期性

目前终身学习已经成为全世界的共识。通俗地说，终身学习是"活到老、学到老"，更深一层含义是"时时处处皆可学习"。现实情况是"人非生而知之者"，新生儿并不具备人类的经验，人的所有经验都是后天习的。人自出生以来就开启了学习的旅程，这个旅程一直持续到死亡。

第一，复杂的知识结构体系决定了学习必然是一个长期的过程。文字自出现以来就一直记录人类的经验，随着人类实践活动时间的推移，人类的知识也在一直增长。对一般人而言，基础教育所教授的知识已经足够保证个人在社会中正常生活。而对于推动社会发展的拔尖人才来说，创造新知识是毕生的追求，在创造新知识之前科研人员还需要学通已有的被实践证明过的旧知识。在讨论知识体系之前，先明确意识、知识、上层建筑、科学技术等概念。

按照汉语词典和马克思主义哲学的概念，意识是人的头脑对客观世界的反映，是感觉、思维等各种心理过程的总和。知识是人类实践经验的结晶和总结。从本质上说，知识属于认识的范畴。知识的体系就是科学。人的知识来源于实践，是后天才有的。上层建筑是建立在一定的经济基础之上的各种制度、设施和意识形态的总和。一定的制度、设施，一定的意识形态，构成上层建筑的两个组成部分。科学技术是指把从生产实践和科学实验中获得的经验知识上升为理性认识，把自然科学知识应用于生产中的手段和方法。在上述四个概念中，上层建筑的概念最为晦涩，"一定的制度、设施、一定的意识形态"中的一定是非常难以理解的，马克思对上层建筑的定义进行补充，"随着经济基础的变更，全部庞大的上层建筑也或慢或快地发生变革。在考察这些变革时，必须时刻把下面两者区别开来：一种是生产的经济条件方面所发生的物质的、可以用自然科学的精确性指明的变革，一种是人们借以意识到这个冲突并力求把它克服的那些法律的、政治的、宗教的、艺术的或哲学的，简言之，意识形态的形式"。① 如果上层建筑是指哲学、艺术、宗教、道德、政治、法律思想，那么上层建筑之外的意识形态还有经济思想、社会思想、教育、伦理、文字和逻辑等思想体系。

知识的另一种分类方式是上一章中的知识维度分析方法，将知识分为社会科学知识和自然科学知识。根据国家社会科学基金项目课题指南分类，社会科学分为马克思主义·科学社会主义、党史·党建、哲学、理论经济学、应用经济学、统计学、政治学、法学、社会学、人口学、民族问题研究、国际问题研究、中国历史、世界历史、考古学、宗教学、中国文学、外国文学、语言学、新闻学与传播学、图书馆·情报与文献学、体育学、管理学、教育学、艺术学和军事学等26个类别。同样，根据国家自然科学基金项目课题指南分类，自然

---

① 马文保. 对马克思"上层建筑"概念的再理解——兼与胡为雄先生商榷. 教学与研究，2009，04：83－86.

科学分为数理科学、化学科学、生命科学、地球科学、工程与材料科学、信息科学、管理科学和医学科学等 8 个分类。知识的学科分类已经非常繁杂，每个学科之下的知识体系亦非常复杂，庞杂的知识直接决定了学习的长期性。

第二，人的成熟是一个漫长的过程，决定了学习也是一个漫长的过程。"活到老，学到老"，人在学习中不断成熟，学习的阶段性是指人类的知识成熟的阶段性。人类成熟分为生理成熟和心理成熟两个方面。

按照中国成人教育百科全书的定义，生理成熟，即身体上各种器官的形态、结构和机能发展到完备状态。生理成熟一般发生在青春发育期，这个阶段发生三大变化：一是外形变化。身高从迅速的长势到停止生长，出现第二性征等。二是内部机能健全。各种器官达到成人的平均水平，特别是神经系统的发育，脑的发育趋向成熟，脑内进行着细胞内部结构与机能复杂化过程，为日益繁重的体力、脑力劳动准备了条件。三是生殖器官发育和成熟。这是人体内部发育最晚的部分，它的发育成熟，标志着人体全部器官和生理机能接近成熟。心理成熟大体包括三大变化：一是智能的成熟。指个体智力发展达到顶点，对问题能作理智的判断和逻辑推理。二是情绪的成熟。指情绪较为稳定，能自我控制。三是社会性的成熟。指熟练掌握与人相处的技巧和社会行为规范，能独立处理各种事务。总之，智能、个性（包括品德）都达到完善的状态。它所表现出的特点有：一是成熟后心理的可塑性比成熟前要小得多。二是心理一旦成熟，其年龄差异的显著性逐步减少，而个体差异的显著性越来越大。

生理成熟具有明显的标志，是人自出生到性成熟的过程，整个过程不会超过 20 年。心理成熟比生理成熟复杂得多，而且心理成熟与年龄没有直接关系，促进心理成熟的最佳方式是生活历练。我们经常会说"8 岁的年龄，80 岁的心灵"，即年龄和心理成熟不匹配。

其实，心理成熟并非如中国成人教育百科全书所描述的那样，心理成熟并非所谓的智能成熟、情绪成熟和社会性成熟，中国成人教育百科全书描述的内容都是表象。心理成熟的标志有两个：一是精神世界由个人变为能够容纳他人，或者是能够站在他人的位置考虑问题。举一个最简单的例子：某次比赛中，某 A 国孩童与 B 国孩童竞赛，比赛中途 A 国孩童以为自己已经失败，不禁失声痛哭，最后决赛环节 A 国孩童还是逆袭取胜。在比赛过程中 B 国孩童在 A 国孩童痛哭时说"他一定很难过，我想去抱抱他"，在 A 国孩童取得胜利时他送去了祝福。① 对于 B 国孩童的表现，我们很难判断其是否智能、情绪和社会性都已经成熟，但是我们能够判断 B 国孩童心理已经是成熟的。二是不再直接表达自己对某些事情的真实情感。刚说话的儿童会在很长一段时间内直接表达自己情感，即在听到一些事情之时个人会直接表达自己对这些事情的看法；随着人生阅历的增加，个人开始隐藏自己的真实情感，即个人心里虽然对一些事情存在一些看法，但是不会直接表达自己真实的看法，而是将这些看法隐藏在自己的内心深处。心理成熟是一个漫长的过程，有很少一部分人一辈子都没有走出自己的精神世界。

二、精神世界的内涵与特征

一人一世界，此世界是人的精神世界。精神世界是人的共性特点，人人都有一个精神世界，而且精神世界都是在环境刺激的状态下形成的。由于环境是多元的，个人对多元环境刺激的吸收是差异，以此往复，日积月累，个人的精神世界存在差异化。

1. 人在交流和模仿中形成精神世界

个人品性的形成是一个复杂的过程，无数的古代先贤都探索过这个历程。人性"性相近，习相远"，恩格斯指出"人创造环境，同样，环境也创造人。"② 对于个人而言，刚出生的幼儿是没有能力改变环境的，只有在具有实践能力之后才能改变环境。因此，人出生之时是被动接受环境的影响，开始吸收环境的各种影响，开始塑造自己的精神世界。

上文的人性是品行，是社会道德标准对一个人行为的评价。精神世界是人的内在意识形态，指挥人的行为，也因社会对人的行为评价而间接受到评价。

人自出生的一刻起便开始构筑自己的精神世界，时刻受到外界环境影响。人的精神世界是以生存和寻乐为基础构建的。幼儿出生后最初只是为了生存和

---

① 由于涉及个人的隐私，文中只是对整个事件进行描述。
② "环境造就人本身"，这句话是至理名言，点明了环境对人的品行形成的关键作用。美国的文化塑造了美国人，日本的文化塑造了日本人，中国的文化塑造了中国人。

寻求安全感，"吃饱了睡，睡好了吃"是新生儿寻求生存的真实写照，"在成人怀中安睡，离开成人怀抱痛哭"是新生儿寻求安全感的例证。新生儿在未来的时间内不断地成长，慢慢开始安静地观察和接受世界，开始用哭和笑宣布自己的存在。①

正如蒙台梭利所说，儿童具有非常专注的观察力，"一个 4 个月大的儿童盯着一个正在说话的成人的嘴唇"；大人抱着一个 6 个月的儿童，给儿童指一些物品，并念给儿童物品的名称，你会发现儿童会聚精会神地听着和看着，而且还不表示抵触。糟糕的是，这时的儿童还是不会与成人交流，不能确定儿童是否正在安静地学习，我们只好认为儿童正在发挥自己学习的天赋。

除了观察，儿童另一个重要的表现是热衷于交流。儿童在会发音之后便开始了自己的交流之旅，成人会经常听到儿童说一些音节如"哒哒哒，哒啊哒啊"，特别是成人不关注儿童时，儿童感到自己受到忽视的时候就会表达自己的不满，要求成人来关注自己。儿童在稍稍大了之后，而且成人与儿童的感情也非常密切，儿童会非常乐意与成人交流。如果成人经常夸赞儿童"你真厉害"，儿童每当拿起一个玩具或完成一个动作，会对成人说"你看我厉害不厉害啊"？他特别希望得到成人的认可。

儿童的第三个特点是模仿。新鲜感和好奇心一直推动人类认知世界，或者人本来就具备认知的能力，为了更好生存，一直努力地认知世界，希望获得更多的经验，以帮助自己更好地适应世界，而模仿也是儿童认知世界的一种方式。当儿童看到成人拿着竹竿摇来摇去的时候，而且儿童以前从来没有摇过竹竿，如果成人这时放下竹竿，儿童会抓起竹竿模仿大人动作摇起竹竿。儿童眼中一切都是新鲜的，眼中充满了好奇，对一切都充满了兴趣，遇到任何物品都希望用手摸两下。② 儿童没有善与恶、好与坏的概念，心中只有好奇和模仿。"孟母三迁"是最具有启发意义的教育方式，"昔孟母，择邻处"被理解为父母为孩子创造一个真正好的教育环境，其实"孟母三迁"成立的根本原因是儿童具有很

---

① 因为新生儿不会与成人交流，实际上我也不知道新生儿的想法是什么，文中一切的论述都为个人的一定推断。

② 此时的儿童没有任何经验，看到东西就想去抓，一定要看管好儿童，不要让儿童自己乱摸危险物品。报纸上时常会登载儿童的手摸插座被电伤的新闻。

强的模仿力，很容易学坏。

总结儿童的行为特点有助于我们更好地理解精神世界的形成。新生儿的精神世界是生存，一切意识都是生存，饿的时候会哭喊，感到恐惧的时候也会哭喊。新生儿的睡眠时间非常多，清醒的时候希望成人在其身边。儿童清醒时间越来越多，也开始乐于与成人交流，希望被成人抱着来观察世界，而且只要在成人的怀抱中儿童会非常地安静。我们确实不知道儿童这些行为的原因，姑且将这些行为称作探索世界。此时儿童的精神世界有了生存和学习。

儿童和成人最大的区别是社会经验的差异，或者人与人最大的差异是社会经验。儿童对世界认知的经验不足，非常容易相信成人的话语，而且从来不怀疑成人的话语，按照成人的指令行事。① 比如说，成人拿着一个竹棒在泥地上画了一个大圈，边画边对刚会走路的儿童说"我画一个大圈，你看好不好啊，等我画完，我把竹棒给你，你也画个圈"，尽管儿童本身不具有画圈的经验，当大人将把竹棒给儿童，然后鼓励儿童画圈，儿童就会模仿大人画圈，儿童从来不问"我为什么要画圈"，只会因为画圈而画圈，而且会感觉画圈非常好玩，如果大人鼓励得当，儿童会边画边"咯咯"直笑。当儿童具备画圈的经验之后，就会很难出现边画边"咯咯"直笑的情况。此时儿童的社会经验微不足道，其精神世界是生存、恐惧、学习和遵从命令。

如果新生儿的负面感受来源于恐惧，而精神世界成形之后人的所有感受来源于精神世界的喜好，在个人喜好驱使下让儿童的精神世界开始成形。随着社会经验的增加，儿童的精神世界开始变得具有特色化。

个人精神世界喜好开始于外界刺激，成形于个人选择。个人喜好千差万别，有的人喜好源于先天食色，有的人喜好源于后天经历，而且个人的喜好随着时间和经验的推移而不断变化。有的儿童天生喜好音乐，听到音乐就会自动跟着歌唱；有的儿童喜欢排积木，一直不停地摆弄积木；有的儿童喜欢图画，在纸上画来画去，等等。当儿童意识到自己的喜好之好，精神世界就开始成形。

当自己的喜好被他人侵犯的时候，个人就会出现鄙视、厌恶、愤怒等情绪；

---

① 此处的成人是获得儿童认同的成人，或者让儿童感到亲密的成人。由于儿童天生具有恐惧心理，儿童对没有好感的成人只会充满恐惧。

当自己的喜好不能满足时，个人就会出现沮丧、嫉妒、痛苦的情绪；当自己看重喜好时，就会出现紧张、焦虑；当自己希望获得喜好时，就会积极主动地向喜好之物靠近；当自己的喜好得到满足时，个人就会兴奋。

2. 坚固的精神世界

精神世界，人皆有之，一旦形成，便会异常坚固；而且精神世界还会指导个人的行为。从个人心理成熟标准来看，精神世界分为两个层级：易信他人的精神世界和具有疑他性的精神世界。易信他人的精神世界是指儿童式的精神世界，个人对他人说的话不加怀疑，全盘接受。具有疑他性的精神世界是指成人式的精神世界，个人的精神世界开始对他人说的话进行辨别，对他人的话语会有怀疑。

精神世界的坚固性始于信和无知，固化于习惯，行为带有"自欺欺人"的特点。"自欺欺人"是指因人的认知有限，做的各种决策都是存在局限性的决策，但是人都会坚信自己的精神世界是最合理的，都以为自己的选择是最佳选择。

个人决策的"自欺欺人"特点来源于人的个体性，精神世界始建于个人的生存需要，以自我为中心进行决策是人的本性。对于任何事情，个人的精神世界都会有自己的判断，并且会坚持自己的判断。

精神世界固化的具体表现形式是人的行为习惯，"习惯若自然"，习惯是一种行为方式，是精神世界的一种表现形式。习惯与精神世界相互影响、相互促进，精神世界指挥人的习惯，对人的习惯起指导作用，习惯受制于精神世界，并会通过一遍遍的行为重复，强化人的精神世界。习惯的力量可称为惯性，人们很少怀疑自己的习惯，更不愿意去改变自己的习惯，只是愿意按照自己的习惯行事。其实，对于一个习惯，不同宗教、国家、个人都会有自己的看法，习惯不见得就符合社会主流认知，但是个人是不愿意改变自己的习惯的，即不愿意改变自己的精神世界。

"兼听则明，偏信则暗"。精神世界坚固性也只有个人自己变化，这种变化是在外界刺激下发生的。个人改变精神世界的关键是认可他人的观点。每个人都会对一个事件有自己的观点，当其获知其他人对同一事件的观点时自然会思考自己的观点是否正确，当其认可其他人的观点时就会改变自己的观点。当人们都具备费尔巴哈"不是神创造了人，而是人创造了神"的觉悟的时候，其精神世界变得更加容易接受别人的意见，更加愿意批判性地吸收他人的意见。

3. 容纳他人和利己是精神世界成熟的标志

成熟人不是成年人，而是能够适应社会规则的人。人通常会根据年龄或身体发育情况来判定人的成熟度，但从社会属性的评价标准来看，这种评价方式并不科学。

评价人的成熟，主要看其心理成熟度，而不是生理成熟度。心理成熟不是自我评价，而是社会评价。社会主要通过个人的行为来评价其心理成熟度。

个人心理成熟经历从完全个人主义到能够容纳他人、从直接表达个人思想到关心他人感受的一个过程。

童真，人出生时的心理特点。童真的意思是直接，直接表示自己的诉求和不满，精神世界完全是"我要怎么样""我能怎么样"。处理所有的事情都是自我感受为中心，注重当场感受，不考虑未来的后果。在自己的诉求得到满足时，欢笑浮现于脸上，眉开眼笑；在自己的诉求得不到满足时，失望和不满浮现于脸上。儿童满脸稚气，直接表达自己感受时，成人会夸赞儿童的可爱。体型庞大的成年人还是如儿童一般直接表达自己的感受时，成人心里就会暗自嘀咕：这个人没有长大。儿童的生活比较简单，儿童的成长由成人监护，与成人的世界不会有太多的交集，特别是在幼年，儿童每天的生活就是吃和玩，心性童真。

成熟，即能够合理地处理人际关系。处理人际关系的能力是后天锻炼的结果，没有人先天就擅长处理人际关系，合理处理人际关系是历练的结果。对于多数人来说，心理都会慢慢步入成熟，但是每个人达到心理成熟状态时的年龄却不相同。

成熟的第一个特点是控制自己的情绪，不轻易伤害他人的感情。未成年人的一个重要心理特征是容易冲动，暴躁、易怒，不懂得宽容和忍耐，不容易听进别人的建议。而成熟的人遇到事情不急躁，善于倾听他人的话语，克制自己的言行，不再直接伤害他人的感情。

成熟的第二个特点是维护自己的合理权益。容纳他人并不是牺牲自己的利益，也不是无条件地接受别人的建议。对别人的建议，从善如流，只采纳善意的建议；对别人无理的要求要坚决作反抗，以直报怨，坚决不允许他人损坏自己的合理权益。

三、施教活动符合人的天性

一个人由出生到成熟再到死亡是一个长期的过程，人的成长经历具有阶段性，施教活动要适应人的成长阶段性。

1. 儿童时期培养其良好的习惯

儿童出生之后的很长一段时间会非常愿意接受成人的指令，这个时期是儿童良好习惯的最佳养成期。良好习惯是一个广泛的定义，在日常生活、工作和学习中人们已经总结很多有益的行为标准，良好的习惯就是社会认同的一些行为准则。尽管良好的习惯有很多，但是关键习惯有以下几项：

第一，懂礼貌。培养儿童在日常使用"你好""请""谢谢""对不起""没关系""再见"等礼貌用语的习惯。

第二，讲卫生。勤洗脸和脚，早晚、饭后勤刷牙，经常洗头又洗澡，穿衣讲究整洁。

第三，整理玩具。每次玩完玩具，都要求儿童将玩具放回原位，培养儿童的物品整理意识。

第四，培养专注力。专注力培养的关键是顺应儿童的兴趣，儿童的兴趣各异，有的喜好音乐，有的喜好积木，儿童会积极投入到感兴趣的事项，重复训练有助于提高儿童的专注力。

第五，乐于读书。读书、读好书可以怡情明智，儿童喜欢成人为其读书，成人每次读完一个段落，儿童都会要求再来下一个段落，天天练习，时时刺激，儿童很容易养成读书的习惯。

第六，敢于表达自己。表达欲望是一种能够培养的习惯，少部分儿童天生具有强烈的表达欲望，多数儿童的表达欲望则需要后天培养。表达欲望不是简单地说出来，而是慢条斯理地说出来。

儿童的世界没有对错之分，更多是直接模仿。对于良好的习惯，儿童会不假思索地模仿；对于不好的习惯，儿童也会不假思索地模仿。儿童期教育的关键是不让儿童接触不好习惯，培养儿童良好的习惯。

2. 正确对待孩子的逆反期

世界观、人生观和价值观是精神世界的核心，也是个人的行为准则。精神世界的成型期也是儿童的逆反期。根据医学心理学的定义，逆反期的表现是儿童要求行为活动自主和实现自我意志，反抗父母控制，这是发展中的正常现象。

很多成人都会对儿童的逆反期感到奇怪，忽然间感觉自己的孩子不再听话，不再是100%地遵从成人的命令。[①] 在孩子的精神世界只有生存、恐惧和好奇的时候成人对孩子使用命令式的教育方式是可行的。当孩子的精神世界开始接受外界各种不同的信息，开始形成自己的世界观、人生观和价值观时，孩子有了自己的主见、思想，对成人的命令不再是言听计从，而是更愿意为自己的问题进行决策。

实际上并不是每个孩子都会出现逆反期，而且未出现逆反期也不是个人意识淡漠的直接原因。出现逆反期的责任在成人，是成人的错误教育方式导致儿童出现逆反期。

有部分成人总是想将自己的孩子塑造为成功人士，而且这部分人根本不知道成功人士的成长经历，他们用那些自以为非常高明的手段开始对自己的孩子进行训练，并且孩子要绝对服从他们的训练，孩子不能有半句怨言。他们固执地认为这些做法都是为了孩子的未来，是对孩子的爱。这些所谓高明的训练手段的致命之处是未把孩子当成一个活生生的人，而是当成一个执行命令的机器。成人忽视孩子情感的教育方式是最错误的教育方式，是最不可原谅的教育方式，是让孩子输在起跑线上的教育方式。孩子的精神世界处于好奇阶段时，确实会100%地执行成人的命令；当孩子的精神世界具备为自己的事情决策的冲动时，开始对成人的精神控制表示厌倦，心中思索"我为什么要遵从你的命令？你的命令对我有什么好处"？如果成人此时依旧不考虑孩子的感受，强烈地要求孩子遵从自己的命令，逆反期的问题就爆发了，孩子开始否定成人的各种命令（不管这种命令是否对自己的发展有利），与成人进行对抗。

逆反期的起因是成人缺少对孩子情感的认知，成人的施教方式缺少了孩子情感的部分。如果成人的施教方式能稍稍地加入一点情感的成分，很容易避免

---

① 成人总是习惯于给自己的孩子下命令，这种做法并不可取。

逆反期的问题。

3. 施教活动以人为本

以人为本的教育方式是在孩子的精神世界形成过程中的最佳施教方式，也是处理逆反期儿童的最佳方式。成人在施教的时候只有把孩子放在与己平等的位置，尊重孩子的尊严、价值、创造力和自我实现，才能找到解决逆反期难题的钥匙。

如果成人过分压制儿童的精神世界导致了逆反期，那么成人过分放纵儿童的精神世界就会出现个人成长与社会认同之间的偏差，出现了溺爱式施教行为。人本主义心理学大师卡尔·兰塞姆·罗杰斯主张建立以"学生为中心"的教育模式，认为以学生的自发性与主动性为学习动机，学生自我发起的学习是最有效、最深刻的学习，学生有责任地参与学习过程和实践中体验学习是促进学习的最有效方式。

人本主义心理学的教育观念非常深刻，抓住了"以人为本"教育的一个端口。实施"学生为中心"的施教模式，以学生的自发性与主动性组织教育活动，确实是最有效的施教方式；但是这种施教方式成立的前提是学生能够发起学习，或者学生的学习动机与施教的内容相一致，此施教方式才能实施。在真正的施教过程中，施教的内容是被限定在某一范围内的（家长的知识有限和学校教授的知识有限），学生最想学习的内容很可能不在施教的知识范围之内，此时施教者无法满足学生的学习欲望。另外，"学生为中心"的施教模式还会遭遇到一个挑战，学生在未成年之时存在模仿学习的情况，无论行为是否被社会认同，学生会无条件地进行模仿；另外，学生可能还会习得一些未被社会认可的坏的行为，一旦习得这些坏的行为，学生还会认可这些坏的行为，并强化这些行为。因此，只有在学生认可社会主流价值意识时成人才能实行"学生为中心"的施教模式。

4. 中庸式施教方式

中庸是指中正、中和，是指和谐。过犹不及、不过犹不及，多一分则嫌多，少一分则嫌少，中庸是指不偏不倚、恰好的意思。中庸式的施教方法是指因人施教，根据人的生理、心理、社会性等要素的发展特点制定相应的施教计划。

图4－1　太极图

混沌为万物之始，道为万物之抽象。"一阴一阳之谓道"，万物皆有阴阳属性，阴与阳是分析事物的两个维度，自然界的任何事物都包涵阴和阳相互对立的两个方面，而对立的双方又是相互统一的，"万物负阴而抱阳"。① 中庸式施教是以太极原理为基础而构造的施教观念。施教以提高个人知识、能力和品行为目的，施教者和受教者为施教活动的主体和客体。施教方式为"混沌"或"太极"，施教方式没有最好，只有最合适。施教者的教法和受教者的天性为阴阳两极，施教者自顾施教而不顾受教者感受为"灌输"，施教者顺受教者天性而不顾施教之目的为"溺爱"。因此，施教目标是固定的，施教方式因人而异，最优施教过程为施教者的施教和受教者的爱学之和谐，在和谐的状态下完成施教的目标。中庸式施教方式强调因势而变，奉行不伤害个人情感的施教方式。施教过程中虽然不能确保每个受教者都是快乐的，但底线是受教者不反感施教活动。

中庸式施教方式以尊重学生个体为前提，因个体的精神世界差异而灵活变换施教方式。个人成长的阶段性是组织施教活动的根本出发点。人的精神世界是一个缓慢变化的过程，逐渐由单纯变得复杂。在儿童的精神世界中社会属性

---

① 阴阳学说是我国古代人民创造的哲学思想，一直影响到现代。阴阳学起源于归纳法，人有男女，天有昼夜；古人在分析各类事物时都能找到其对立面，在不断的归纳过程中创立了阴阳学说；男女交合而育幼子，阴阳交合而生万物。古人创立阴阳学说之后，用阴阳学说指导实践。

的因素较少，而且儿童乐于接受成人的命令，① 在儿童高兴的前提下实施各类教育方式都是可行的。成人的精神世界具有坚固性特点，对任何事物都有自己独特的见解，而且其精神世界很可能与施教目的相偏离，此时施教者和受教者产生共识才是完成施教目的的最佳方式。

中庸式施教以个体的精神世界为起点，以人性为教育起点，个人的学习态度和情感认知在中庸式施教中处于核心地位，施教者必须根据受教者的精神世界发展程度设计恰当的施教方式。传授知识和规范行为是施教的两个主要目标，而且这两个目标是在同一个施教过程中完成的，两者的地位同等重要，不存在厚此薄彼的情形。如果仅重知识传授而忽视行为规范，可能培养出有才无德的社会恶棍；如果仅重行为规范而忽视知识传授，很可能培养出愚昧无知的行尸走肉。

中庸式施教以不伤害个人的情感为底线。精神世界是以个人喜好为基础。如果施教的教育目标会伤害到个人的情感，那么宁可不行施教。如果个人的精神世界与施教方式存在激烈冲突，也与社会主流价值相激烈冲突，而且社会主流价值认为个人的精神世界是危险的、可能伤害到公众利益的，那么先改变个人的精神世界之后再进行施教。

中庸式施教方式的行为规范以法律和社会道德为准绳。法律和道德是社会行为标准，也是个人精神世界的重要组成部分。法律是由国家制定或认可、体现统治阶级意志、以国家强制力保证实施的行为规则（规范）的总和。道德是社会意识形态之一，依靠社会舆论、人们的内心信念和传统习惯调整个人与个人、个人与社会集体、社会集体与社会集体之间关系的行为原则和规范的总和。从行为逻辑来看，如果我们违反法律，就会受到法律制裁；如果我们违反道德，就会受到社会孤立。个人终究还是社会人，需要依靠社会生存。因此，施教的准则是帮助个人遵守法律，帮助个人适应社会，切不可传授违反法律和社会道德的言论和思想。

文无定法，施教亦无固定方式，没有最好的施教方式，只有最优的施教方

---

① 儿童愿意接受成人命令的前提是成人走入了儿童的精神世界，与儿童建立了很好的情感联系。

式。我国社会对施教方式存在"要么东风压倒西风，要么西风压倒东风"的倾向，施教方式改革存在"一刀切""一阵风""强制移植"等教条式问题。其实，灌输式教育和引导式教育都是施教方式，两者没有高低之分，只有是否适合个人学习习惯之差别。中庸式施教不会刻意地抬高某种施教方式，打压另外一种施教方式，只会根据个人特点制定适合个人的最佳的施教方式。

中庸式施教方式不强调"以教为中心""以学生为中心""以资源为中心"，而是强调教学的整体性，认为教学是一个过程，是有任务和目标的一个活动，教与学是同等重要的，施教者教授和受教者学习是完成任务和目标的同一过程。因此，中庸式施教方式不存在施教者与受教者谁更重要的问题，也不存在施教者和受教者谁为中心的问题，而是施教者与受教者共同协作、在和谐的氛围中完成一项任务。

第二节　中庸式施教活动的组织方式

个人的成长阶段是施教的基础，培养服务经济社会的多样化人才是施教的目标。从基础到目标，中间缺的是组织方式。施教的组织方式是根据个人的特点给予最恰当的施教。

一、评价贯穿整个施教过程

施教的对象是人，施教之前定要对人进行评测，从生理、心理、知识、社会四个维度对个人的精神世界进行分析，其分析结果是施教的起点。人才培养目标决定施教的内容，是整个施教过程的终点。而评价是确定施教起点、组织施教活动和监测施教结果的手段。

1. 亟须变革的学校教育模式

施教不同于教学设计。教学设计是施教之前的工作，是由施教者开发并经过检验确认有效的教授方式。① 本节研究的内容是人才培养方式探讨，而教学内容非常庞杂和繁多，如施教的课程包括语文、历史、体育、艺术、数学、科学、技术等科目，每个科目都是独立的知识体系。因此，笔者只能对各个科目教学活动进行高度抽象和凝练，不会具体到施教内容实施的教学设计，并且假定教学设计是完备的、科学的。

我国学校教育的各个环节都含有评价，如在平常课堂教学中有"一课一练"，学期末有专门的考试，学校也安排专人从事心理健康教育。但是智育与心理健康教育未实现高度融合，而且各自的实施效果也存在不尽人意之处。

第一，智育未解决学困生和优等生的学习问题。当前的学校教育很少在教学之前对学生进行评价，学校教育的评价是事后评价，只考察学生在一个学期内的知识掌握情况。在学校的班级教学中，教师严格按照课程教学计划组织教学，每次考试完毕之后，进行成绩分析时班级中总会有部分学困生，到了第二学期，教师依旧严格按照新的课程教学计划组织教学，教师不管班级学生对上学期知识的掌握情况，开始新的课程教学。在这里，我不是对班级授课制进行吹毛求疵的指责，而是对班级授课制存在的问题进行客观地陈述。自扬·阿姆斯·夸美纽斯创立班级授课制以来已经过去三百余年的时间，班级授课制提高了教育的效益，使得现代学校制度成为可能，为教育普及作出了不可磨灭的贡献。我们肯定班级授课制的巨大贡献，也要看到教师死板运用班级授课制带来的问题。在一个班级中，优等生和学困生同在，教师授课又讲究平均主义，照顾班级的大多数学生，出现优等生吃不饱、学困生吃不下的问题，学困生永远跟不上教师授课进度，优等生永远听着教师重复性的灌输。不对学生实施评价的班级授课制对优等生和学困生都是一种折磨。

第二，心理健康教育的实施效果不理想。心理健康教育被认为是一项独立的教育工作，与智育相分离，学校注重心理健康教育工作而不是对学生健康心理矫正，教师在授课过程中并不重视学生的学习意愿。如2001年教育部印发

---

① 教学设计的一般过程通常又被称为 ADDIE 模式，此模式取教学设计流程中各步骤的第一个字母，"A"是 Analysis，代表分析；"D"是 Design，代表设计；"D"是 Development，代表发展；"I"是 Implementation，代表实施；"E"是 Evaluation，代表评价。

《关于加强普通高等学校大学生心理健康教育工作的意见》，2002 年教育部印发《普通高等学校大学生心理健康教育工作实施纲要（试行）》，2003 年，教育部办公厅下发了《关于进一步加强高校学生管理工作和心理健康教育工作的通知》。2012 年教育部印发《中小学心理健康教育指导纲要（2012 年修订）》。一系列文件的出台体现了国家对学生心理健康教育的重视程度，但是心理健康教育的效果却不是很明显。中国疾病预防控制中心 2014 年对 9015 名中小学生（主要年龄为 10～14 岁）进行了一次调查，发现 17.4% 的孩子"认真想过自杀"，8.2% 的孩子甚至"做过自杀计划"。浙江省一项研究同时发现，70% 的中小学生存在焦虑等问题。哈尔滨医科大学对城乡中小学生的调查则发现，城市儿童抑郁检出率为 19.23%，而农村的则高达 32.5%。2013 年天津社科院"青少年心理障碍实证与教育对策研究"课题组对天津市 2000 名中学生的心理健康状况调查，结果显示有心理问题的学生占 35.31%，心理问题严重的学生占 6.72%。2013 年对西部五个省市 20 个地区的中学生做过调查，发现有 77.9% 的中学生存在各种轻度的不良反应，有 5.2% 的中学生存在着各种明显的心理障碍。上海市精神卫生中心的调查发现，27% 的中学生存在心理障碍或患有心理疾病；著名心理学家郑日昌等对全国几个大城市在校学生的调查结果表明，小学生中有心理和行为问题的人数占 13%。深圳市中小学生心理健康状况调查表明，中小学生心理问题检出率为 13.2%，但如果把心理问题达到临界程度的考虑为需要心理干预，则需要个别心理指导的学生达到 32%。① 上述数据表明，我国的心理健康教育开展的效果并不好，青少年心理健康问题依旧突出。

2. "评价—教学—再评价"的施教范式

在现代汉语词典中，学习是指通过阅读、听讲、研究、实践等获得知识或技能的过程；教育是指教导和启发，使之明白道理。学习和教育都是抽象的概念，传递出一种高度的抽象。在施教之前，施教的内容和目标是确定的，施教者的能力水平是确定的，但是受教者的情况是不确定的。受教者是否愿意学习？受教者的知识水平达到何种程度？这些都是施教前必须弄清的问题。因此，施

---

① 中国儿童中心. 青少年心理健康现状调查报告. http://xinli.yjbys.com/jiankang/220849.html.

教者在施教之前必须确定"受教者对施教内容掌握到何种程度""怎么才能让受教者更好地接受内容"等目标，施教者能够全面把握受教者的心理状态。

生理、心理、知识、社会是人的精神世界的四个维度，这四个维度是精神世界的有机组成部分，四者不可分割，彼此密切地融合为一体。评价发生在正式施教之前，是从生理、心理、知识、社会四个维度对个人精神世界的一次测评，目的是为了掌握受教者的精神世界状态，确定受教者生理发展水平、心理发展水平和知识发展水平。目前，对于生理、心理、知识、社会四个维度的测评都有专门的评价工具。

第一，生理状态测试。人体生理状态测试的典型代表是体检测试。生理状态测试与体检测试非常相近，也略微存在差异。施教的生理状态测试的出发点是了解受教者的身体发育状态，为受教者量身打造体育锻炼计划，确保受教者的身体健康状态。目前在儿童发育测评中一般会加入智力发展测试，而生理状态测试中的知识测试即为智力测试，因此生理状态测试只是检查受教者的身体状态。在实际施教过程中，受教者人群大致可分为成人和儿童两个类别，儿童与成人的区别在于儿童还在发育过程中，而成人已经发育完毕。因此，儿童的生理状态测试是在成人生理状态测试的基础上增加骨龄测试。由于生理状态测试都有成熟的测试工具，文中不再赘述测试的方法，只是简略描述施教的生理状态测试的组成部分。生理测试分为五个部分：一是营养监测，对受教者的全身营养状况进行评价。二是疲劳检测，评估每一天的身体状态。三是肌肉力量测试，测试肩膀、腰腿、手臂、腿部等部位肌肉的力量和柔韧性。四是身体灵活性测试，测试四肢和躯干的灵活性。五是骨龄测试，测试儿童骨骼的发育情况。儿童的生理测试为上述五项，成人的生理测试是前四项。儿童处于生长发育期，疲劳检测每日都做，骨龄测试在 12 岁时测试一次即可，其余项测试每年都要测试一次。成人身体已经发育完毕，疲劳检测每日都做，其余测试每 2 - 3 年做一次即可。施教的前提是人体健康，特别是身体处于非疲劳的状态，施教过程中劳逸结合，智育和体育相结合，合理安排体育与智育的时间，根据肌肉力量和身体灵活性设计体育活动，以保持受教者的身体健康状态。

第二，受教者心理状态测评。自弗兰西斯·高尔顿实施心理测试实验以来，心理测试已经走过一百余年的历史，尽管心理测评一直备受争议，但是我们能够看到心理测试越来越规范。教育是人的教育，施教之前定要对受教者的心理进行测试。一是抑郁测试。自卑抑郁是最不利于施教的精神状态，抑郁症的最大表现是情绪的消沉，在生活中总是感到闷闷不乐，甚至悲痛欲绝。二是焦虑测试。焦虑症是指个人的感受交织着紧张、不安、焦虑、忧虑、恐惧等。三是精神分裂症。个人出现幻听、幻视、幻嗅、幻味、幻触等，或者出现思维障碍、妄想症等。心理状态测评解决的问题为是否可以对受教者进行施教，如果受教者的心理状态非常差，整天被紧张、不安、焦虑、忧虑、恐惧等负面情绪所包围，那么施教者不能对其施教。

第三，知识能力测评。知识能力测评不同于智商测试，知识能力测评是根据施教目标的大纲设计的系统性题库，里边囊括每个科目的所有知识点，通过试题测试便可获知受教者所掌握的知识处于何种水平，确定受教者学习的知识起点。

第四，社会属性测试。在人的本质中社会属性是一项被评测指标，人的社会性是社会他人的一种评价。社会生活分为人和处事两部分，社会属性主要体现为处理人际关系。人际关系能力是后天形成的能力，是可以通过培养而获得的能力，人际关系能力弱并非是心理疾病，而是后天人际交往训练不足。

生理、心理、知识、社会四个维度的测评以受教为出发点，受教者测试是四种能力的一种综合，与专业性的测试不同。受教者的测试不涉及言语技能发育障碍、学习技能发育障碍、多动症、咬指甲、异食癖等内容，其原因是本书不提倡将言语技能发育障碍、学习技能发育障碍、多动症、咬指甲、异食癖等症状的受教者进行单独重点叙述，而是提倡将这些症状作为受教者本身差异。每个受教者都会接受生理、心理、知识、社会四个维度的测评，而测评结果会显示每个受教者都是一个独立的个体，施教者针对个体化的差异设计不同的施教方式。

施教范式中的"教学"环节是一个具体实践的过程，是教师教和学生学的同一过程。由于知识体系的结构复杂性和科目多样性，各个科目都有各自的知识逻辑体系，每个科目的知识点都最适合的授课方式。"教无定法"，以受教者最愿意、最容易接受施教内容为最佳方式。

施教范式的最后一个环节是"再评价"。"再评价"是对"教学"环节的一次全面测定和衡量，是对"教学"成果的一次检验。"再评价"与"评价"的检测维度相同。在"教学"活动刺激之后，再对受教者进行评价。"再评价"与"评价"之间的结果可以进行对比分析，检验"教学"的效果。同时"再评价"的结果可以作为下一次"教学"循环的起点。施教就成为"评价—教学—再评价"一个交互往返螺旋上升的过程。

马克思认为人的认识来源于实践，实践是检验认识正确与否的唯一标准，实践与认识是辩证统一的关系。哲学中认识的范式是"实践—理论—实践"。"评价—教学—再评价"是施教的组织范式，因材施教是施教的核心理念，施教者在施教前的"评价"是对受教者情况的认知，"教学"是根据施教者情况设计的流程，"再评价"是对"教学"情况的检验，也是下一个施教环节的起点。对于受教者来说，其学习的范式"记忆—检验—再记忆"，"记忆"是大脑对施教内容的一次映射，"检验"是对施教内容的一次考察。如果受教者通过施教内容"检验"环节，那么就可以进入下一个学习环节；如果受教者未通过施教内容"检验"，那么就进入"再记忆"环节，再次学习施教内容，直到通过"检验"环节。根据以上所述，施教的"评价"环节与学习的"检验"环节是同一环节，只因施教者和受教者角度不同而给予的不同命名。

受教者的学习过程是一场认知经历，只是这种认知的来源是施教者的知识传授，而不是亲身实践。为了受教者更好地接受施教内容，施教者也可以在施教过程中增加体验环节。

二、学校施教活动的组织

中庸式教育方式以评价为起点，遵从个性化教育，是围绕学生身心健康的教育，是促进学生个性发展的教育，每人都会有一套特色化教学设计。这就暴露出一个问题，教育资源与教育需求之间有矛盾。每个学生都要接受个性化教育，并在德智体美等方面得到全面发展，则每个学生对应德智体美四个方面的施教者，如果将智育分解为科目，那么每个学生就要面对十几个施教者。

1. "评价"分班制的系统化教学组织方式

解决教育资源与教育需求之间矛盾的关键是改善班级授课制。打破原有的分班模式，以"评价"结果为标准对学生进行重新分班。

传统班级授课制存在班级固化的问题，在同一个班级中每个学生的学习进度不一，只有一个教师进行授课，不可能顾及每个学生的进度。而"评价"分班制将掌握知识水平相差不大的学生分为一个班级，同班学生掌握知识程度基本一致，教师可以非常有针对性地进行授课。教师每次授课完毕之后会对所教内容进行"再评价"，根据"再评价"结果进行重新分班，然后进行下一次的授课。"评价"分班制不同于传统班级授课制，传统班级授课制以班级为单位组织教学，"评价"分班制根据学生对知识点的掌握程度进行分班授课。每次"评价"完毕，便会对学校全部的学生进行重新分班，每个班级学生代表学生对知识的掌握情况，教师在此基础上按照教学大纲要求对学生讲解知识要点。

实施"评价"分班制的前提是课程系统化工作。各学科的知识体系具有严密的逻辑关系和层级关系，学生未掌握学科的低级知识时不易学习更高层级的知识。学生学习各学科的知识就像爬楼梯，需要从低阶到高阶一步一步地爬，中间不可越阶，一直爬到楼顶。以义务教育数学课程标准（2011 年版）为例，九年义务教育数学分为代数、几何、概率论三个部分，代数的层级知识体系：抽象出数的概念，认识分数和小数；理解常见的量；体会四则运算的意义，掌握必要的运算技能，能准确进行运算；在具体情境中，能选择适当的单位进行简单的估算；理解分数、小数、百分数的意义，了解负数的意义；掌握必要的运算技能；理解估算的意义；能用方程表示简单的数量关系，能解简单的方程；理解有理数、实数、代数式、方程、不等式、函数；掌握必要的运算（包括估算）技能；探索具体问题中的数量关系和变化规律，掌握用代数式、方程、不等式、函数进行表述的方法。几何的层级知识体系：了解一些简单几何体和常见的平面图形；感受平移、旋转、轴对称现象；认识物体的相对位置；掌握的测量、识图和画图的技能；探索一些图形的形状、大小和位置关系，了解一些几何体和平面图形的基本特征；体验简单图形的运动过程，能在方格纸上画出简单图形运动后的图形，了解确定物体位置的一些基本方法；探索并掌握相交线、平行线、三角形、四边形和圆的基本性质与判定，掌握基本的证明方法和基本的作图技能；探索并理解平面图形的平移、旋转、轴对称；认识投影与视图；探索并理解平面直角坐标系及其应用。概率论的层级知识体系：经历数据的收集、整理和分析的过程，掌握一些简单的数据处理技能；体验随机事件和事件发生的可能性；体验数据收集、处理、分析和推断过程，理解抽样方法，体验用样本估计总体的过程；进一步认识随机现象，能计算一些简单事件的概率。在义务教育数学的知识体系中，知识点是固定且有逻辑的，具有分层特征，学生学习数学要从低阶学起，一直完成义务教育阶段数学科目的学习。学校将掌握数学知识相近的学生分为一班，教师根据学生对知识点掌握情况进行授课。

在"评价"分班制下，学生的班级组成是动态的，按照知识掌握程度对学生进行分班，可以解决传统班级优等生和学困生的问题。优等生完成一个知识点的学习，通过"检验"环节，自动进入更高一级知识点班级的学习。学困生如果未能通过"检验"环节，自然会被留下重新学习知识点。"评价"分班制将九年义务教育作为一个整体，不再机械按照学年升级进行授课，而是根据学生对知识的掌握水平组织授课。

"评价"分班制对传统的班级授课和学制是一个挑战。传统的分班授课制，每个年级课程都有严格的学时要求和教学计划，教师根据教学计划实施教学进度，而"评价"分班制将学科知识体系作为教学任务，根据个人对知识点的掌握水平实施分班，只会安排各个科目的课时数，不会安排课程教学计划，而是根据个人学习情况实施教学任务。对学制的挑战体现在学生学习年限控制方面。以义务教育为例，1986 年六届全国人大四次会议审议通过了《中华人民共和国义务教育法》，以法律形式规定了适龄儿童必须接受九年义务教育，这对教育普及和提高国民素质做出了重要的贡献。青海教育厅在新华网回复"义务教育阶段能留级吗"的问题"义务教育阶段原则上不实行留级制度。一是贯彻《义务教育法》，保障适龄儿童、少年接受义务教育权利的需要。《义务教育法》所指的九年义务教育是国家规定的年限教育。如实行留级，则会造成大量的学生滞留，不利于九年义务教育的普及。二是有效利用教育资源的需要。就我省而言，义务教育优质资源依然满足不了人民群众接受高质量教育的需求，如实行留级制度，势必造成大量留级生挤占原本不足的教育资源。三是目前我国实行免费义务教育，在义务教育阶段，国家实行免杂费，对农村学生免费提供教科书重复投入，造成浪费。四是在义务教育阶段因学生患病等特殊情况确需留级重读，则应向学校提出申请,须经教育行政部门批准。"① 按照传统分班授课制的逻辑,教师按照教学大纲和教学计划进行授课,每个学年结束后,学生自动升级,无论学生是否掌握了教师授课的知识,一律进入更高的年级接受新的知识。学生在学习过程中一旦未能掌握教师教授的知识,就永远失去再次学习的机会,而且还要接受更高层级知识的学习。因此,在现行的教学组织模式下学困生很难改变自身学习的状况。

知识点和学生知识能力水平是"评价"分班制的两个基点,"评价"分班制不再纠缠于升学和留级,打破原有的班级固化状态,学生学习过程只有知识学习升级过程。"评价"分班制的学习方式非常具有弹性,为学生提供了未掌握知识点时重新学习的机会,直到学生掌握施教内容之后再教授下一个知识点。

2. "评价"分班制引发的教育教学组织方式的变革

"评价"分班制不同于传统的班级授课制,"评价"是对学生进行个性化的分析,分班是将学生个性化特点进行汇总。"评价"分班制将学生评价的关口前移,并将评价作为教育教学的依据。传统的班级授课制不能满足"评价"分班制的实施要求,需要对教育教学组织方式进行变革。

第一,知识模块化的教学组织方式。"评价"分班制将各科目的知识点进行整体化设计,将所有课程知识点分解为模块,教师以知识模块的方式进行授课,其终极目标是在一个星期内所有科目的所有知识点都能够讲述一次,即每个学生在一个星期内有机会将学校所讲授的知识点学习一遍。终极目标只是一个最高的预期,具体教学组织还应该根据学生的知识水平情况进行安排。

第二,"评价"分班制对教师专业化素养提出了更高的要求。"评价"分班制和知识模块授课方式,打破了传统的教师"包班制"教学方式,教师不再严格按照教科书知识编排进行授课。还是以九年义务教育数学课程为例,对学校全体学生的数学知识进行测评之后,学生被分为 N 个组,这时在一个星期之内就需要教师对数学课程中的 N 个知识点进行讲解。以传统授课模式为例,N 个知识点可能分布在 9 个年级的课程中,每个数学教师都有快速根据 N 个知识点

---

① 教育厅回复"义务教育阶段能留级吗". http://www.qh.xinhuanet.com/zwpd/2012 - 09/25/c_ 113194809. htm.

组织课堂教学的能力。① 这就需要每个数学教师能够从全局上把握九年义务教育数学课程的所有知识点，并且还能够灵活进行授课。

第三，"评价"分班制要求教师讲解知识点的方式为最佳授课方式。这种方式需要得到同行教师的高度评价，得到学生的认可，教师能在最短的时间内完成施教内容的讲解，确保学生在注意力集中时间内完成知识学习。

第四，"评价"分班制能够将认真听讲的学生鉴别出来，学生对于知识学习不反感，而且愿意接受新知识。这样可以确保学生都会认真听讲，保证课堂的纪律和秩序。

第五，信息技术的应用让"评价"分班制成为可能。"评价"和分班的被频繁地使用是"评价"分班制的最大特点，如果依靠传统的课堂考试和课后评价，很难快速完成"评价"和分班的任务。但是信息技术的使用让这个看似不可能完成的任务成为可能。应用信息技术可构造电子题库，移动终端可以在课堂上完成随堂测试和随堂评价，"评价"结果的电子化可以随时进行分班，学生和教师可以随时通过移动终端获得分班结果的信息。

第六，"评价"分班制具有规模效益。在学生从内心中愿意学习之后，100个学生同时听课和30个学生同时听课的效果是一样的，学生都聚精会神地听教师讲课，课堂秩序永远是整齐划一，教师不需要在维持课堂秩序方面花费功夫。

三、受教者的感受是施教之基础

在解除生存的压力之后，愉悦的体验是人的最高追求。"士为知己者死，女为悦己者容。""生，亦我所欲也；义，亦我所欲也。二者不可得兼，舍生而取义者也。"人的精神世界成形之后，对于个人喜好会产生强烈的体验感，遵从自己的喜好成为入世规则。个人会有很多喜好，每种喜好在个人精神世界的位置也不相同。如果义成为一个人的顶级喜好，并在一个人精神世界中的地位高于生，在义与生的取舍之间，舍生取义便会是一个人的自然选择。当个人违背自己精神世界深处的规则时，个人会有生不如死的感觉，只有改变自己精神世界

---

① 在传统的授课中，教师采取包班授课制，完全按照年级教科书进行授课。一年级的教师不会讲授二年级的知识。

的内核时,这个感觉才会消失。

施教是一种外界刺激,有明确的目的和内容。所谓的教授和引导,只是向受教者传导一些已有的经验或者规则。不可否认,个人事后都会发现在学校教授的内容中存在部分知识没有效果的情况,学校也不能保证所教授的内容对个人未来生活会有很大的帮助。我们不禁反思:学校过分偏重考试科目的教学模式是否为最佳的教学模式?学校应该教给学生哪些技能、哪些观念?学校施教时对待学生有哪些底线?教师和学生在施教的各自处于何种位置?

1. 情感认同是施教的基础

学生有独立的精神世界,具有自己的情感,能够独自观察、思维和表达。生存欲望将每个人都塑造成自我为中心的个体,每个人都是自己的主宰。人总是掌握有限经验,在做一件事情时,总会选择自认为最满意的决策、最令自己心理舒服的决策,个人绝对不会去做某一件会让自己感到恶心到死或难过到死的事情。

有两个事例可以从正面和反面很好地说明精神世界对个人处事的影响。正面的事例是革命烈士方志敏,方志敏被国民党俘虏之后,写下了《清贫》《可爱的中国》《狱中记实》等文章,表达自己对革命的忠诚和祖国的热爱。被俘期间国民党高官三番五次劝降方志敏,方志敏断然拒绝。方志敏写下:"我已认定苏维埃可以救中国,革命必能取得最后的胜利,我愿意牺牲一切,贡献于苏维埃和革命。""不管阶级敌人怎样咒骂诬蔑共产党,但共产党终究是人类最进步的阶级——无产阶级的政党。""你们法西斯匪徒只能砍下我们的头颅,决不能动摇我们的信仰!""因为我们信仰的主义,乃是宇宙的真理!为着共产主义牺牲,为着苏维埃流血,那是我们十分情愿的啊!"方志敏已经将共产主义信仰融入自己的精神世界,共产主义信仰是精神世界的最高点,他为了共产主义信仰宁愿献出自己的生命。反面的事例是大汉奸郝鹏举,郝鹏举先加入了冯玉祥的部队,被编入第十六混成旅当战士,1926年郝鹏举被选送到苏联基辅红军兵种混成干部学校去学习炮兵,在没有得到冯玉祥批准的情况下,私自从苏联回国。冯玉祥对此感到很恼火,没有叫他执掌兵权。冯玉祥反蒋失败后,郝鹏举投靠过梁冠英、彭振山、胡宗南。后来因个人生活作风问题,郝鹏举被国民党投入监狱,他买通看守逃出监狱投靠汪精卫。日本投降后,郝鹏举被蒋介石收编,1946年起义接受中国共产党的整训。全面内战爆发后，郝鹏举叛变投蒋，出卖了新四军联络部长朱克靖。面对叛徒厚颜无耻的行径，解放军发动了白塔埠战役，活捉了郝鹏举。贪生怕死的郝鹏举再三要求面见陈毅，陈毅便接见了他，挥毫写了一首题为《示郝鹏举》的诗扔给了他："教尔作人不作人，教尔不苟竟狗苟，而今俯首尔就擒，仍自教尔分人狗。"郝鹏举的精神世界信仰升官发财，全然没有半点为国为民的思想，更没有为大义牺牲生命的精神，满脑子都是享受的思想。举方志敏和郝鹏举的例子，只是为了说明个人精神世界或个人情感或个人信仰对个人处事的影响。方志敏心中对共产主义有深厚的感情，宁可失掉性命也不愿意违背自己的信仰。在方志敏的精神世界中违背共产主义是不可接受的，违背共产主义而偷生比牺牲生命更加让自己难以接受。反观郝鹏举，为了升官发财和保住自己的地位，完全不讲仁义道德，为了个人私利，不顾任何原则。

举方志敏和郝鹏举的例子是为了说明精神世界的喜好决定了个人在处事时的决策选择，精神世界的感受决定了个人处事方式，情感认同决定一个人的处事原则。感受有很多种类型，快乐是一种感受，痛苦也是一种感受。快乐和痛苦之间的感受还能分很多等级。

学习也会带给人一种感受，既能给人带来快乐的感受，也能给人带来痛苦的感受。如果学习让个人感到痛苦，那么个人是不能够学习的。如果一个人喜欢学习，并且热爱学习，认为学习是一生的最爱，那么他认为学习是一种快乐，是人生的一种体验。

如果学生认可教师，热爱教师，就会在课堂中愿意遵守纪律，课堂会保持良好的秩序。如果教师与学生之间出现隔阂，学生很容易厌学，不愿意理睬教师讲授的内容，更不能完成施教的任务。因此，为了完成教学的任务，不管学生是否愿意学习，教师要获得学生的情感认同，在学生的精神世界中占有重要的地位，才能更好地进行施教。

获取学生的认可并不是一件简单的事情。人都是以自我为中心，认可他人就等于他人在自己的精神世界中占据了重要的位置，按照认可程度，认可他人产生的情感由低到高是从信赖到崇拜。从词语含义来看，信赖是在长时间的相处后，对彼此的一种信任和依赖，你可以向信赖之人袒露心迹。崇拜是指对所信奉的偶像加以尊崇和敬拜。在信赖的状态下，学生信赖教师而变得依恋教师，此时学生愿意听取教师的施教内容和建议，双方是平等的。在崇拜的状态下，学生崇拜教师而尊崇教师，学生心理处于卑微的位置，会将教师的话语当作圣旨。对施教而言，教师不必奢求成为学生崇拜的对象，只需成为学生信赖的对象即可。

2. 传授正确且实用的知识与思想

知识和思想都是意识形态，具有多样性和差异性。从个体分析来看，个人创造的知识和思想并没有差异，各自都有各自的角度，各自有各自的方式。但是从社会认可度来看，用组成社会的关系衡量知识和思想，就有了社会认可程度的区别。正确的知识和思想是能够得到社会大多数成员认可且被大多数成员执行的。

传授知识和思想贵在真实。与儿童相比，成人具有更多经验，更容易处理施教传输的知识和思想；而儿童犹如一张白纸，成人可以按照自己的意愿对儿童的精神世界进行描绘。随着经验的增加，儿童也构建自己的精神世界，慢慢有了自己的价值取向。施教者面对的是一个有自己精神世界的受教者，若不在施教之前对受教者进行评价，定难以感知受教者的精神诉求和知识水平，其组织的施教活动缺少针对性，犹如隔靴搔痒，用了很大的力气，却不容易得到好的结果。

个人在不具备足够的专业知识时总是容易相信他人的话语。儿童是最容易相信他人话语，而且愿意执行成人命令的。成人教儿童唱歌、跳舞、说话，当儿童已经掌握这些内容，成人对儿童下命令"亲爱的，给我唱首歌吧"，[①] 3 岁之前的儿童，会很乐意按照成人的要求去做。

传授正确的知识和思想，并不是针对儿童，对成人也同样适用，只是成人的思维更加成熟，对抗错误知识和思想的能力更强。错误的知识和思想对人造成的伤害程度有大有小，最严重的错误知识和思想会危及人的生命，最轻的危害也会给人造成心理落差，让人觉得不可接受。

错误的知识和思想主要来源于人的认识局限性。施教时传授的错误的知识

---

① 此处的成人是有条件的，不是路人，而是同儿童建立感情基础的成人，儿童对成人有依恋感，很容易执行成人的命令。

和思想，只有个别人是刻意地误导他人，多数人是无意识的传播。施教者坚定认为自己传授的知识和思想是正确的，认为自己教授的错误是一种爱和帮助，并且在自我沉醉的状态下传授给受教者。

在施教过程中，传授错误的知识和思想是很难避免的，但是恰当的施教方式可以将失误降到最低。知识和思想分为自然科学和社会科学两个部分，自然科学知识的讲解是"对和错"判断题，评判自然科学知识的标准是"对和错"。社会科学知识很难用"对和错"来判断，对同一话题，持不同价值观的人有不同的看法，而且每种看法都有道理。

施教者传授社会科学知识和思想，不是让受教者做"是非题"，而是让受教者做"选择题"。处理社会问题贵在灵活，弊在死板，讲究现有条件之下做出最优选择。社会问题只能在当时社会条件和认知水平下做出选择，人们在事前和事后对问题评价的差异是一个正常的现象。

世界上没有绝对的真理，相对真理是永远的绝对真理。传授知识和思想，以个人情感意愿和知识水平为基础，以受教者对施教者的心理认可度为标准线，以提高受教者对社会、知识包容心、协调力、知识储量为目标。

适应社会和具有社会生存能力是施教的根本目标。个人适应社会是个人精神世界对社会的认可度，精神世界对社会规则认可程度越高，个人的社会生存能力越高，就越能适应社会。施教的任务就是帮助个人认识社会规则和提高社会生存能力，施教要教授个人在社会生存中最有用的知识。

第三节　中庸式教育的理念

对于施教来说，不能恰好完成施教目标是常态。中庸式教育讲究不偏不倚，要求在施教者意志和受教者精神世界之间达成一种平衡，并且这种平衡与社会关系相适应。

一、受教者和施教者

人类自进入文明社会后便有了教育活动。经历 4000 余年的发展，人类在施教方面积累了丰富的经验。单论施教方式，就有"对话式""启发式""灌输式""探究式""以教师为中心""以学生为中心""以资源为中心"等。《教育规划纲要》倡导"启发式、探究式、讨论式、参与式教学，帮助学生学会学习。激发学生的好奇心，培养学生的兴趣爱好，营造独立思考、自由探索、勇于创新的良好环境"。杜郎口中学、洋思中学、北京十一学校等对施教方式进行了不懈的探索。"以学生为中心"体现了以人为本的教育理念，将受教者当作拥有精神世界的生命来对待。人们在教育实践中也发现儿童发展的阶段性和特殊性，对儿童和成人采用区别对待的施教方式。

不管施教方式如何变化，施教者和受教者是施教过程中不变的主体和客体。在两者的关系中，施教者永远处于强势的地位，受教者永远处于弱势地位。受教者之受教是接受施教者的知识传授，施教者之施教是向受教者传递自己的知识和思想；受教者有求于施教者，希望获得施教者的点拨。从理论上来说，我们希望每个施教者都是卓越的；而在现实中，施教者是一个庞大的群体，人人都是卓越者只能存在于理论可能。

在施教过程中受教者处于被动的位置，即使能够独立思考，也需要被动接受施教者的引导。相对于受教者而言，施教者更加主动，在施教过程中也会承担更大的责任。约翰·杜威认为，教师在学校中不是给儿童灌输特定的观念，或强迫儿童形成特定的习惯和行为方式，强调教师与儿童是共同体，教师选择对儿童起到教育作用的影响因素，并帮助儿童对这些影响做出恰当的反应。卡尔·兰塞姆·罗杰斯也认为，教师角色是扮演一名成功的咨询员，有意义的学习不仅仅是知识的积累，而是对健全个人人格发展、目前和未来行为选择、生活态度等发展发生作用的学习。无论教师在施教过程中扮演何种角色、选择何种影响儿童发展的因素，都无法摆脱施教的角色。

在施教过程中，受教者可以被宽容地对待。受教者可以是积极、主动的，确定自己内心需求的，明确自己对知识的态度的，明确自己学习目的；也可以不明确自己的知识需求，也可以不积极、不主动。不管受教者是何种学习态度，他们都能被理解、被宽容、被施教。对施教者而言，施教者承载着教书育人的重要责任和任务，施教对象是人，从道义上来说，不允许施教对受教者造成一丝一毫的负面影响。因此，施教者被要求具备更高的素质。

第一，施教者对受教者要有博爱之心。当受教者来到施教者面前，施教者才能初步确定受教者的状态。受教者可能是完美的施教对象，具有认真、刻苦、专注等优良的品质；也可能是易怒暴躁、缺少专注、懒惰、贪图享受。对于完美的施教对象，施教者可以毫不费劲地教授知识，不用考虑受教者是否愿意学习这些知识；对于存在问题的施教对象，施教者在施教之时就要考虑更多的问题。

不完美的受教者在课堂上、学校中、家庭中会做出很多不符合社会要求的事项。如问题学生可能会在课堂上东张西望、乱做小动作，不认真听讲，与同桌窃窃私语；可能会在学校中独自躲在不为人知的角落，远远地跟在其他同学后边，很少发声；可能会在家中被家长忽视，整天活在孤独的小空间。

施教者必须容纳受教者，包容受教者各种不合情理的行为。包容受教者的行为，并不是纵容受教者的错误，而是为了更好地纠正错误。

博爱是施教的基本素养。我国优秀教师的标准是"有理想信念、有道德情操、有扎实学识、有仁爱之心"。① 博爱是一种热忱的力量。父母因为热爱儿子、施教者因为热爱受教者而愿意无私地付出，没有爱就没有教育。

第二，施教要有全面把控施教内容的能力。施教者被要求有非常高的专业素养，其教授的内容来源于人类多年的经验积累，而且具有逻辑性和理论性，是一种高度的抽象知识。一是在施教之前全面掌握需要教授的内容，这是对施教者的基本要求。施教者只有将知识了然于胸，才能全面恰如其分地表达知识内容，把知识的逻辑结构完美地呈现给受教者。二是课堂节奏把握，讲课是一门艺术，有很高的技巧，霍懋征语文教学法、李吉林的情景教学法都非常具有代表性。从反面考虑，全国专任教师超过1400万，有名教师所占比例非常低。有位校长曾经说过，每次听到李吉林、窦桂梅的课，心里总会受到触动，但是事后我又回到原来的授课方式，我佩服李吉林和窦桂梅的授课方式，却无法变得如李吉林和窦桂梅一般。教师的授课效果差异正说明了授课的技巧性、专业性和艺术性，授课需要常常琢磨、时时探索，反复在授课中用心锤炼，方能得到同行认可、学生认可。

---

① 习近平号召全国广大教师做党和人民满意的好老师. 人民教育，2014，18：6 - 7.

第三，施教者要走入受教者的精神世界。精神世界是个人神游的天地，人的所有行为都来源于精神世界的认知。受教者的学习也来源于个人感知，无论成人，还是儿童，都乐意接受在自己精神世界有地位的人的话语，不愿意倾听在自己精神世界中反感的人的话语。如果受教者依恋施教者，他会希望一天都粘着施教者。正如魏巍在《我的老师》中描写道："也不知道是夜里的什么时辰，我忽然爬起来，迷迷糊糊地往外就走。母亲喊住我：'你要去干什么？''找蔡老师……'我模模糊糊地回答。'不是放暑假了么？'哦，我才醒了。看看那块席子，我已经走出六七尺远。母亲把我拉回来，劝说了一回，我才睡熟了。我是多么想念我的蔡老师啊！"

人先天具有个体差异性，对外界事物具有防范性，外人走入他人的精神世界是一件非常困难的事情。个人的感觉和印象是一切认知的基础，施教者走入受教者的精神世界的起端也是感觉和印象，给予受教者良好的心理体验是施教者走入受教者精神世界的最佳途径，或者施教者与受教者之间要建立良好的人际关系，如建立朋友式的人际关系。

施教者与受教者之间的人际关系具有特殊性。如果受教者知道需要学习何种知识，明确自己的知识需求，此时施教者只需要满足受教者的需求即可。如果受教者还没有明确的学习意识，对施教内容方面没有太多需求，也没有强烈学习施教内容的欲望，那么施教者与受教者建立良好的人际关系便显得尤为重要。

传统的施教者与受教者之间的人际关系被视为教与学的关系，施教者高高在上，受教者毕恭毕敬。"一日为师，终身为父"。受传统纲常思想的影响，从私塾时代到民国时代，再到20世纪80年代，在很长一段时间内施教者被塑造成为不苟言笑的形象，施教者与受教者之间并非是平等的朋友关系，而是上下级的关系，是管教者和被管教者的关系。改革开放之后，尽管我国一直宣扬"教师是人类灵魂的工程师、园丁"，一直提高教师的社会地位，但在经济浪潮冲击下，媒体的赞誉抵不了微薄的收入，教师并没有表现得比一般人的人格更加高尚。暴力管教孩子的现象在父母身上体现得也非常突出，中国父母非常重视孩子的教育，也非常爱自己的孩子，希望孩子能够出人头地，但是中国父母对待孩子却是非常直接而暴力，"虎妈狼爸"都是中国式父母的代表。中国式的施教如工厂制造产品，施教者利用高压手段强制受教者按照预定好的方向发展，完全不顾及受教者的心理诉求。

从个人的成长过程来看，一个人由小孩到成年，以及个人的事业，并不是按照某些人的意愿发展，成长中总会出现各种不可控制的因素，施教者完全没有必要使用高压手段强制受教者听从自己的命令。

良好的人际关系是施教的前提。不管受教者的心理是否成熟、是否具有接受施教内容的心理准备，施教者与受教者建立良好的人际关系，由陌生到熟悉，熟悉受教者的心理才能因材施教。高压、欺骗、许愿，只可以暂时让受教者服务从命令。施教者只有走入受教者的内心世界，才能让受教者真心愿意学习施教内容。

二、教育可以让人变得很快乐

谈到学习，很多人都会说是一件痛苦的事情。为掌握施教的内容，受教者每天不得不接受长时间的高强度的训练，几乎没有时间去做学习之外的事情，多次重复枯燥的训练自然难免让人感到厌倦。学习是一种外界刺激，能够给人带来心理感。快乐是人的心理感受，如伊壁鸠鲁所说"快乐就是有福的生活的开端与归宿"，人在满足生存需要之后，注重心理体验或快乐成为人的追求目标。

给人带来快乐的事情多种多样，而且每个人的快乐源泉也不一样。有的人将人际交往当作快乐，有的人将赚钱当作快乐，有的人将被人尊重当作快乐。一人一个精神世界，人人都不相同，引发个人快乐的源泉亦有差异。① 教与学是施教活动的一体两面，对于教育活动，教师的角度是施教，学生的角度是学习。教育活动能够给学生带来心理体验，其体验与学生精神世界的喜好密切相关，教育活动给学生带来心理体验大致可分为四种类型。

第一种类型：学习是一种快乐的事情。社会中有很少一部分人能够从学习

---

① 亚伯拉罕·马斯洛认为人的需求具有层次性，人的需求分为生理需求、安全需求、爱和归属感、尊重和自我实现五类，依次由较低层次到较高层次排列。实际上，人在解决生存需求后，更在意的是心理需求，心理需求因人而异，因此，人的心理需求并不存在严格的层次性。马斯洛的需求层次理论具有很大的局限性。

中体验快乐，或者学习能够给人带来高峰体验。亚伯拉罕·马斯洛提出了高峰体验理论，认为高峰体验是一种感受，"感受到一种发自心灵深处的战栗、欣快、满足、超然的情绪体验"。马斯洛认为，处于高峰体验的人具有最高程度的认同，最接近自我，最接近其真正的自我，达到了自己独一无二的人格或特质的顶点，潜能发挥到最大程度。① 如果战栗、欣快、满足、超然的情绪体验是高峰体验，那么高峰体验与人的最高程度的认同并没有因果关系。引发个人高峰体验的因素有很多，吸毒、酗酒、麻醉品、致幻剂可以给人带来高峰体验，被心仪的学校录取、与心爱的姑娘结婚也可以给人带来高峰体验。同样，学习也能为部分人带来高峰体验。这部分人对知识有强烈的精神需求，学习知识在这部分人精神世界中处于至高点，学习可以增加人的知识储量，恰好可以满足这部分人的知识需求，给这部分人带来巨大的心理体验。

第二种类型：有目的性的学习。总有人的学习不是单纯追求知识，其知识学习具有浓厚的实用性色彩，具有很强企图心。随着社会发展和科技的进步，各类职业对知识和技能的要求越来越高。大部分人在学习之前就有很强的目的性，可能是为了获得职业资格、进入名校、技能训练而学习。从内心感受来说，这些人对自身的境遇表示不满，有强烈改变自己所处社会状态的欲望，对学习知识具有强烈的欲望，这种需求来源于物质的驱动。尽管学习不能给这些人带来高峰体验，而且会让人感到疲劳，但是这些人也不会排斥学习，愿意接受施教的内容。

第三种类型：因为学习而学习。受教者没有学习之目的性，或者受教者没有自己的学习目的，而是在外人要求下学习，受教者也与其他人一起在课堂中学习，对学习也不反感，也会使用自己的天赋能力学习施教者教授的知识。在解释原因之前，请先看一个著名的实验。斯坦利·米尔格拉姆的权力服从研究，即电击实验。实验小组告诉参与者，这是一项关于"体罚对于学习行为的效用"的实验，并告诉参与者他将扮演"老师"的角色，以教导隔壁房间的另一位参与者扮演"学生"角色，教师的操作台上每个电键都标明了电击的严重程度，从 15V 的"轻微"到 450V 的"致命"。最终结果，约六成的人会服从实验组织

---

① 刘惊铎. 道德体验论. 南京师范大学，2002.

者的命令完成电击实验。电击实验揭示了人的服从性，在一定的规则限定下多数人都会执行他人的命令。施教者要求受教者学习也是一种命令，在社会关系规则之下，尽管受教者可能没有明确的学习目的，但是他们还是会执行施教者的命令而学习。

第四种类型：将学习视为人生的最大痛苦。作为外界刺激，学习确实会给人带来痛苦。现实中确实有很少一部分人抗拒学习，将学习视为最大的痛苦，逃学、厌学就是这部分人的表现。学生的厌学行为主要由内部和外部原因造成。外部原因包括学校的专业课程设置、学业负担过重、教师的教学质量和教学技巧等教学因素以及就业压力、社会风气等社会因素；内部因素主要包括学习动机不足、缺乏学习目标、学生投机心理等。① 心理咨询干预的确是改善学生厌学心理的有效和较好的途径，学生通过改变自身的认知和行为可以提高自我管理、控制能力，逐渐体验到学习的乐趣，从而缓解厌学情绪，减少厌学行为，进而有效地提高学习效率。但是通过心理咨询干预解决学生厌学心理的过程是缓慢的，也是有相当难度的，这不仅需要时间，还需要讲究心理咨询干预技术。② 厌学是一个世界性的难题。学习能给人带来心理痛苦，在痛苦产生后还没有一种公认的干预方式能为人快速地解除这种痛苦。

学习是一件非常劳累的事情，个人在学习时需要不停地进行记忆。劳累不等于痛苦，劳累也不是产生痛苦的原因，劳累与痛苦之间没有因果关系。学习可以让人很劳累，但是学习可以让人很快乐。教学可以变得很精彩，寓教于乐才是施教最高境界。

教育是可以让人感到快乐的，关键是施教给人带来的体验和受教者对待学习的态度，裴斯泰洛齐、斯宾塞和马卡连柯的教育实验就是此观点的最有力的证据。裴斯泰洛齐强调教师和受教者之间的共鸣，教师的兴趣与他要向学生传授的东西之间存在着最为明显的交互作用，如果他不是用他的全部精力专心用于所教科目，如果他不关心所教内容学生是否理解，他所用的方法学生是否真

---

① 马利军，黎建斌. 大学生核心自我评价、学业倦怠对厌学现象的影响. 心理发展与教育，2009，03：101-106.
② 傅安球，聂晶，李艳平，金蓓蓓，崔君红. 中学生厌学心理及其干预与学习效率的相关研究. 心理科学，2002，01：22-23，3-125.

的喜欢,那么他必定要疏远学生对他的爱戴之情,使他们对他所说的东西漠然置之。然而,对教学工作的真正兴趣——亲切的语言和亲切的情感,面部表情以及眼神——决不会不对学生发生影响。① 裴斯泰洛齐在"新庄"开办的"贫困儿童之家",救助孤儿,在其精心调教之下被收容的儿童有了长足的进步,性格活泼、身心健康、快乐成长。同样斯宾塞的快乐教育法令人深思,他认为快乐是孩子学习的最佳状态,运动让孩子保持充沛的精力,自我教育帮助孩子养成自学的习惯,不快乐扼杀孩子学习兴趣,分数并不能够代表一切,让孩子能够感受到家长的爱。在他的精心教育下,小斯宾塞 14 岁被英国剑桥大学录取,很多问题少年被教育成为律师、牧师和学者。马卡连柯认为,没有违法的儿童,只有那些与所有人一样具有充分享有幸福权利的人,有的只有那些与所有人一样有才干、有能力生活和工作,有能力追求幸福和有能力成为创造者的人。马卡连柯成立少年违法者改造团,创新了集体教育组织方式,把三千多名违法儿童改造、教育成为社会主义建设者和保卫者,其中不乏出色的工程师、教师、医生和科学家。②

裴斯泰洛齐、斯宾塞和马卡连柯都以情感纽带作为施教的基础,从来没有使用"灌输式"的教育方式,也没有打骂学生,但是取得了很好的施教效果,所有文献资料表明他们的教育方式是快乐的,施教可以让人变得很快乐。

三、行为示范

北京师范大学的校训是:学为人师,行为世范。其字面意思:学习是为了成为施教的老师,一言一行要符合世间的行为准则。这句话的前半句为学习之目标,后半句为教师之行为规范。北京师范大学的校训更多体现为职业目标和道德规范。

施教为教师职业能力范畴,行为示范是施教的最佳方式。"行为示范"与"行为世范"含义不同,行为示范是指对施教内容的一种展示,能够让受教者更易接受施教内容的展示。

---

① 裴斯泰洛齐著. 夏之莲等译. 裴斯泰洛齐教育论著选. 人民教育出版社,2001:407.
② A.C. 马克连柯著. 丽娃译. 家庭和儿童教育. 上海人民出版社,2011:6-8.

第一，行为示范是最能适应人类的原始学习方式。婴儿的学习始于模仿，大人做一个动作，婴儿做一个动作，并且对同一个动作进行反复练习，最终熟练这个动作。人生来并不具备太多技能，后天的技能都是反复模仿得来。

人的知识学习遵从"记忆—理解—应用"过程。婴儿刚出生之时并不知道人类已经创造的知识，他利用知觉看到了爸爸和妈妈，听到了爸爸和妈妈的话语，此时他并不知道爸爸和妈妈的含义，只会感觉有两个人对自己不错，而且喊声爸爸或妈妈，就会有人应答。此时的婴儿并不知道爸爸妈妈的真正含义，但是记住了爸爸妈妈的词语字形和叫法，这是知识学习的"记忆"阶段。

爸爸妈妈在人类的知识体系中有固定的含义，人们只能被动地接受已经成型的词语含义。婴儿只有在学习到爸爸和妈妈的词语含义之后才会明白这个词语的固有的含义。爸爸，又指父亲，是指有子女的男子；妈妈，又指母亲，是指有子女的女子。婴儿在深入学习现有知识之后才能领会知识体系中的爸爸妈妈的字面含义，此时知识学习进入"理解"阶段。

人的知识学习的第三个阶段是"应用"阶段。"应用"阶段也可被称为实践阶段，即个人将自己学习到的爸爸妈妈的概念含义讲授给他人，此时知识学习进入"应用"阶段。

人对知识的学习来源于模仿，模仿是人的一种天赋能力，是天生的。行为示范是知识学习中最原始的方式，施教者不停地用自己的眼、手、脑、脚、口来示范知识的含义，受教者只要模仿施教者的行为就能够进入"记忆"阶段，最终达到"应用"阶段。

知识学习的第一步是记忆，即记住词语读法及其内在含义。记住词语读法和书写方式并不能表示已经理解词语的含义，也不代表受教者能够灵活运用这些词语。有时受教者能够说出一些知识点，也只是代表他能够说出知识点，不能代表他能够将知识应用到实践。

内化于心，外化于行，学习知识不仅是记忆和脑海浮现，而是使用知识指导实践。实践是检验个人是否能够灵活运用知识的唯一标准。知识在脑海记忆百遍不如实际操作两遍。

第二，行为示范是道德教育的最佳方式。道德教育是行为规范教育，讲究言行合一。原清华大学校长梅贻琦说过："老师为大鱼，学生为小鱼。学校犹水也，师生犹鱼也，其行动犹游泳也。大鱼前导，小鱼尾随，是从游也。从游既久，其濡染观摩之效自不求而至，不为而成。"孔子说过"民无信不立""言忠信，行笃敬，虽蛮貊之邦，行矣。言不忠信，行不笃敬，虽州里，行乎哉"。梅贻琦和孔子都认为行为是最具有说服力的教育，行为示范给予受教者最大的教育。

言行不一是对道德教育最大的挫伤。人的认知始于信，儿童因相信成人的行为而模仿成人的行为，儿童因情感依赖成人而"亲其师，信其道"。当施教者在台上满口的仁义道德，要求受教者认真学习这些仁义道德且践行仁义道德。受教者按照仁义道德的标准规范自己的行为，有一天突然发现施教者从来不遵从仁义道德；此时受教者心理就会产生落差，对施教者说过的话都会怀疑，认为施教者的双重标准是不道德的，可能会否定施教者曾经说过的话语，可能会怀疑教育灌输的所有的内容，否定那些对社会实践有指导意义的正确的知识。

行为示范的教育是生活教育，用喜闻乐见的事情教育学生。道德教育不方便采取"知识灌输"方式，"灌输式"的教育方式容易引起学生的反感。当前道德教育宣传分为两种类型：一是宣传圣人，圣人的道德情操高尚，并且不食人间烟火，被供奉在庙堂殿宇，接受人的供奉。二是宣传各类先进分子，先进分子的先进事迹被提炼，然后在各种媒体中宣传。以上两种宣传方式有一个致命弱点，即不真实。圣人都是人为杜撰的，现实社会中根本无法接触；而先进分子的群体数少，普通人很难接触到。此时多数人的心理就会产生另外一个疑问，圣人是不真实且不可信的，身边的人都是自私自利，没有先进分子，这种教育的可信性值得怀疑。

因此，行为示范讲究生活教育，用个人身边发生的真人真事进行说教。尽管真人真事是残酷的，但是贵在真实，容易取信于人，得到受教者的认可和践行。

第六章

多样化人才培养引领教育变革

随着教育事业的不断进步，为每个学生提供适合自身的教育将成为现实。因材施教，即育人模式因人而异，客观要求变革现有的教育教学模式和教育管理体制，构建一套新的教育运作模式。教育体制实施"管办评分离"改革，形成政府管教育、学校办教育、全社会评教育的局面。

第一节　政府公共教育服务管理职能转变

我国是社会主义国家，政府在教育事业发展起主导作用，政府在教育事业发展中的责任是为人民群众提供优质的教育资源，让人民群众满意。

（一）公共服务教育体系建设

1. 政府要提供让人民群众满意的教育

我国社会主义国家的性质决定了我国教育的公共服务属性。2012年国务院印发《国家基本公共服务体系"十二五"规划》，里面明确提到"国家建立基本公共教育制度，保障所有适龄儿童、少年享有平等受教育的权利，提高国民基本文化素质"。将基础教育列入基本公共服务的范畴。

提供教育公共服务是我国政府的公共职责之一。能否提供让人民群众满意的公共教育，是衡量我国政府治理水平、公共服务效率的重要指标。现阶段我国政府提供教育服务与人民群众的需求还有差距。实现办人民群众满意教育的目标，政府要进一步强化政府在教育公共服务方面的职能和责任，创新教育公共服务观念，把为人民群众提供更有效的教育公共服务作为政府的一项核心工作。

提供让人民群众满意的教育，要以我国教育发展所处的阶段为出发点。不同时期，国家、市场以及社会参与教育公共性建构的程度以及方式不同，教育公共性的内涵也会随之发生一定的转变。① 任何教育发展政策都要建构在现行的教育体系上，我国实施教育改革必须以我国的教育现状为基础。明确教育事业取得的成绩与不足，找到人民群众对教育的要求和期盼。

提供让人民群众满意的教育，要坚持为人民群众服务，从满足人民群众的需求、方便人民群众的工作和生活着眼，改进教育的组织模式和运营模式，将让人民群众满意作为加强教育工作的出发点和最终归宿。

我国已经建立完备的教育体系是为人民群众提供教育公共服务的基础。在法律方面，公民的受教育权利被写入宪法，国家颁布《中华人民共和国教育法》《中华人民共和国义务教育法》《中华人民共和国职业教育法》《中华人民共和国高等教育法》《中华人民共和国民办教育促进法》等法律。在教育事业发展方面，我国已经普及了九年义务教育，高中阶段教育正快速实现全面普及阶段，高等教育进入大众化教育阶段，学前教育加速实现普及。

不均衡性是我国教育事业发展的最大特点，也是为人民群众提供教育公共服务要解决的核心问题，也是改善教育公共服务水平的起点。学前教育普及情况不均衡，如中西部农村地区的 2 万个乡镇中，还有 3000 个乡镇尚未建中心园，建有村级幼儿园的行政村不足 10%。义务教育发展不均衡，截至 2015 年底，1302 个县（市、区）通过督导评估认定，完成 2015 年目标的 68%，完成 2020 年目标的 47%②。高等教育资源分配不均，各省高考录取率存在差距，2015 年北京市本科录取率超过 70%，四川高考本科录取率约 38%。

解决人民群众关注的教育热点，也是政府提供教育公共服务工作的目标之一。学前教育存在"入园难""入园贵"问题，政府就要加大对学前教育的支持力度，提供更多的教育机会。义务教育存在"择校"的问题，政府就要缩小

---

① 苏君阳. 社会结构转型与教育公共性的建构. 教育研究，2007，8：34-38.
② 教育部. 2015 年全国义务教育均衡发展督导评估工作报告. http://www.moe.edu.cn/jyb_xwfb/xn_fbh/moe_2069/xwfbh_2016n/xwfb_160223_sfcl/201602/t20160223_230102.html.

义务教育学校之间的校际差距，实现义务教育均衡发展。职业教育存在"教育质量不高"问题，政府就要改善职业教育质量，提高职业教育的吸引力。高等教育存在大学生就业难问题，政府就要改善高校育人模式，提升大学生的就业能力。

2. 政府要鼓励全体社会成员都参与教育公共服务建设

政府提供教育公共服务的对象是全体社会成员。教育公共服务不是政府行政系统单方面的行为，而是政府与社会成员互动的一个过程，社会成员参与教育公共服务管理也是政府治理的主要潮流。建设教育公共服务采用多元主体参与管理的方式。教育公共服务作为公共物品，不是政府单方面的意志，而是包括家长、学者、教师等多个关系者共同利益的集合体。在教育公共服务建设领域，政府是主体，社会成员是客体。建设教育公共服务要不断拓宽公共服务政府和社会成员之间的活动空间，实现两者在建设教育公共服务过程中的良性互动。

政府建设教育公共服务要多听人民群众的呼声。政府是教育公共服务的提供者，人民是公共教育服务的施政对象。从理论上说，政府代表全体社会成员共同利益，维护每个社会成员的利益，政府所行使的权力为全体社会成员赋予。政府行政为公，是为了满足社会公众的整体需要，这是政府行使权力的核心精神所在。从实践上讲，人民高兴不高兴、满意不满意、答应不答应，是判断教育公共服务建设是否成功、是否有效的标准。政府建设教育公共服务以民心民愿为中心，要保障全体社会成员最根本的利益。政府建设教育公共服务需要经常思考，社会成员对教育公共服务有什么要求？社会成员对教育公共服务有什么期盼？如何满足社会成员的要求和期盼？政府提供的教育公共服务是否是社会成员所需要的？总而言之，政府提供教育公共服务要坚持以民为本、以社会为本，为全体社会成员提供最优质的教育服务。

建设教育公共服务要鼓励社会成员的积极参与。社会成员是教育公共服务的最终受益者。社会成员通过参与教育公共服务建设，以参与者的身份融入教育事业的建设工作，在教育事业建设过程中认识并理解自身与政府、社会、个人之间权利与义务之间的关系，发挥自身公共意识和公共精神，追求自身利益，维护自身利益。社会成员参与教育公共服务，是与政府之间的良性互动，增加社会成员对政府的认同感和支持力度，为政府行政提供更为广泛和坚实的基础，是我国教育公共服务取得成功的保证。政府和社会成员之间有益的相互交流、互动反馈是建好教育公共服务的重要保证。这种交流与反馈机制不仅能够有效提高政府行政的水平，遏制行政权力的自我扩张，同时也有助于社会成员参政议政意识的形成，提高社会成员对教育公共服务建设的热情和关注度，养成社会成员独立思考和批判的能力，培育社会成员的公共精神。

建设教育公共服务要有搜集和反馈民意的社群组织。现在教育公共服务越来越表现为一种以"公共意志"为内涵的"公共行为"。由于单个的社会成员无法或难以将自己对教育公共服务建设方面的意见建议直接反馈给政府，现实中政府也难以实现每个社会成员对公共教育服务的期盼，因此，国家应该建立专门搜集和反馈社会成员对公共服务建设意见建议的社群组织。社群组织最大特点是提高建设教育公共服务的效率，政府出台教育公共服务政策时会是一项政策或一套政策，而社会成员表示教育诉求时却是多样的，这就需要公共组织行使沟通与反馈的职能。社群组织对社会成员的意见建议进行归纳整理，对政府的政策进行反馈和解读，体现公共精神，寻求公共利益与个人利益之间的一致与协调，在道德观念的价值取向方面寻求信任与配合，提高建设教育公共服务的效率。

建设教育公共服务始终把整个社会成员受教育的根本利益维护好、实现好、发展好，改变过去政府在教育公共服务建设中唱独角戏的局面，引导全体社会成员参加教育公共服务建设，认真吸收社会成员有关教育公共服务的意见建议，办人民满意的教育。

（二）教育公共资源的配置原则

教育在现代化建设中起到基础性、先导性和全局性的作用①。教育承担为国家培养人才的重任，培养推动经济与社会发展的劳动力，培养为国、为家、为社会创造精神文明和物质文明的卓越人才。

---

① 江泽民．全面建设小康社会，开创中国特色社会主义新局面．http：//www.china.com.cn/zyjy/2009－07/13/content－18122614.htm.

1. 优先配置教育公共资源

教育是整个社会发展和进步的基石。强国必先强教，党和国家高度重视教育工作，始终把教育摆在优先发展的地位。优先配置公共教育资源是教育事业发展的重要保障。

教育优先发展有丰富的内涵和时代背景。当前国际竞争是人才的竞争，教育在人才培养中处于基础地位，一个国家发展的好坏快慢关键靠教育，实现中华民族伟大复兴的中国梦，需要一大批有理想、有道德、有文化、有纪律的社会主义建设者和接班人。只有站在历史的最高点上优先发展教育，才能把握发展的主动权，才能有加快发展的后劲和实力，才能取得国际竞争的优胜。

教育优先发展是指教育在整个社会体系中处于优先地位。社会是一个复杂的系统，包括政治、经济、科技、环保、体育、卫生、教育等多个子系统。在所有社会系统中教育是基础，负责为其他子系统提供人才，这就要求教育发展要优先于其他子系统，为其他子系统的发展提供动力支持。如果教育发展滞后于其他子系统，那么就会影响到其他子系统的发展，影响到整个社会的进步。另外，教育优先发展是在现实国情下的适当超前，是在整个社会系统中处于头领的位置，与其他子系统保持适当的领先优势和适当的距离，保证社会经济发展的动力和活力。

教育优先发展已经成为国家意志和社会共识，当前最紧迫的问题是将共识应用到实践。政府对教育事业优先发展的政策导向：经济社会发展规划要优先安排教育发展，财政资金要优先保障教育投入，公共资源要优先满足教育和人力资源开发需要。国家一直保证财政性资金对教育的支持力度，2012 年国家财政性教育经费占 GDP 比例达到 4.28%，实现了"4%"的目标，体现了国家发展教育事业的信心和决心。

优先发展教育事业要优先保障教师工资。《中华人民共和国教师法》规定："教师的平均工资水平应当不低于或者高于国家公务员的平均工资水平，并逐步提高。"强教必强师，优质的师资是教育质量的保证。高水平待遇是留住优质师资的根本途径。政府应将教师工资列入政府财政预算，以财政资金保障教师的待遇，为教育事业留住优质教师，留住人才培养的根本。

优先发展教育必须加强顶层设计和统筹规划。教育事业发展是一个长期过程，具有全局性和关键性的特点。加强教育事业发展的顶层设计就是要抓住教育事业发展的关键点，抓住教育事业发展所面临的核心问题。以此为纲目，统筹教育事业发展中近期与长远、局部与全局的关系，统筹教育系统与其他社会子系统之间的关系，综合考虑，量力而为，量力而行，适度超前。

2. 配置教育公共资源注重公平

实现教育公平是教育界一个永恒的话题。在教育公共资源不能满足所有人对教育需求的时候，就会出现教育不公平的情况。教育公平本质上是与教育公共资源配置密切联系在一起的。在教育经济学中，教育公共资源指教育活动中投入的一切人力、物力和财力的总和①。教育公共资源是资源的一种形式，本身也具有稀缺性。因此，教育公共资源不可能让所有人都满意，当有人享受到教育公共资源时就意味着别人可能享受不到或者享受得少。

公平是社会主义的本质属性，也是我国教育事业发展的本质追求，教育公平在整个社会公平体系中具有基础性的地位。教育公平涉及每个家庭，影响每个人的终身发展，是所有人的关注重点。教育公共资源本身是一种带有一定程度的公共产品性质的特殊资源，一方面，公共部门在提供这种公共产品的时候需要以均等化为原则，以保障不同阶层不同区域的公民接受教育机会的公平性；另一方面，公共部门也需要注重调控市场在配置这种公共产品过程中的不公平现象，通过公共支出来矫正现实中教育公共资源分配的不公平。②

我国已经将促进教育公平作为国家的基本政策，公共教育资源持续向农村、薄弱学校、特殊困难群体、老少边贫地区倾斜。先后实施"两基"攻坚计划、实施"两免一补"政策、实施校安工程、薄弱学校改造计划、实施特岗教师计划、师范生免费教育、乡村教师补助、对口支援等形式改善教育落后地区的发展水平。

配置教育公共资源以改善落后学校的办学条件。办学条件不达标问题主要集中在基础教育阶段，农村、中西部地区还有大量学校的办学条件不达标。目前国家已经建设了中小学校舍建设标准和师资配置标准，出台了《全面改善贫

---

① 谈松华. 短缺教育条件下的教育资源供给与配置. 教育研究，2001，8：7.
② 冉亚辉. 论基础教育公共性的必然. 教学与管理（理论版），2015，2：1 – 4.

困地区义务教育薄弱学校基本办学条件工作专项督导办法》，改造贫困地区薄弱学校的力度空前。

配置教育公共资源以保障特殊困难群体受教育的权利。《教育规划纲要》提出"教育公平的关键是机会公平，基本要求是保障公民依法享有受教育的权利"。教育公平要体现每个学生都有平等地享有受教育的权利，保障特殊困难群体受教育的权利是政府的职责。特殊困难群体在享有教育资源方面处于弱势是客观事实，配置教育公共资源要向特殊困难群体倾斜，让每个特殊困难学生与其他学生一样享受教育机会。

教育公共资源是一种公共物品，政府在配置教育公共资源时一定要奉行均等化原则，保证每一所学校的办学条件都能够达标，保证每个学生都能平等享有教育机会。

3. 配置教育公共资源注重效率

公平和效率是政府配置教育公共资源时必须遵循的两个原则。与经济领域强调"效率优先，兼顾公平"资源分配原则不同，教育属于公共服务范畴，国家对教育公共服务的支持是财政资源的再次分配，因此，追求公平是配置教育公共资源的本质属性。在教育公共资源稀缺性的条件下，公共资源配置是公平和效率并重，两者不可偏废。由此可见，配置教育公共资源公平能够促进效率，提高效率又能促进公平。

配置教育公共资源的效率原则包含两层含义：一是政府配置公共资源时，追求包括教育在内的社会公共服务效率最大化；二是在教育内部分配公共资源时追求效率的最大化。从第一个层面来看，保持社会公共服务效率最大化就是确保教育优先发展，教育超前发展与其他社会公共服务保持适当距离。从第二个层面来看，教育公共资源是在教育内部追求效率的最大化。从教育的公共属性来看，教育首先要维护每个公民平等地享有接受教育的基本权利，特别是维护特殊困难者受教育的权利。教育是提高人力资本素质的最佳途径，也是最具有效性的事情，在教育体系内部配置教育公共资源要紧紧抓住教育发展中存在的主要矛盾。

在教育发展过程中会遇到各式各样的问题，这些问题既相互依存，又相互排斥。如国家对教育投入的财政资金只有100亿，而教育发展需要200亿，这时候就需要国家对教育资源的投资进行分配，涉及教育公共资源分配的效率问题，涉及教育发展的规划问题。

在教育公共资源不足的前提下，作好教育中长期发展规划是保证教育公共资源分配效率最大化的手段。一是组织世界最顶尖的与教育事业密切相关的行业专家学者、行政官员和一线工作人员参与规划编制，编制规划是一个凝练共识、汇聚智慧的过程，既体现各方的观点、利益，又体现了民主决策。二是教育规划要研判国际国内教育发展潮流和阶段性特征，谋划教育中长期发展，必须把教育放在世界教育发展大格局中进行思考，关键是要分清影响教育发展的各种矛盾，分清哪些是主要矛盾，哪些是次要矛盾；哪些是有利条件，哪些是不利条件；哪些是长期特征，哪些是阶段性特征。三是确定中长期教育发展规划的目标和内涵。一般来说，教育发展目标能够反映人民群众心中最迫切的意愿，能够把握未来教育发展的趋势，在现有条件下是能够实现的。四是确定实现教育中长期发展规划目标的措施。措施是落实规划目标的战略支撑，包括重点项目和制度改革两种类型。重点项目是推动规划目标实现的实践支撑，是解决教育发展过程中最迫切、最主要、最根本矛盾的手段，是能够带动教育全局发展、推动教育教学教法前进的重大项目。制度改革是上层建筑，重视改革阻碍教育发展的制度和机制，对教育发展起促进作用。五是加强规划实施过程中的组织协调。教育中长期规划实施过程中肯定会存在不少矛盾，特别是涉及多个部门的项目会存在相互协调的矛盾。推动教育中长期规划的项目必须有专门的机构，并且此机构的行政级别要比项目涉及部门的级别要高，这样才能推动项目的顺利进行。六是注重教育中长期规划的项目进度评估。规划是对未来的一种预期，制定过程中只能尽可能考虑方方面面的因素，而在实施过程中遇到的问题与制定规划时考虑的问题产生差异时，需要对正在实施的规划项目进行评估，确定哪些项目要坚持、哪些项目要强化，哪些项目要调整、哪些项目要归并，还需要根据发展过程中出现的新问题，提出新的战略、新的思路，最终保证规划目标的实现。

（三）政府对教育事业的管理职能

政府是一个国家依法享受行政权力的政权组织形式，是国家的立法机关、行政机关和司法机关等公共机关的总和。在教育行业中政府是指教育行政部门和主管教育事业的各级人民政府。

政府在教育事业发展中的职责是逐渐变化和不断完善的，总体思路是加强政府治理体系和治理能力建设，使市场在资源配置中起决定性作用。政府作好"守夜人"的角色，把政府不该管、管不了也管不好的教育发展事项交给市场，政府更多扮演教育事业发展的引领者、服务者、监督者。

1. 政府要指明教育事业发展的方向

从政府职责来看，教育行政部门在教育发展和改革进程中主要承担引领教育发展和服务教育事业发展的职能。

教育发展是优化教育自身的内部结构及与相关系统之间关系与结构，提高教育适应社会大环境、认识教育发展水平、变革教育体制机制、驾驭教育发展方向、创新教育发展理念，提高教育发展的总体水平。教育发展是以过去的教育发展水平和社会发展水平为基础，以未来的教育发展趋势和社会发展趋势为前提，以战略思维来推动，以未来创造与推动社会进步的程度为标志。

教育事业是公共事业，政府对其负有建设责任。政府发展教育事业必须制定具体的发展思路和目标，具体事务包括研究拟定教育工作的方针、政策；起草有关教育的法律、法规草案；研究制定教育改革与发展战略、规划；统筹学校的科学研究。政府的教育发展思路是针对关系教育发展的根本性、全局性和长远性问题，致力于解决教育发展的根本性问题。政府制定的教育政策和方针应着眼于中国教育前瞻性、战略性和全局性的思考，从战略角度理解立德树人的理念，全面建成学习型社会和实现教育现代化。

政府是教育事业发展的责任者，制定教育发展政策是推动教育工作的主要方式。一是教育政策注重实效性，教育是一个复杂的系统，区域之间学校发展水平存在显著差异，制定教育政策不能搞"一刀切"，要实行分类指导、分类实施、分类管理。二是教育政策注重前瞻性，把握国际教育发展前沿，把引领教育发展潮流的思想和理念融入教育政策。三是注重引导性，通过政策刺激，营造良好的宏观环境、制度环境和市场环境，使教育行为主体的行动方向与政府希望的发展方向尽可能一致。

出台各类教育标准是政府的重要责任。一是研究制定各级各类学校的设置标准，对办学条件进行具体的规定；二是制定各级各类教育的课程内容标准，确定各级各类教育的知识内容和范围；三是制定各级各类教师资格标准，对教师的能力进行明确的规定。

不管是出台教育标准，还是出台教育发展规划，各类教育政策类文件都是围绕教育发展方向这个中心，抓住人民群众日益增长的教育需求与优质教育资源不足这个重点，抓住未来教育发展的方向。

2. 政府要做好发展教育事业的服务工作

除了引领未来教育的发展趋势，政府在教育事业发展中还扮演服务者和保障者的角色。为教育事业发展提供服务和保障也是政府的重要职能。

自 1998 年"服务型政府"概念被提出后，政府从统治型向服务型转变，政府职能是为人民群众提供更加方便的服务。一是作好政府的行政审批权的下放工作。行政审批是政府行使权力的主要方式，如果政府对审批控制过死，那么就会影响教育事务的办事效率。下放审批权是将"许可、特许、认可、核准、登记"转向"核准、认可、备案"，政府的责任是出台事项办理的标准、要求和达成的条件，对申请人的事项办理进行核准和认可。同时按照行政审批的"重要性程度和办事方便性"原则下放审批权。如中小学学校设立事项，中央教育部门出台设立中小学学校的办学条件标准，地市级教育部门负责审批，省级教育部门负责核查，在中央教育部门和省级教育部门进行备案。二是做好招生考试工作。招生考试工作关系学生的切身利益，是教育行政部门的重点工作。做好招生考试工作的关键点是公开和组织。招生考试工作由各级政府分级负责，公开各级各类学校的招生政策、招生资格、招生章程、招生计划、考生资格、录取程序、录取结果、咨询及申诉渠道、重大事件违规处理结果、录取新生复查结果等信息；构建科学、规范、严密的教育考试体系；严肃查处招生考试中的违法违规行为。三是作好财政性教育经费保障工作。政府的财政投入是教育事业正常运行的重要保障，是发展教育事业的重要物质基础。政府的财政性教育经费保障工作就是落实"三个增长"和"两个提高"。"三个增长"即："各级政府教育财政拨款的增长应高于财政经常性收入的增长，并使按在校学生人数平均的教育费用逐步增长，保证教师工资和学生人均公用经费逐步增长。""两个提高"即"国家财政性教育经费支出占国民生产总值的比例应当随着国民经济的发展和财政收入的增长逐步提高，全国各级财政支出总额中教育经费所占比例应当随着国民经济的发展逐步提高。"①

3. 政府要做好教育事业发展的绩效评估工作

绩效评估是现代政府的重要职能，是对政府行为的控制，对政府官员的监督和评价。绩效评估是推动教育事业发展的重要手段，对教育事业发展的投入、产出和效益做出客观、公正和准确的评判。

教育事业发展的绩效评估不同于教育质量评估或学生学业评估。教育事业发展由政府推动，评估教育事业发展的绩效就是评价政府的办事效率。对政府教育事业发展实施绩效评估，核心是谁来评、评什么、怎么评三个方面的工作。

传统的政府绩效评估体系的评估主体是政府内部的各级组织，具体体现为上级对下级工作情况的评估，上下之间呈现单向性。政府职能转变之后，实施服务型政府理念，人民群众成为政府的服务对象，是政府的服务质量的直接感受者，是政府所提供教育事业的最终使用者，人民群众是教育事业发展绩效评估的重要组成部分。因此教育事业绩效评估的主体有两个，分别是上级政府和人民群众。

在确定教育事业绩效评估的主体之后，下一个问题就是"评什么"。政府评价和人民群众评价教育事业发展的角度不同，关注的重点也有差异，但是最终的目标是一致的。教育事业绩效评估的重点不是政府为教育事业发展提供了多少资源，而是考察教育事业是否满足了人民群众的需要，只有人民群众对政府的教育事业感到满意时才能说政府的教育事业是有绩效的。教育事业发展绩效评估有一套完整的评价指标体系，现阶段政府层面的教育事业发展评价体系为教育部制定的教育现代化指标评价体系和教育满意度测评。教育现代化指标评价体系针对各地教育事业发展程度的评价，教育满意度测评是人民群众对教育服务满意程度的评价。

"怎么评"是开展绩效评价的重要组织部门。绩效评估要求过程公开化，公开评估的内容、过程和程序，公开教育现代化指标体系和教育满意度测评体系，公开绩效测算数据来源和方法，确保结果真实、可信，并将教育事业发展绩效评价制度化、固定化。

---

① 见中华人民共和国教育法第7章第54条。

第二节 多元办学主体的变革

办学是兴办学校的简称。教书育人、立德树人等人才培养目标都必须通过教学活动来完成，而学校就是教育活动的组织者和提供者。办学体制伴随教育理念的变化而不断革新，随着教育事业的发展和进步而不断变革。

（一）鼓励社会力量办学的机制

办学体制是政府对兴办学校进行的一系列规定。我国办学体制正处于由一元办学主体向多元主体转变的历史阶段。改革开放以前，我国实行高度集中的计划经济体制，政府是唯一的办学主体，包揽各级各类学校办学所需经费、师资、招生规模、教学内容等与教育相关事项。各级各类学校根据政府的行政命令办学。在教育资源不丰富、教育体系不健全时期，政府集中资源办学，使得新中国教育发生了翻天覆地的变化。

1949 年 12 月，中华人民共和国建立之初，召开第一次全国教育工作会议，提出当时教育改革的方针是"以老解放区教育经验为基础，吸收旧教育有用经验，借助苏联经验，建设新民主主义教育"。①

1951 年 1 月，中央人民政府政务院通过了《关于处理接受美国津贴的教会学校及其他教育机关的指示》。教育部根据这一指示，召开了处理接受外国津贴的高等学校会议。经过讨论，会议拟定了对每所学校的处理方案，并呈请政务院批准。处理方案大致分为三种类型：一是立即接收改为公立。二是暂时维持私立，准备条件改为公立。三是继续由私人办理，改组董事会及学校行政领导，使之成为完全由中国人自办的私立学校。至此，包括岭南大学、燕京大学在内的各教会大学，被中央政府收回了教育主权。②

1952 年 9 月，教育部发出《关于接管私立中小学的指示》，决定自 1952 年下半年至 1954 年，将全国私立中小学全部由政府接办，改为公立。具体办法

---

① 教育部办公厅. 教育文献法令汇编（1949—1952）. 1958：14.

② 张晨. 改造旧教育 吐故纳新育英才. 中国教育报，2011 – 6 – 17（4）.

是：先接办外资举办的学校，后接办中国人自办的学校；先接办成绩较坏的学校，后接办成绩较好的学校；先接办经费困难的学校，后接办经费还能维持的学校；先接办中学，后接办小学。

1956 年，随着社会主义改造的基本完成，接管私立学校工作才基本结束。我国所有学校均改造成公办学校，政府成为兴办学校的唯一主体。尽管在接收和改造旧教育的过程中，出现了一些偏差，但收回学校的办学权是我国教育发展历程中的重大成就，为后来实践社会主义教育方针打下了坚实的基础；建立起社会主义的教育制度；为社会主义建设培养了大量的干部。

改革开放后，随着我国经济条件的逐步改善，人民生活水平的不断提高，人民群众对教育资源的需求水平不断提高。在这种情况下，单纯依靠政府投资的办学方式显得力不从心。

1982 年，中华人民共和国第四部宪法在第五届全国人大第五次会议上正式通过并颁布，社会力量办学被写入宪法，"国家鼓励集体经济组织、国家企业事业组织和其他社会力量依照法律规定举办各种教育事业。"办学主体由政府力量一元主体逐步转变为社会力量多元主体。

1993 年，中共中央、国务院颁布的《中国教育改革和发展纲要》规定："改变政府包揽办学的格局，逐步建立以政府办学为主体、社会各界共同办学的体制。"国家对社会团体和公民个人依法办学的方针是"积极鼓励、大力支持、正确引导、加强管理"。国家将发展民办教育写入了国家政策，民办教育发展迅速，实施学历教育的民办教育机构也开始出现。

1997 年国务院颁发《社会力量办学条例》，这是新中国第一个规范民办教育的行政法规，是针对社会力量办学的专门法规。"鼓励社会力量办学，维护举办者、学校及其他教育机构、教师及其他教育工作者、受教育者的合法权益，促进社会力量办学事业健康发展。"我国民办教育进入依法办学、依法管理、依法行政的新阶段。

2002 年第九届全国人大常委会通过了《民办教育促进法》，对民办学校的产权、回报和学校内部管理进行明确的规定："民办学校与公办学校具有同等的法律地位，国家保障民办学校的办学自主权。国家保障民办学校举办者、校长、教职工和受教育者的合法权益。""民办学校存续期间，所有资产由民办学校依法管理和使用，任何组织和个人不得侵占。"《民办教育促进法》是我国民办教育事业发展的里程碑，明确了民办教育的法律地位，为社会力量办学提供了法律依据。

2015年第十二届全国人大常委会第十八次会议审议《教育法律一揽子修正案（草案）》，修订《民办教育促进法》，将原来的"民办学校一律定性为非营利性学校"改为"分成非营利性学校或者营利性学校"，并明确了两类学校的划分标准，规定非营利性民办学校的举办者不得取得办学收益，学校的办学结余全部用于办学。营利性民办学校的举办者可以取得办学收益，学校的办学结余依照公司法等有关规定分配。

我国教育体制不断取得新突破，各级各类教育的管理体制不断改进，公办教育和民办教育共同发展、社会多元主体办学的格局初步形成。国家保障办学主体的权益，支持社会力量办学。

（二）自主办学的约束条件

世界上"没有不受约束的自由"，没有绝对意义上的自由。同样自主办学也是在一定框架下的自主办学，是在达到一定标准条件下办学。2010年《教育规划纲要》明确学校自主办学的改革方向为"推进中央向地方放权、政府向学校放权，明确各级政府责任，规范学校办学行为"。十八届三中全会作出的《中共中央关于全面深化改革若干重大问题的决定》又重申学校自主办学的改革要求："扩大省级政府教育统筹权和学校办学自主权，完善学校内部治理结构。"国家出台政策鼓励社会力量办学，丰富优质的教育资源。

1. 取消或下放行政审批权

行政审批权是政府根据自然人、法人或者其他组织提出的申请，经过依法审查，采取"批准""同意""年检"发放证照等方式，准予其从事特定活动、认可其资格资质、确认特定民事关系或者特定民事权利能力和行为能力的行为。取消或下放行政审批权是转变政府职能的重要举措，主要目的是为了激活市场的活力，提高办事效率。

政府推行权力清单的管理方式，建立教育行政权力清单和责任清单，按照依法治教的要求，公开教育行政部门的职能、法律依据、实施主体、职责权限、管理流程、监督方式等事项，让权力在阳光下运行，让学校办理事务有据可依、有规可依。

2012 年以来教育部取消八项与办学相关的审批权："中外合作办学机构以及内地与香港特别行政区、澳门特别行政区、台湾地区合作办学机构聘任校长或者主要行政负责人核准，高等学校部分特殊专业及特殊需要的应届毕业生就业计划审批，省级人民政府自行审批、调整的高等职业学校使用超出规定命名范围的学校名称审批，民办学校聘任校长核准，利用互联网实施远程高等学历教育的教育网校审批，高等学校设置和调整第二学士学位专业审批，高等学校赴境外设立教育机构（含合作）及采取其他形式实施本科及以上学历教育审批，省级自学考试机构开考高等教育自学考试本科专业审批。"下放一项与办学相关的行政审批权："高等教育自学考试专科专业审批。"

公开教育行政部门的权力清单和取消或下放行政审批权具有重要意义。公开教育行政部门的权力清单是提高政府效能的重要手段，精简行政审批是教育行政部门转变政府职能、推动教育治理体系和治理能力现代化的基本途径。取消或下放行政审批权，是为学校自主办学进行松绑，民办学校更换法人代表不再需要政府审批，减少了烦琐的审批程序，提高了行政效能和社会效益。

2. 对学校自主办学的监管

自由和约束犹如硬币的两面，如果取消或下放行政审批权是为学校自主办学松绑，那么教育部门出台的各类资格审核制度是为规范学校办学行为。一所学校从设立到教学活动组织，各个环节都有政府相应的监管措施。

百年大计，教育为先。发展教育，利国利民。教育事业，千秋功业，涉及每个人的切身利益。国家规范学校办学行为也是为了维护人民群众的利益。

政府对各级各类学校设立有严格的要求，根据各级各类学校层级差异，其设立条件也不相同。政府出台了城市幼儿园、城市普通中小学、农村幼儿园、农村普通中小学的校舍建设标准，对学校教学及教学辅助用房面积、办公用房面积、生活服务用房面积进行了明确规定；同时还设立了教职工配置标准，对教职工人数进行规定。政府出台了中等职业学校设置标准，对生师比、双师型教师比例、兼职教师比例、校园占地面积、校舍建筑面积、体育用地、图书馆和阅览室、仪器设备、实习与实训基地进行规定。政府出台了普通高等学校基本办学条件指标，标准分本科和高职两个序列，"综合、师范、民族院校""工科、农、林院校""医学院校""语文、财经、政法院校""体育院校""艺术院校""国际学校"七个类别，分别对生师比、具有研究生学位教师占专任教师的比例、生均教学行政用房、生均教学科研仪器设备值、生均图书、具有高级职务教师占专任教师的比例、生均占地面积、生均宿舍面积、百名学生配教学用计算机数、百名学生配多媒体教室和语音实验室座位数、新增教学科研仪器设备所占比例、生均年进书量等19项指标进行监测。

政府对各级各类学校管理权进行规定。国务院和地方各级人民政府对教育管理的原则是"分级管理、分工负责"。中等及中等以下教育在国务院领导下，由地方人民政府管理。高等教育由国务院和省、自治区、直辖市人民政府管理。中央政府审批实施本科以上高等教育学历教育的学校和部分高等职业学校。中等及中等以下教育在国务院领导下由地方政府管理；地方政府还审批部分高职院校。

政府制定中等教育课程标准、义务教育各学科课程标准和普通高中各学科课程标准。中等职业学校专业教学标准包括专业名称、入学要求、基本学制、培养目标、职业范围、人才规格、主要接续专业、课程结构、课程设置及要求、教学时间安排、教学实施、教学评价、实训实习环境、专业师资等内容。义务教育各学科课程标准和普通高中各学科课程标准分别对课程设计理念、思路、目标和内容进行了规定。

政府对取得教师资格应当具备的相应学历进行规定。取得幼儿园教师资格，应当具备幼儿师范学校毕业及其以上学历；取得小学教师资格，应当具备中等师范学校毕业及其以上学历；取得初级中学教师、初级职业学校文化、专业课教师资格，应当具备高等师范专科学校或者其他大学专科毕业及其以上学历；取得高级中学教师资格和中等专业学校、技工学校、职业高中文化课、专业课教师资格，应当具备高等师范院校本科或者其他大学本科毕业及其以上学历；取得中等专业学校、技工学校和职业高中学生实习指导教师资格应当具备的学历，由国务院教育行政部门规定；取得高等学校教师资格，应当具备研究生或者大学本科毕业学历；取得成人教育教师资格，应当按照成人教育的层次、类别，分别具备高等、中等学校毕业及其以上学历。

政府对学业证书进行规定。学业证书是经国家批准或认可的学校及其他教育机构按照国家规定对受教育者颁发的证明其所受教育程度、年限的证书。根据在校学生完成规定课程程度为其发放不同的学业证书。学生在完成所有规定课程时能够获得毕业证书，在所有规定课程中有一门主要课程不及格时获得结业证书，在自动退学时发放肄业证书。

无规无矩，难成方圆。政府出台的与办学有关的标准属于教育行业标准，是对教育活动及结果制定的规则和规范；其目的是确保学校的办学条件、师资水平能够符合需要，确保学生能够通过国家设置的课程标准。

（三）学校自主办学范围与边界

学校自主办学不是"想怎么办学就怎么办学"，而是在国家办学框架下学校自主研发和实施的人才培养方式及内部管理体制。

1. 自主办学赋予学校更多决策权力

我国刚进入社会多元主体办学阶段，初步建立了保护社会多元办学主体利益的法律体系，办学权力分配已经被提上日程。改革开放以前，政府对学校办学经费、师资、教育教学方法的统一控制，影响了教育的健康发展。其实每个学校都有自身的特色，每个学生都有自身的特点，采用"千校一面""千人一面"的管理方式，会挫伤学校自主办学的积极性，挫伤学生自主学习的积极性。学校自主办学是政府职能转变、教育发展管办评分离的具体体现，是学校权责的一种体现。下放学校自主办学的权力是激发教育活力的重要举措。

由政府统一办学转变为学校自主办学是一个长期的过程。学校自主办学遇到最大的问题是学校自身内部管理制度建设和教育教学方式开发。从政府下放学校办学权力到学校全面使用办学权力，从学校被动遵从政府规定办学到学校自主开发办学，这要求对学校的运作模式进行改革。

实施学校自主办学要区分学校的层级与类别。在整个教育体系中，有幼儿园、小学、初中、普通高中、中等职业学校、高等职业学校、高等本科院校。学校所处的层级不同，其实现自主办学的路径也不同，其获得的办学权力大小也有差异。我国是社会主义国家，在国家的教育体系中每所学校和每个学生都是平等的，国家在拨付教育拨款时做到城乡之间无差异和学校之间无差异。

学校教学活动需要经费、教师、教材、教具和教学场所。学校自主的权力内容包括资金上运用的自主，教师聘任上的自主，课程设置上的自主，学生教育上的自主等。在与学校办学相关的权力中，教师聘任和教育经费保障属于政府公务权力，即由政府决定教师聘任的数量和具体聘任教师、决定学校的经费分配权力。教师是教学活动的组织者、执行者。学校知道执行本校的教育理念需要什么样的教师，因此学校需要拥有教师的聘任权。

政府赋予学校自主办学权，一方面是政府放权，另一方面是学校能够承接权力、用好权力。政府将人财物等权力下放给学校后，学校要做的就是用好人财物的决策权。

学校用好人财物等权力，关键是建立现代治理结构。实现学校自主办学的过程与实现学校治理现代化过程，两个过程是统一的，是一个事物的两个方面。学校运行分为行政管理和教育教学两个方面，公办学校实行党委领导下的校长负责制。校长是学校教育教学工作的核心，既要管理好教育教学，又要做好行政管理和学校外部联络工作。

现代学校治理的关键是内部制度建设、解放校长，变"人治"为"法治"，改变依靠个人力量推进教育教学工作的习惯，逐渐习惯以制度管理人、以制度管理事的运行模式。学校治理的制度建设注重民主决策，还权力于教师、学生和专家。如教师业务能力的评价、教师职称的评定等专业性比较强的工作，需要专家和学者来评判。

2. 分步实施下放普通中小学自主办学权力的路径

学校实施自主办学，不但教育行政部门下放办学权力，还要学校自身能够承接办学权力、自主开发教育教学方法、自主开发校本课程等。这就要求学校必须是一个有研发能力、组织能力的实体。而现实中普通中小学之间的差异大，特别是普通小学。如2014年全国共有义务教育阶段学校25.40万所，其中教学点有6.36万个。对于义务教育阶段的教学点来说，一个教学点最多不超过100名学生，教师不会超过10个。教学点完全没有自主办学的能力。能够实施自主办学的中小学首先是一所具有一定规模的学校，有充足的具有科研能力的教师，学校的师资实力能够实施学校自主办学。

2015年教育部印发《深入推进管办评分离　促进政府职能转变的若干意见》，明确要求学校自主办学要制定章程和各项办学自主权的实施机制。因此，中小学实施自主办学要建立现代学校制度。一是学校制定系统的人才培养方案，根据自身特点分解立德树人的育人目标，开足教好国家规定课程，自主开发校本课程。二是建立教师评价制度，教师评价以学生学业发展为核心，以学期为时间段，注重评价学生对知识的掌握情况和学生的进步情况。三是学校制定科学的薪酬制度，根据教师的能力水平分配薪酬，拉开教师之间的收入差距，高额奖励优秀的教师。

3. 中等职业学校自主办学的核心是学校主导下的课程改革

与普通中小学不同，中等职业学校都是规模较大的学校，学生人数在1200人以上，其招生对象是初中毕业生或者是具有与初中同等学力的人员，目标是培养技能型人才和提高劳动者素质。在中等职业学校设置之初，学校已经建立学校章程，章程内容包括：名称、校址、办学宗旨、学校内部管理体制和运行机制、教职工管理、学生管理、教育教学管理、校产和财务管理。

近年，中等职业教育与行业企业协调发展，推行行业指导和企业参与的办学机制改革，中职学校也探索引厂入校、办校入企、校企合一、订单培养和学徒制等方式，但是都没有解决中职教育质量低下和生源危机问题。中职学校自主办学体现在育人模式方面的突破。一是中职学校的课程要与时俱进，自主设置的专业与社会需求紧密结合；教材内容与当前企业要求紧密结合，注重实用性、直观性和易学性，生产操作和实训实验课与生产实际结合，确保学生真正学到技能。二是注重师资培养，培养技能型人才先要有技能型教师，学生要学好技能的前提是学校有技能出众的教师，建立中职学校教师素质提升机制，随着企业升级换代提高教师的技能水平。中职学校的教师必须不停地充电，以适应学生对技能升级的要求。三是改革教学教法，现代职业教育教学方法的内核是强调学生的中心地位，教师的作用是指挥、引导、协调。这需要时常归类、比较、分析中职教育的典型教学方法，及时更新教学中的陈旧内容，对教学方法进行合理分类，采用集体协作、现场教学、能力分组制、开放教学等现代职业教育教学组织形式。

4. 高校自主办学的核心是"去行政化"

高校是学校自主办学的主力军，也是最有自主办学实践基础和最易取得成果的主体。高校一直拥有办学自主权，在《中华人民共和国高等教育法》第32条至第38条赋予高校组织教学活动的权力："高等学校根据社会需求、办学条件和国家核定的办学规模制定招生方案，自主调节系科招生比例；高等学校依法自主设置和调整学科、专业；高等学校根据教学需要，自主制定教学计划、选编教材、组织实施教学活动；高等学校根据自身条件，自主开展科学研究、技术开发和社会服务；高等学校按照国家有关规定，自主开展与境外高等学校之间的科学技术文化交流与合作；高等学校根据实际需要和精简、效能的原则，自主确定教学、科学研究、行政职能部门等内部组织机构的设置和人员配备；按照国家有关规定，评聘教师和其他专业技术人员的职务，调整津贴及工资分配；高等学校对举办者提供的财产、国家财政性资助、受捐赠财产依法自主管理和使用。"几乎所有与教学活动相关的活动，国家都赋予了高校自主权，国家只是要求高校在国家相关规定和自身所具备的条件下自主办学。

高校自主办学必须改革高校领导任命制度。同样，《中华人民共和国高等教育法》规定："高等学校的校长，由符合教育法规定的任职条件的公民担任。高等学校的校长、副校长按照国家有关规定任免。"公办大学校长有四种产生方式：一是内部升迁，从本校内部选择熟悉学校情况的学术带头人来担任学校的校长；二是政府部门调任，任命政府部门官员出任大学校长；三是平行调动，校长为其他高校调任的人员；四是公开选拔，政府按照一定条件面向社会公开选拔校长。

不管何种方式选拔校长，都会遵从一个原则，即"全面贯彻党的教育方针，坚持社会主义办学方向，积极拥护并能够认真贯彻执行党委领导下的校长负责制"。公办高校拥有行政级别，所有公办高校校长任命都会经过组织程序：教育部和国务院部委直属副部级高校校长由教育部党组或者所在部门的党组和中央组织部负责考察，由中共中央和国务院分别下文任命；教育部直属正厅级普通本科高校校长由教育部人事教育司会同所在省市党委组织部考察、由教育部党组和教育部负责任命，并知会所在省市党委；国务院部委直署的正厅级本科高校校长由所在部委人事部门会同所在省市党委组织部考察、由所在部委党组和行政负责任命，并知会所在省市党委；省、自治区、直辖市署的正厅级本科高校校长由所在教育工委和省市党委组织部考察、由所在地党委和人民政府负责任命；省与部门和地市共管的副厅级高职高专院校副厅级校长由所在省委组织部和教育工委考察、由所在省委和省人民政府负责任命。

　　高校拥有行政级别，校长由政府任命，高校领导频繁与政府互动交流。大学领导由政府任命强化了高校行政属性。尽管政府在任命高校领导前会履行组织考察程序，依旧难以避免校长成为政府官员的窘状，我国大学校长平均任期为 4.6 年①，通过对 116 所 211 高校的校长任前任后的经历进行梳理，发现近半校长均逐步升任部级甚至副国级高官②。高校校长任期短、容易升职、政府任命等因素导致选拔出的校长只对政府负责，使得校长几乎成为政府官员。政府任命高校校长无可非议，我国大学校长选拔制度尽管有严格的程序与选拔条件，但也容易使选拔工作程式化、条件化、教条化。如 2012 年选拔北京科技大学校长人选的限定条件是："现任普通高校校长或党委书记；现任普通高校副校长或党委副书记且任副校级 2 年以上；现任相当于普通高校副校级领导职务 2 年以上，且具有普通高校中层正职领导职务 3 年以上工作经历；具有境外大学校长、副校长任职经历，或境外著名大学现任院长（系主任）3 年以上。"

　　高校校长是一个专业性很强的岗位，关系到学校未来发展水平和学术能力建设。高校校长不但要懂教育，还要懂管理，高校校长不再是学校的管理者，而是高校教育教学的服务者。因此选拔校长要突出校长的专业性。高校校长需要具备教育领域的知识，把所有的精力放在学校管理上，服务学校的教育教学活动。

　　高校自主办学的另一关键是完善高校内部治理结构。高校去行政化，不仅取消整个学校的行政级别，还要取消高校行政人员的级别，在高校推行竞聘制，"不管什么人，只要有能力胜任，就可以竞聘到合适的岗位"。高校去行政化的另一重点是建立专门学术机构，学术机构成员都为非行政人员，保持高校学术的独立性。

　　高校自主办学是教育管理体制和学校管理体制的双重变革，是权力的一次重新划分，是政府与高校之间的权力制衡、高校内部行政部门与学术部门之间的相互制衡而构成的治理体系。高校自身实现理想与追求价值，要符合政府实

---

① 董洪亮. 重点大学校长群体什么样. 人民日报，2016 – 04 – 28（018）.
② 雷嘉，董鑫. 116 所高校中 49 名校长升任部级（或以上）高官. 人民日报，2015 – 03 – 27（09）.

现自身社会职能的要求；政府倡导的社会责任与高校承担的责任与目标高度一致性；高校与政府在人才培养目标方面达成一致。高校内部治理以教育教学活动为核心，学术部门决定教师招聘和课程组织，行政部门对学术部门这些活动进行监督。行政部门服务于学术部门，为教育教学活动提供后勤保障，学术部门对行政部门提供的服务进行监督。

第三节 教育的多元评价方式

管办评分离是当代教育改革和发展的重要主题。《教育规划纲要》提出："推进中央向地方放权、政府向学校放权，明确各级政府责任，规范学校办学行为，促进管办评分离，形成政事分开、权责明确、统筹协调、规范有序的教育管理体制。"明确了"管办评分离"的教育体制改革方向。中共中央 2013 年颁布《关于全面深化改革若干重大问题的决定》、2014 年中共中央颁布《关于全面推进依法治国若干重大问题的决定》又重申教育系统"深入推进管办评分离，扩大省级政府教育统筹权和学校办学自主权，完善学校内部治理结构"。2015 年教育部颁布《关于深入推进教育管办评分离 促进政府职能转变的若干意见》，明确了实施教育"管办评分离"的总体要求和建设目标。

（一）教育评价的内涵与原则

评价是指对人或事物进行判断、分析后的结论。教育评价是指依托客观、科学、公开、公正的方法对教育系统进行的综合评估。教育评价以社会现实为基础，以国家的教育事业发展任务为导向。

1. 教育评价的内容

我国当前教育发展任务是实现教育现代化、办人民满意教育和培养德智体美劳全面发展的社会主义接班人，那么教育评价就应该是教育现代化评价、教育满意度评价和教育质量评价（或者学生培养状况评价）。教育现代化评价是指现代化的教育，重点是办学条件，内容包括学校建设水平评价、教育机会评价等。教育满意度是社会各方对教育的实际感受。教育质量评价体现学生能力水平，包括学校教学质量评价、学生学业成绩评价等。

在确定评价内容之后，"如何评价"或者"由谁来评价"就成为焦点。《中共中央关于全面深化改革若干重大问题的决定》提出"委托社会组织开展教育评估监测"。由此可见，国家倡导社会组织执行教育评价工作。在社会学中社会组织有广义和狭义之分，广义的社会组织是指人们从事共同活动的所有群体形式，包括氏族、家庭、秘密团体、政府、军队和学校等。狭义的社会组织是为了实现特定的目标而有意识地组合起来的社会群体，如企业、政府、学校、医院、社会团体和个人媒体群等。社会组织包含非常广泛的内容，国家并未明确承担教育评价的社会组织的具体身份。

从国家发布的与教育评价相关的文件来看，国家倡导由独立的第三方实施教育评价。现在部分学者对实施教育评价的"第三方"在认识方面存在一种误区，认为第三方应该是独立于政府和学校的其他机构，实施教育评价的机构不能是政府和学校，如果政府和学校实施教育评价就会被指责为"既当裁判员，又当运动员。"其实，这种认识具有局限性。国家倡导的第三方是相对于发展教育事业主体与客体而言，是指教育行政管理者与办学者之外的独立第三方。根据我国学校行政管理的体制"中等及中等以下教育在国务院领导下由地方政府管理"，小学由地方政府管理，其办学者是学校，其行政管理者是地方政府，那么教育部就是独立的第三方。因此承担教育评价的第三方不仅是独立于政府和学校的社会组织，也可以是独立于学校及其行政管理者之外的政府机关或事业单位或民办机构等。

2. 教育评价遵从的原则

当今世界，经济全球化和信息化迅速推进，知识经济的竞争愈演愈烈，推动教育优先发展成为各国共识。在此背景下，许多国家都制定了面向未来经济发展、科技进步和社会发展的教育战略规划，并注重对规划目标的监测评估；而教育评价作为汇集教育数据、评价教育发展和支持教育决策的有力工具，对促进世界各国教育发展发挥着越来越重要的引领作用。

我国教育发展进入新常态，教育改革步入"深水区"。育人为本是教育工作的根本任务，促进公平和提高质量是教育事业的重点工作，改革创新是推动教育事业发展的手段。"管办评分离"是教育改革的一项重要举措。教育评价以教育现代化、教育满意度、学业测评三个方面为主题，系统反映教育发展水平的测度方式，开发教育评价工具应该遵从科学性、导向性、可行性、简洁性等原则。

科学性是指教育评价的方法科学。开展教育评价工作的对象是我国教育的发展水平，在测算方法和评价标准方面必须遵循科学性原则。开发教育评价方法以国家教育方针和当前重点工作为主，明确评级体系的维度设计、计算方法和数据来源，以保障指标体系评价方法的科学性。

导向性是指教育评价的目标明确。教育评价以《教育规划纲要》和国家的基本教育方针为导向，以我国教育发展现状为基础，将评价目标与我国教育改革和发展的任务、目标紧密结合，既要考虑教育评价能够衡量教育发展水平，又要充分体现对改进教育工作的有效指导，通过评价监测、问题诊断、机制建设，采取切实有效的政策举措，谋划国家教育科学发展、加快推进实现教育发展目标的长效机制，积极营造全国及各地区教育充满生机活力的改革发展氛围和制度环境。

可行性即可操作性，是指教育评价方法能够测度、可以实施。教育评价要研究和吸收经典教育理论和实践经验，以国内外已有的教育评价方法为基础，对设计教育评价方法和评价标准进行系统比较和论证，尤其是从经济、社会、人口等不同角度进行系统性分析，教育评价方法所需的数据是可信的、目标是可控的。

简洁性是指教育评价方法具有系统性和代表性。教育评价的系统庞杂、内涵丰富。为确保教育评价方法的有效性，在构建教育评价方法时既要权衡"系统全面地反映评价对象"，又能够准确地反映教育发展过程中存在的问题，以精简性、少而精为原则，设计教育评价方法。

实施教育评价是教育事业发展中的一项重要变革，意义重大、高度敏感、十分复杂。教育评价是实现教育现代化和办好人民满意的教育的有力抓手。通过教育评价，有利于了解人民群众对教育的真实期盼，明确教育发展的方向；有利于了解各级各类教育的弱点和不足，明确教育改革的重点；有利于取得人民群众的信任，营造全社会关心支持教育的良好氛围。

（二）教育现代化的评价体系

实现教育现代化是《教育规划纲要》两大任务之一。评价教育现代化先要弄清教育现代化的内涵，现代化是落后国家或地区物质文明和精神文明达到发达国家水平的过程；而教育现代化则是追赶和达到世界先进教育水平的过程①。即实现教育现代化就是我国教育发展水平达到现代发达国家水平。

1. 监测教育现代化进程的指标体系

指标体系在评价教育发展水平方面具有天然优势。教育发展水具有综合性和复杂性特点，而指标体系是进行复杂性、系统性评价的最佳方式。教育指标体系是教育管理和评价活动的重要载体。在我国建构一套教育现代化指标体系，将有助于全面客观地反映我国教育现代化的发展进程，帮助全国及各地明确教育发展目标与方向，推动教育事业的现代化，并最终实现对人才培养和人的发展现代化。

20 世纪 70 年代到 90 年代，在联合国教科文组织制定《国家教育标准分类》后，世界各国或地区都会依据此标准提供相应的教育数据，为教育发展国际可比奠定了基础，随后世界银行、联合国教科文组织、世界经济贸易合作组织分别推出了各自的教育指标体系。教育指标体系的制定通常具有十分明确的目的性，基于不同的监测与评价目标，建构的视角也不尽相同。回顾教育指标体系的演化历程，教育指标体系具有鲜明的阶段性特点，与不同历史时期世界各国关注教育发展重点领域紧密结合。

权威国际组织的教育指标体系演化经历了教育普及与教育质量两个阶段。20 世纪 70 年代联合国教科文组织第一次系统构建了教育指标体系，扫除文盲、教育普及和教育公平一直是其关注的焦点。联合国教科文组织发布的《全民教育全球教育监测报告》和联合国发布的千年发展计划都体现了"全纳"教育理念，倡导没有排斥、歧视分类的教育，要求容纳所有学生、促进积极参与、注重集体合作，满足不同需求。经济合作贸易组织也构建了教育指标体系，其在吸收联合国教科文组织经验的基础上也推出教育指标体系，其教育指标体系更注重教育质量，最新的教育 2030 行动框架也体现了这个特点，指标体系不仅体现了"全纳""公平"，还体现"优质教育"，确保优质的师资，确保学生获得识字和计算能力。

---

① 曾天山. 教育现代化，一个永远生长着的时代命题. 中国教育报, 2013 - 02 - 08 (04).

国外通过指标体系对教育发展水平实施监测，国内则针对教育现代化开发了专门的指标体系。在各地教育现代化推进过程中，研制地方性教育现代化指标体系，以评促建成为各地教育现代化建设的重要经验。如江苏省 2007 年发布的《江苏省县（市、区）教育现代化建设主要指标》，2008 年广东省发布《广东省县域教育现代化指标体系及评估方案》，2009 年上海市发布的《上海市 2010 年教育现代化指标体系及说明》，2012 年浙江省发布的《浙江省教育现代化县（市、区）评估操作标准》，这些指标体系对地方教育现代化建设都起到了重要的监控、引领和推动作用。

教育现代化是一个长期的过程。教育发展不等同于教育现代化。实现教育现代化要以发展为基础，达到教育现代化是指我国教育发展水平达到世界先进水平。当然世界教育的先进水平是一个连续变化的状态，伴随经济社会进步，教育也在不断进步，教育现代化的标准也在不断提高。

"实现教育现代化"是我国教育发展的战略目标，而我国的教育发展也进入巩固提升阶段，不仅抓普及更要提质量、促公平，才能满足人民群众"上好学"的教育诉求，因此教育现代化指标体系的建构既要涵盖发达国家的教育发展方向，又要立足我国现阶段教育发展实际；既要能够对国家之间教育现代化发展水平进行横向比较，又能够监测和评价各地教育现代化发展水平。

2. 教育现代化指标体系

我国教育现代化指标体系的编制过程充分借鉴和参考了国际教育指标体系研究的经验，指标的选择注重国际的可比性，从而使得指标体系不仅可以监测评价我国教育现代化的发展进程，也能通过国际比较了解我国教育发展在世界教育格局中的定位和变化，分析我国教育发展的比较优势和有待追赶的薄弱环节，促进我国教育改革开放和交流合作，提升中国教育国际化水平。因此，教育现代化指标必须包含《教育规划纲要》所列的指标，涵盖包括学前教育在内的各级各类教育，涉及包括教育普及、教育公平、教育质量、教育保障等四个维度。

教育普及是指国家适龄人口接受教育的情况。《教育规划纲要》所列指标大多数都是教育普及指标。在教育现代化指标体系中教育普及维度所含指标为学前教育毛入园率、义务教育巩固率、高中阶段教育毛入学率、高等教育毛入学率、主要劳动年龄人口中受到高等教育的比例、新增劳动力中受过高中及以上教育的比例。其中，学前教育毛入园率是指学前教育在园（班）幼儿数占适龄人口的比例；义务教育巩固率是指初中毕业班学生占该年级入小学一年级时学生数的百分比；高中阶段毛入学率是指普通高中、中等职业教育在校生数占适龄人口的比例；高等教育毛入学率是指高等教育在学人数占适龄人口的比例；主要劳动年龄人口中受到高等教育的比例是指 25 – 64 岁劳动人口中接受过高等教育的比例；新增劳动力中受过高中及以上教育的比例是指年满 18 周岁且初次就业人口中受过高中及以上教育人数所占比例。

教育公平是所有学生无歧视、无差异地接受教育。我国教育公平遇到的问题是区域、城乡、校际之间的差异。在教育现代化指标体系中教育公平维度所含指标为随迁子女平等接受义务教育比例、义务教育发展基本均衡县比例、基本办学条件达标学校比例、农村户籍大学生入重点高校的比例。其中，随迁子女平等接受义务教育比例是指在义务教育阶段随迁子女中与当地户籍学生享受平等待遇学生所占的比例；义务教育发展基本均衡县比例是指义务教育发展基本均衡县（市、区）占全部县（市、区）的比例；基本办学条件达标学校比例是指各级各类学校基本办学条件达到国家规定标准的学校数占学校总数的比例（教育类型分为学前教育、义务教育、高中阶段教育、高等教育）；农村户籍大学生入重点高校的比例是指在重点高校学生中农村户籍大学生所占比例。

教育质量是对教育教学成果的评价。优化教育结构体系、改善教育教学是提高教育质量的主要手段。在教育现代化指标体系中教育质量维度所含指标为学生的学业成就水平、来华留学生所占比例、高校一流学科所占比例、高水平论文所占比例、学校服务经济社会的贡献率。其中，学生的学业成就水平是指国际权威机构学业测评的排位情况；来华留学生所占比例是指在全球留学生中各级各类教育来华的外国留学生人数所占比例；高校一流学科所占比例是指在高校学科总数中高校进入世界 1% 学科数量所占比例；高水平论文所占比例是指在每年全球公认的顶级刊物所刊发论文中我国所发论文所占比例；学校服务经济社会的贡献率是指高校科研成果转化所产生的增加值占 GDP 的比例。

教育保障是指保障学校的办学条件，维持学校正常运行所需的支持。在教育现代化指标体系中教育保障维度所含指标为国家财政性教育经费占 GDP 比例、生均经费水平、教师平均工资水平。其中，国家财政性教育经费占 GDP 比例是指国家财政对教育经费的投入占 GDP 的比例；生均经费水平是指各级各类教育总经费与学生总数的比值（教育类型分为学前教育、义务教育、高中阶段教育、高等教育）、教师平均工资水平是指各级各类学校教师工资总数与教师总数的比值（教育类型分为学前教育、义务教育、高中阶段教育、高等教育）。

（三）教育满意度的评价方法

办好人民满意的教育是深入贯彻党的十八大精神的重要方式，是转变政府职能、创新管理方式的有效形式，是引导干部、教师、家长树立正确的教育观念、全面实施素质教育的重要举措。

满意度测评最早应用于商品售后的服务，关注顾客对商品的满意情况。20世纪 90 年代各国政府开始开展公共服务的满意度测评，目前满意度测评在世界经济社会领域内已得到广泛的应用。教育属于公共服务，世界各国广泛开展教育满意度测评，例如美国的大学生满意度调查（SSI）和英国的大学生满意度调查（NSS）。

1. 开展满意度测评的方式

教育满意度测评自推出以来，就受到各方的种种质疑，其中教育满意度测量是否科学的问题受到的质疑声音最大。满意度是一个主观的、内省的、以个人体验为基础的评价。因此，一些人对个人态度和体验的测评往往存在一些疑问，一是认为个人的态度、观念是经常变化的，并且这些变化往往与实际状况并没有关联，换句话说，主观评价是不稳定的；二是由于每个人的角度和生活各不相同，其主观评价缺乏统一的参照标准，评价结果因人而异，并受其个人生活经历或实际状态所影响，这也是物质富足、生活环境优越的人可能对生活感到不满意、而处于贫困等逆境中的人反而可能有较高的满意度的原因；三是主观评价往往与客观事实脱节，二者之间没有联系。在实际生活中，人们常常将"端起碗来吃肉，放下筷子骂娘"作为我们现在生活中的特殊现象，反映社会诉求变化。经过 30 多年的改革开放，社会经济迅速发展，政府提供越来越多的教育机会，人们关注热点从"有学上"变为"上好学"，教育发展重点由"规模扩张"转移到"提高质量"，尽管教育工作取得了巨大进步，却无法满足人们日益增长的多元化需求，直接导致人们抱怨的增加。埃德格顿（Edgerton，

1990）对客观事实与主观满意度之间的关系研究表明，对满意度和幸福感的程度更多地取决于个人内在的性情而不是外部条件。满意与否的主观评价与客观条件之间并不存在线性相关关系。

针对此问题，如何确保满意度测评的科学性至关重要。在整个人类的历史中，科学技术的进步很大程度上依赖于测量技术和工具的发展。这不仅体现在自然科学中，在社会和行为科学中也同样适用。对教育满意度的测量，如果不能保证其科学性，只可能误导教育的发展方向。从测评方法的角度看，教育满意度测评方法的设计有以下四个方面的问题需重点考虑。

第一，将教育满意度分为顾客满意度和工作满意度两个层面。对教育满意度的测评，首先要明确测评对象，即测评什么满意度。满意度从类型上分主要有两种，一种是工作满意度，是个人对自己工作、生活与发展状况的主观感知和评价；另一种是顾客满意度，是个人对产品和服务质量的感知和评价。两种满意度的主要区别在于前者侧重工作层面的感受和评价，后者注重对自身享受商品或服务的评价。

教育满意度也存在此两类评价，例如常见的教育工作满意度评价和对教育服务的满意度评价。虽然两种评价存在评价对象和评价内容上的区别，但越来越多的研究表明，二者是紧密相关的，教师、校长的工作满意度高低对教育服务满意度起着决定性的影响作用。

顾客满意度主要应用于企业领域，以购买产品和服务的顾客作为测评主体，调查顾客对产品和服务的评价。教育作为一种服务，也要接受服务的购买者和使用者的评价，从这一点来看，建立教育的顾客满意度评价是适合的。当然，教育不等同于一般的商品和服务，具有自身特性。首先，教育具有长期性，"十年树木，百年树人"，对教育质量和服务的评价，需要更长时间去判断，不同于商品和服务的短期效应。其二，教育价值的间接性，加大了对其进行满意度评价的难度。教育发展取得成果是长期努力的结果，教育的价值往往难以在当前得到最充分的评价，因此，当前的满意与否，与教育真正的价值并不相对符合。但是，即使是如此，对当前的教育进行满意度评价仍然具有重要意义，可以通过满意度评价，督促学校、政府树立教育服务意识，以办好人民满意的教育为目标，不断促进学校和政府切实做好教育工作。

第二，将学生、家长、教师、社会人士作为教育满意度测评的主体。在满意度测评理论中，测评主体是满意度测评的核心要素，确定测评主体主要受到利益相关者理论的影响。在企业顾客满意度测评中，弗里曼（1983）将企业里的利益相关者定义为：任何可以确认的、能够影响公司目标实现或者被公司目标实现所影响的群体或个人。在企业的顾客满意度测评中，消费者是直接利益相关者①。对于教育满意度测评，教育本身层级和类型多样，接受教育的人群巨大，困扰教育发展的问题和难题也非常多，但对教育满意度测评的意义而言，它不是简单个人感受和历史认识的综合，而是对当前教育改革发展问题的现实关注，因此，测评主体选择比对教育服务和教育工作更为了解的学生、教师、家长更为直接。

第三，采用多维度总和评价法来科学测量教育满意度。满意度测评有两种基本做法，一种是单一的总体评价，要求被调查者回答满意与否的总体感受。如：你对教育工作满意吗？被调查者要求从"很不满意、比较不满意、一般、比较满意、很满意"等几个选项中选择一个作答。这种方法比较简单明了，回答也直接方便。但是，由于满意度内涵非常丰富，笼统地进行总体评价，极容易受到外部舆论和个别事件的干扰，导致调查结论不可信，而且这种问题也不能帮助学校和政府获得有关如何提高顾客满意度以及改进教育工作的信息。正是鉴于此，对满意度的科学测量呼声越来越高，将满意度作为不可直接测量的潜变量，通过多维度的观测变量进行综合评价的方法逐渐发展起来。在这种方法中，把满意度分成若干个构成因素，即维度，用多个要素来测量满意程度和水平。例如：将工作满意度分为工作条件、工资收入、同事关系、个人发展等维度，在每个维度里设置不同的客观问题，通过综合这些要素和维度得到满意度水平。要素总和评价法比单一总体评价法复杂，但能获得更精确的测量和评价结果，有利于被测评单位发现存在的问题和制定相应的改进措施和对策。

但要素总和评价法也存在不足，最主要的问题是测评实践中发现部分之和并不等于总体，各个要素的满意度汇总起来并不能等同于人们的总体满意度。

---

① 洪彩真. 高等教育服务质量与学生满意度研究——以福州、厦门、泉州高职院校为例. 厦门大学博士学位论文.

因此，在实践中越来越多的研究将两个方法结合起来，在编满意度测评问卷时，既对构成满意度的各个要素进行测量，又对总体满意度进行直接询问，从而既可得到对构成满意度的各个要素评价，又有总体的满意度情况，并可进行构成要素、影响因素与总体满意度之间关系的统计分析。例如，在教育满意度问卷中，将教育教学活动分解为学校管理、办学条件、教师素质等因素，分别了解学生、家长对这些因素的感受，同时，又要询问学生、家长对教育的总体满意程度，了解其总体评价和感受，通过因果关系模型，分析构成教育各要素满意度与教育总体满意度之间的数量关系，最终得到教育满意度。

第四，将期望作为满意度测评的重要因素。满意是基于期望而言的，没有期望也就无所谓满意。期望是指一个人根据以往的经验，在一定时间内希望达到目标或满足需要的心理预期。对于同一结果，期望越高时满意度往往越低，期望越低时满意度则往往越高。我国以往开展的一些教育满意度测评结果显示，西部地区的教育满意度往往高于东部地区，农村地区高于城市地区，学历低的人群高于学历高的人群，年龄大的人群高于年轻人群。之所以教育发展水平、教育质量较高的地区、受教育程度越高的人群教育满意度反而会较低，就与教育期望有关。为此，要客观认识教育满意度，就必须引进期望的概念。20 世纪 80 年代以来，西方就开展了顾客满意度研究和测评工作。顾客满意度模型经历了从理论模型、测度模型到指数模型的发展。瑞典学者奥里（Oliver，1980）[1]较早提出了具有代表性的"期望 – 不一致模型"。该模型认为，顾客在购物之前结合过去的经历或广告宣传形成对产品的期望，在购物和使用过程中感受到产品或服务的实绩水平，从而将感受到的实绩与期望进行比较作出判断。如果实绩低于期望，顾客就会不满意；如果实绩符合或超过期望，顾客就会满意。

2. 科学组织实施教育满意度测评

目前，在国内组织教育测评活动，经常会面临两难选择：一是通过地方政府、学校有组织的渠道进行，却担心地方政府、学校过于关注测评结果而进行人为干涉，甚至做出标准答案让学生回答，导致测评结果失真；二是不通过地

---

[1] OliverR. L. A Cognitive Modelof the Antecedents and Consequence of Satisfaction Decisions. Journal of Marketing Research, 1980（17）：460 – 469.

方政府和学校，完全依靠学生、家长等自愿填报，但往往答者甚少，样本数量偏低且代表性差，测评结果不具有科学性。教育满意度测评也面临同样的问题。在部分地方组织实施的教育满意度测评中，教育局或学校组织的测评结果往往高达99%，测评结果令人怀疑。因此，如何科学地组织实施成为影响教育满意度测评效果的重要环节。

第一，科学抽样。样本的选择是确保测评效果的关键。选择好的样本首先要满足代表性，在全国范围内进行满意度测评，需要进行科学的抽样设计，特别是在我国经济社会发展水平参差不齐的背景下，常常需要分层多阶段抽样设计获取有代表性的样本；同时，抽样设计还需考虑到可行性，如抽样样本数量过于庞大，分布过于分散，不利于有效组织实施，反而弱化抽样方法自身优势。

第二，公开透明。强化测评过程管理，建立测评抽查回访制度；开展有效的教育满意度测评宣传解释工作，打消地方政府和学校不必要的思想顾虑；建立公开透明的测评程序和专项督查工作机制，严格做好测评工作流程管理，全程监控测评实施过程；加强测评人员选拔和培训工作，建立激励奖惩机制；建立测评工作回访制度，随机抽取测评问卷进行复核，对测评对象进行电话与实地回访。

第三，持续进行。教育满意度测评不是一蹴而就，也不是搞搞形式、做做过程的短期行为，而应将满意度测评作为切实办好人民满意的教育的有力抓手，转变政府职能、创新管理方式的有效形式，有序推进，持续开展。通过制度化规范化的教育满意度的测评，客观了解人民群众对教育的真实期盼，明确教育发展的方向；深入分析各级各类教育的弱点和不足，明确教育改革的重点；引导干部、教师、家长树立正确的教育观念，营造全社会关心支持教育的良好氛围，为不断改进和加强教育工作，提高教育水平提供有力支撑。

（四）学生的学业测评

用通俗的话讲，学生的学业测评就是考试。我国已经建立完备的招生考试制度，主要包括：一是入学选拔考试，如中考、高考、研究生入学考试等；二是学业水平考试，如初中毕业前会考，高中毕业前会考。新中国成立六十多年以来，我国考试制度经历实行、废除、恢复三个阶段。现在我国基本沿用20世纪80年代恢复的考试制度。

1. 处在变革中的招生考试制度

招生考试制度是选拔人才的一种方式，特别是在教育资源不丰富的现实面前显得尤为重要。新中国成立伊始，适龄儿童小学入学率不到20%，初中入学率仅为6%，高校在校生仅有11.7万人；教育发展的最大问题是教育资源短缺。

面对教育资源不足的现实，考试主要实现人才选拔的功能。此时考试制度强调绝对的公平，明确考生在填报志愿、考试和录取等环节一系列的权利和义务，明确考试招生过程中的各种规则。1999年我国高校扩招之后，高等教育毛入学率快速提高，2002年达到15%，2015年达到40%。高中阶段学生的升学率超过80%，教育资源不断丰富，高校入学机会已不再是社会稀缺资源。

随着教育资源的不断增加，人们对教育的需求也在不断提高，并呈现出多样化。人们不再满足于"有学上"，而是更加渴望"上好学"。高校"千人一面"的培养模式和高考考试方式面临越来越多的质疑。

2014年国务院发布《关于深化考试招生制度改革的实施意见》，教育部先后发布《关于普通高中学业水平考试的实施意见》《关于加强和改进普通高中学生综合素质评价的意见》，确立了"两依据一参考"的新高考的基本政策。高考的措施共有十六项。这些措施细节上操作方面做出了一些创新和探索包含了许多新理念、新思想，值得称赞。在高考科目设置、考试内容和考试方式方面：取消文理分科，考试范围覆盖国家规定的所有学习科目；向有需要的学生提供同一科目参加两次考试的机会；综合素质评价作为学生毕业和升学的重要参考，主要反映学生德智体美全面发展情况；依据高校人才选拔要求和国家课程标准设计命题内容，增加使用全国统一命题试卷的省份。在高考成绩方面：除对确有必要保留的加分项目设置合理加分分值外，取消体育、艺术等特长生加分项目；考生总成绩由统一高考的语文、数学、外语3个科目成绩和高中学业水平考试3个科目成绩组成。在招生和录取方面：推行高考成绩公布后填报志愿方式和平行志愿投档方式；高校自主招生安排在全国统一高考后进行；高校要将考试招生标准、条件和程序等内容详细列明并提前向社会公布。目前上海市、浙江省分别出台高考综合改革试点方案，探索完善高考综合改革的路径和总结高考综合改革的经验。

2. 高考选拔要更有效和更公平

自 1978 年高考恢复以来，国家一直努力探索高考新方式，在招生制度、考试方式、考试科目等方面进行不懈的探索，但是高考依旧存在不尽如人意的地方，具体问题如下：

第一，高考对学生的综合素质和学生的特长体现不足。在现行的高考科目中，不管是多省实行的"3 + X"模式，还是上海将在 2017 年实行的"3 + 3"模式，所选科目更重德智体美劳中的智育科目，主要考查学生对知识的掌握情况，而《关于深化考试招生制度改革的实施意见》只是将综合素质评价作为学生升学的重要参考。因此，高考招生录取只以考试科目的总分为依据，参考学生综合素质评价，未考察学生的特长。

第二，高考对高校类型差异和学科差异体现不足。我国高校类型多样、学科多样。一是高校有层次差异，有"985 工程"和"211 工程"的重点高校，也有地方普通高校，不同层次的学校对培养对象要求不同。二是高等教育存在学科差异，分为哲学、经济学、法学、教育学、文学、历史学、理学、工学、农学、医学、管理学、艺术学 12 个学科门类，不同学科对学生有不同的要求。而高考是考生同考本省的一套试卷（艺术类除外），没有充分体现高校类型差异和学科差异。

第三，高校在高考中的话语权不足。2001 年东南大学等 3 所国家重点高校率先实行了"自主招生"的试点工作。目前自主招生安排在全国统一高考后进行；申请学生要参加全国统一高考，达到相应要求，接受报考高校的考核。现在拥有自主招生资格的高校共有 90 家，只是 2553 所普通学校中的很少一部分，绝大多数高校在招生方面没有自己的话语权。

第四，高考对中等职业学校不公平。高中阶段教育分为中等职业教育和普通高中教育。高考的科目设置和录取方式对普通高中学生升学更有利，中等职业教育学生很难通过高考进入本科院校，尤其是重点本科院校。

中国高等教育已经进入大众化时代。高考作为从基础教育步入高等教育的关口，是个人能否接受高等教育的考验，是为国家选拔人才的方式，是为高校选拔培养对象的手段。高考改革不是全面否定现行高考，而是对高考制度、内容、组织形式的一次修订，保留多年高考探索形成的好方法、好经验，完善当前高考中存在的不足。

第一，高考应考察学生的综合素养，体现高校对培养对象的要求和学生的特长。2014年教育部《关于全面深化课程改革 落实立德树人根本任务的意见》明确立德树人的思路。高考作为从基础教育步入高等教育的关口，对基础教育的教育教学起"指挥棒"的作用，对高等教育起选拔合适培养对象的作用。因此，高考须将所有基础教育的课程和高校对培养对象的要求纳入考察范围。

高考有关基础教育科目的试题须严格按照国家标准，考察学生的核心素养，纳入德育、语文、历史、体育、艺术、数学、科学、技术等科目；高考有关高校对培养对象要求的试题须体现高校的话语权，每所高校可自行设计本校各学科的高考试题，以体现本校各学科对培养对象的要求。

关于高考须体现学生特长，在高考中，学生特长与高校培养对象要求是高考的一体两面。高校设计培养对象要求时须以学科差异性和学生特长为基础，明确每个学科培养对象所需达到的标准。高校对培养对象的要求是学生特长发展的"指挥棒"，学生寻找个人的天赋兴趣与高校学科之间的契合点。

总之，高考的考试内容包括两部分，一部分为国家统一命题，为国家统一标准下基础课程考试，主要考察学生的基本综合素养；另一部分由高校名校命题，让高校拥有培养对象话语权，为高校选拔合适的培养对象，考察学生特长。

第二，高考由国家统一招考，采用多样化的考试方式，分批分类组织考试。一是高考必须构建全国统一的高考试题库，试卷由国家统一命题，考试由国家统一组织。二是开发多样化的考试方式，在原有笔试和面试的基础上，开发新的考试方式，以考查学生70个关键表现的核心素养，以考查学生的综合素质。三是高考实行二级考试模式，第一级为基础教育考试，考查基础教育课程，第二级为高校学科考试，考查学生的学科特长；基础教育考试面向所有考生，考查学生的综合能力；高校学科考试供考生自由选择，考查学生的特长。四是高考招生按照学科分类进行录取，学校根据高考考试分数从高到低依次录取。

第三，在对高考的考察内容、考察方式、组织方式、录取方式进行改革之后，还需要对现有的教育体系进行配套改革，以利于高考改革的顺利实施。一是对高中阶段教育的职能重新进行定位。高中阶段教育是基础教育学生基本素养的再次提高，是学生适应高等教育的一次模拟。课程和人才培养模式需要进行变革。二是贯通中等职业教育与普通高中教育。中职教育和普通高中教育合并为高中阶段教育。三是取消特长生、特招生，将学生特长融入高考。